통 역사 신문

통 역사 신문

3

중세와 근대 : 11세기 초부터 16세기까지

1080년 ~ 1590년

김상훈 글 | 조금희·김정진 그림

꿈결

❦ 가장 특별한 역사 여행에 초대합니다

저는 매일 아침 눈을 뜨면 신문을 펼칩니다. 신문에 우리의 삶이 고스란히 담겨 있기 때문입니다.

신문을 찬찬히 읽다 보면 정치, 경제, 사회, 문화 소식뿐 아니라 국제 뉴스까지 한꺼번에 접할 수 있지요. 가끔은 광고 지면도 재미 삼아 본답니다.

이처럼 신문은 많은 정보를 손쉽게 얻을 수 있는 가장 좋은 매체입니다. TV 뉴스가 있다지만 신문처럼 체계적이지는 않습니다. 내가 원하는 분야만 쏙 골라서 읽을 수 있는 것도 신문 매체의 장점이라고 할 수 있지요.

신문만큼 확실한 역사 기록물도 없습니다. 1년치의 신문을 모으면 1년의 역사가 만들어집니다. 10년치의 신문은 곧 10년의 역사 기록이라고 할 수 있지요. 이제 우리나라 신문의 역사도 어느덧 100년을 훌쩍 넘어섰습니다. 그동안의 신문을 모두 모으면 100년의 역사가 고스란히 만들어지는 셈이지요. 신문의 이러한 장점을 잘 활용하면 역사 공부에 큰 도움이 될 겁니다.

이런 상상을 해 보았습니다. 만약 원시 시대에 신문사가 있었다면? 원시 시대의 기자는 어떤 이야기를 1면 톱기사로 올렸을까요? 고조선 시대의 기자가 발굴한 1면 톱기사는 또 어떤 것이었을까요? 그 당시 세계에서는 어떤 일들이 벌어지고 있었으며, 기자는 그중 어떤 것을 골라 국제면 톱기사로 썼을까요? 사설에서는 어떤 내용을 다루었을까요? 혹시 그 시대를 살던 사람들이 신문에 광고를 한다면 어떤 광고를 냈을까요?

『통 역사 신문』은 저의 이런 상상에 고민을 보탠 끝에 나온 유쾌한 결과물입니다. 우리나라 사람이 만든 신문이니 아무래도 우리 민족의 이야기가 가장 많이 등장하게 됩니다. 오늘날 신문에서 국내 뉴스가 더 중요하게 다뤄지는 것도 같은 이치에서지요.

점점 역사가 중요해지고 있습니다. 대학 수학 능력 시험에서도 한국사가 정식 과목으로 채택이 됐다고 하지요. 우리 역사를 배워야 하는 것은 지극히 당연한 일입니다. 더 늦기 전에 이런 조치가 취해진 게 참 다행이라고 생각합니다.

우리나라와 중국, 우리나라와 일본, 중국과 일본 사이에 갈등이 적지 않습니다. 왜 동북아시아 3국이 갈등을 벌이는지 이유를 알려면 역사부터 공부해야 합니다. 중국은 왜 고구려의 역사를 왜곡하고 있는지, 일본은 왜 독도를 자기들 땅이라 우기는지, 역사 공부를 제대로 한다면 그 이유를 모두 알 수 있게 되지요.

하지만 역사 공부를 어려워하는 사람들이 많습니다. 외울 것이 많아서라고 하지요. 하지만 무조건 암기하지 말고 먼저 이해하려는 마음부터 가지는 게 좋을 듯합니다. 그래서 매일 아침에 보는 신문 형식의 역사책을 기획한 거랍니다.

초등학교 4~5학년 이상이라면 이 『통 역사 신문』을 보는 게 많이 힘들거나 어렵진 않을 거예요. 다양한 사진과 그림이 있어서 내용이 딱딱하거나 어렵지 않기 때문이지요. 역사에 흥미가 있는 고등학생이나 엄마 아빠도 이 책을 재미있게 읽을 수 있습니다. 책에 담겨 있는 정보가 상당히 방대하고 깊기 때문입니다.

이 책이 독자 여러분의 역사 지식과 가치관 형성에 작은 도움이라도 되길 바랍니다.

김상훈

『통 역사 신문』을 가장 효과적으로 읽는 방법!

반갑습니다. 저는 통통통 기자라고 합니다.
저희 통 역사 신문사와 함께 즐거운 역사 여행을 하게 된 여러분을 환영합니다.
지금부터 『통 역사 신문』을 더욱 알차게 읽는 방법에 대해서 알아볼게요.

01 1면 헤드라인과 관련 기사

신문의 1면 헤드라인입니다.
신문의 각 호에서 가장 비중이 큰 기사의 예고편 같은 역할을 하죠.
그럼 헤드라인 기사의 상세한 내용을 알기 위해서는 어떻게 해야 할까요?

여기를 보세요. 몇 페이지에 관련 기사가 있다는 표시가 되어 있죠? 이런 식으로 페이지를 따라가면 헤드라인 기사의 상세한 내용을 볼 수 있습니다.

02 각 호의 면과 연도 표시

'[14]'는 이 호의 14면이라는 표시이고, '국제'는 이 면에서 보여 줄 기사가 국제 뉴스와 관련이 있다는 표시입니다. 각 면마다 특집, 정치, 사회, 문화, 엔터테인먼트 등 다양한 성격을 지니고 있어요.

『통 역사 신문』은 각 권마다 11호의 신문으로 구성되어 있습니다. 모두 다섯 권이니까 총 55호의 신문을 보게 되죠. **표시한 부분은** 각 신문의 호수와 이번 호가 다루고 있는 역사의 기간을 보여 줍니다.

03 대륙 아이콘

기원전 4000년 ~ 기원전 2500년 • 제2호   **4대 문명의 탄생** 특집 [5]

수메르와 메소포타미아 문명, 세계 최초 기록 많이 남겨

수메르 인들은 가장 먼저 바퀴를 사용했다. 수공업도 상   명은 많은 분야에서 최초를 기록했다. 이런 점 때문에

그런데 이건 뭘까요? 조금 전부터 눈에 거슬렸죠? 이것은 '대륙 아이콘'입니다.
『통 역사 신문』은 각 대륙과 관련된 기사에 아이콘을 붙여서,
나중에 독자 여러분이 그 대륙의 역사만 읽고 싶을 때 골라서 읽도록 장치를 해 두었습니다.

 세계 한반도 아시아 유럽 아메리카 오세아니 아프리카

04 배운 것을 복습하는 통 역사 가로세로 퍼즐

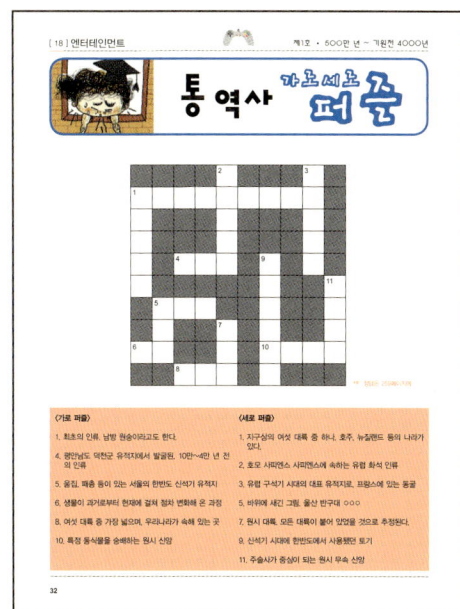

신문을 읽으면서 익힌 내용을 퍼즐을 통해 복습하게 됩니다.
답이 떠오르지 않을 때는 신문을 다시 보면서 빈칸을 채워 보세요.

05 역사 가상 광고

『통 역사 신문』만의 깨알 같은 재미! 바로 **가상 광고**입니다.

광고는 각 호마다 4개씩 실려 있습니다. 광고는 단순한 재미를 위해 넣은 것이 아니라, 그 시대의 생활과 문화, 역사 속에서 일어난 대표적인 사건을 새롭게 구성한 것입니다. 광고를 통해서 재미있게 역사를 공부하도록 한 것이죠.

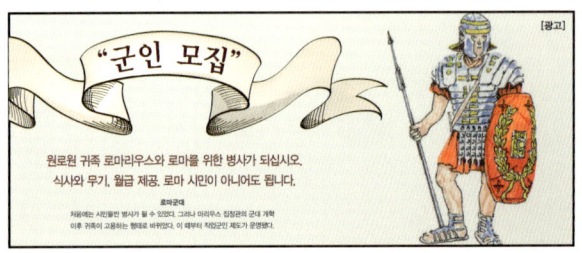

06 논술에 대비하는 사설과 칼럼

각 호의 뒷부분에 그 시대의 역사와 관련된 사설과 전문가 칼럼을 실었습니다. 이 코너를 통해 역사를 바라보는 새로운 관점을 키우고, 논술에도 대비할 수 있습니다.

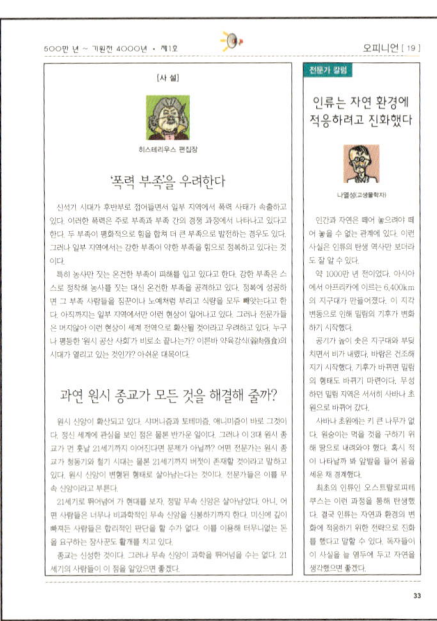

『통 역사 신문』에는 이 외에도 〈역사 연표〉, 〈역사 리뷰〉 등 다양한 코너가 마련되어 있습니다. 이제 『통 역사 신문』과 함께 세상에서 가장 특별한 역사 여행을 떠나 볼까요?

CONTENTS 차례

가장 특별한 역사 여행에 초대합니다 · 4
「통 역사 신문」을 가장 효과적으로 읽는 방법 · 6

1080년 ~ 1160년 **013**

제 23 호 십자군 전쟁 발발! · 15

십자군 전쟁 특집
유럽, 성전(聖戰)을 결의하다 · 16
십자군, 3년 만에 예루살렘 점령 · 17
이슬람의 대 반격, 2차전은 승리 · 18

중국 왕조 시대 특집
여진 아구다, 금 제국 건설하다 · 19
요나라-북송 모두 멸망 · 20

정치
고려, 여진 정벌 끝내 실패하다 · 21
문벌 귀족, 왕권을 위협하다 · 22

사회
고려, 또 다시 대형 반란 터지다 · 23
삼국의 역사를 50권에 담다 · 24

국제
영국-독일, 각각 왕조 교체 · 25
일본, 사무라이 시대 개막 · 26

경제
송나라, 상업 비약적 발전하다 · 27

문화
세계, 고려청자에 반하다 · 28

사람들
"남송 영웅 악비를 추모하다" · 29

엔터테인먼트
통 역사 가로세로 퍼즐 · 30

오피니언 · 31
전면 광고 · 32
역사 연표 · 33

1160년 ~ 1240년 **035**

제 24 호 칭기즈 칸 "세계 내놓아라!" · 37

몽골 제국 시대 특집
테무친, 칭기즈 칸에 오르다 · 38
칭기즈 칸, 정복 전쟁 시작 · 39
2대 대 칸 오고타이 등극 · 40
"칭기즈 칸 리더십 배우자" · 42

십자군 전쟁 특집
살라딘, 3차 십자군 격파 · 44
"십자군, 이게 뭡니까?" · 45

정치
고려에 무신 정권 들어서다 · 46
몽골, 고려에도 마수를 뻗치다 · 47

사회
민란, 한반도를 뒤흔들다 · 48

국제
"왕이여, 권력 내놓으시게" · 49
잉카인, 남미 대제국 건설 · 50

경제
"유럽 경제, 길드가 책임진다" · 51

문화
고려, 세계 첫 금속 활자 책 출간 · 52

사람들
십자군 전쟁에 평생 바친 리처드 1세 · 53

엔터테인먼트
통 역사 가로세로 퍼즐 · 54

오피니언 · 55
전면 광고 · 56
역사 연표 · 57
역사 리뷰 · 58

1240년 ~ 1300년 **059**

제25호 "팍스 몽골리카!" · 61

팍스 몽골리카 특집

몽골, 바그다드 정복하다 · 62

몽골, 동아시아도 평정하다 · 63

몽골, 세계 평화를 이루다 · 64

팍스 몽골리카, 벌써 끝? · 65

십자군 전쟁 특집

십자군 전쟁, 마침내 끝나다 · 66

교황은 추락, 황제는 상승 · 67

정치

고려, 결국 몽골에 무릎 꿇다 · 68

"이 치욕 절대 잊지 않으리" · 69

사회

몽골 풍습, 급속도로 확산 · 70

국제

시민, 정치에 참여하다 · 71

합스부르크, 신성 로마 장악 · 72

경제

"이탈리아 피렌체를 주목하라!" · 73

문화

팔만대장경, 16년 만에 완성 · 74

사람들

『삼국사기』의 맞수 『삼국유사』 출간 · 75

엔터테인먼트

통역사 가로세로 퍼즐 · 76

오피니언 · 77

전면 광고 · 78

역사 연표 · 79

1300년 ~ 1350년 **081**

제26호 흑사병, 세계를 덮치다 · 83

백 년 전쟁 특집

왕, 교황에 승부수를 던지다 · 84

필리프 4세, 교황을 가두다 · 85

영국-프랑스, 백 년 전쟁 돌입 · 86

영국, 프랑스와의 전투마다 대승 · 87

흑사병 공포 특집

'죽음의 병', 전 세계로 확산 · 88

'대유행 병' 어떻게 퍼졌을까? · 89

"지구에 종말이 온 건가요?" · 90

정치

"고려의 왕은 허수아비" · 91

"왕 비켜라, 권문세족 납신다" · 92

고려, 노래에 빠지다 · 93

국제

일본과 원나라 모두 휘청! · 94

경제

아프리카의 '황금 폭격' · 95

문화

"동방의 모든 것, 책에 담다" · 96

사람들

단테, 근대 앞당긴 서사시 『신곡』 완성 · 97

엔터테인먼트

통역사 가로세로 퍼즐 · 98

오피니언 · 99

전면 광고 · 100

역사 연표 · 101

역사 리뷰 · 102

1350년 ~ 1390년 **103**

제27호 고려, 최악 위기 맞다 · 105

오스만 제국 탄생 특집

오스만, 초스피드 성장 · 106

제1차 코소보 전투에서 대승 · 107

중세에서 근대로 특집

흑사병 주춤, 백 년 전쟁 재개 · 108

"민중이여, 봉건제 타도하자!" · 109

"하늘이시여, 감사합니다!" · 110

정치

고려, 부활의 노래를 부르다 · 111

완성하지 못한 개혁 · 112

"군대를 돌려 개경으로!" · 113

사회

고려, 의복 혁명 일어나다 · 114

국제

원나라 추락, 명나라 서다 · 115

중미 아즈텍 제국 등장 · 116

경제

한자 동맹 첫 의회 열리다 · 117

문화

고려, 금속 활자로 불서 찍다 · 118

사람들

이븐바투타, 세계를 일주하다 · 119

엔터테인먼트

통역사 가로세로 퍼즐 · 120

오피니언 · 121

전면 광고 · 122

역사 연표 · 123

1390년 ~ 1430년
125

제28호 조선 건국! · 127

남해 원정 특집

명, 시작이 불안하다 · 128

남해 원정, 드디어 시작 · 129

정화, 세계 절반을 돌다 · 130

중국, 해외 탐험 중단하다 · 131

조선 개국 특집

역성혁명 성공… 조선 건설 · 132

"잔인하지만 훌륭한 왕" · 133

세종, 조선의 왕에 오르다 · 134

조선 신분 제도 확립 · 135

백 년 전쟁 특집

백 년 전쟁 언제 끝나나 · 136

잔 다르크, 프랑스 구하다 · 137

국제
티무르 제국↑, 오스만 제국↓ · 138

경제
피렌체에서는 은행업이 대성황 · 139

문화
"단일 교황 시대 열었지만…" · 140

사람들
최해산, 화살 자동 발사기 화차 발명 · 141

엔터테인먼트
통역사 가로세로 퍼즐 · 142

오피니언 · 143

전면 광고 · 144

역사 연표 · 145

역사 리뷰 · 146

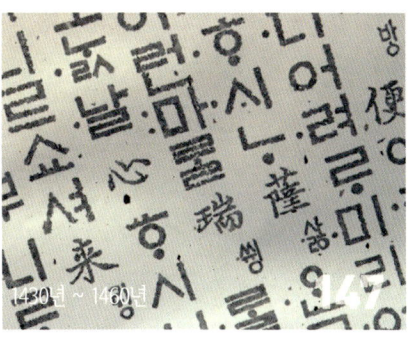
1430년 ~ 1460년
147

제29호 한글 창제하다! · 149

근대 유럽 개막 특집

백 년 전쟁, 드디어 끝나다 · 150

백 년 전쟁, 근대 앞당겼다 · 151

독일에서 인쇄 혁명 일어나다! · 152

동로마 제국, 결국 멸망 · 153

이탈리아 르네상스 태동 · 154

유럽, 대항해 본격 시작 · 155

조선 과학 발전 특집

조선, 과학 강국으로 거듭나다! · 156

독창적-과학적 문자 갖다 · 157

정치
왕을 죽이고, 왕이 되다! · 158

사회
조선, 관혼상제 의례 정착 · 159

국제
동아시아, 혼란 속으로! · 160

경제
한양 시전 확대 "상업 팽창" · 161

문화
세계 최강 천문대 등장하다 · 162

사람들
숙주나물? "신숙주, 그댄 절개가 없구려." · 163

엔터테인먼트
통역사 가로세로 퍼즐 · 164

오피니언 · 165

전면 광고 · 166

역사 연표 · 167

1460년 ~ 1500년
169

제30호 세상의 바닷길 완전히 열리다 · 171

대항해 시대 본격 개막 특집

포르투갈, 희망봉에 이르다 · 172

탐험대, 마침내 인도에 도착하다 · 173

스페인 탄생, 강대국 '우뚝' · 174

콜럼버스, 아메리카에 닿다 · 175

이사벨 여왕, "콜럼버스, 내려와!" · 176

종합
조선의 '헌법' 완성되다 · 177

정치
조선 조정, 두 패로 갈리다 · 178

훈구파–사림파 정면충돌 · 179

사회
"희생자인가, 권력의 화신인가" · 180

국제
일본에도 전국 시대 개막 · 181

영국, 장미 전쟁 종결 · 182

경제
명나라, "우리가 먼저 상업 혁명!" · 183

종합
태양의 제국 잉카 '전성기' · 184

사람들
레오나르도 다빈치, 르네상스 활짝 열다 · 185

엔터테인먼트
통역사 가로세로 퍼즐 · 186

오피니언 · 187

전면 광고 · 188

역사 연표 · 189

역사 리뷰 · 190

1500년~1530년

제31호 세계, 활짝 열리다 · 193

세계 열다 특집
스페인 발보아, 중미 공략 · 194
세계를 한 바퀴 돌다! · 195
아즈텍 제국 무너지다 · 196
중남미, 원주민이 사라져 간다 · 197

유럽 종교 개혁 시작 특집
루터 "면죄부 판매는 악이다!" · 198
"종교-사회, 다 개혁하라!" · 199

정치
조선 첫 폭군, 피를 부르다 · 200
"조 씨가 왕이 된다?"…또 피바람 · 201

사회
삼포 왜란에 조선 '화들짝' · 202

국제
유럽-인도에 대형 제국 건국 · 203
오스만, "오스트리아 덮쳐라!" · 204

경제
옥수수, 전 세계로 퍼지다 · 205

문화
마키아벨리 "군주의 자질을 배우라!" · 206

사람들
신출귀몰 손오공의 신나는 모험 · 207

엔터테인먼트
통역사 가로세로 퍼즐 · 208

오피니언 · 209
전면 광고 · 210
역사 연표 · 211

1530년~1560년

제32호 중남미 완전 몰락, 노예 무역 대 성행 · 215

중남미 몰락과 노예 무역 특집
스페인, 잉카도 무너뜨리다 · 216
유럽, 중남미 완전 장악 · 217
"하늘이 무섭지 않소?" · 218
삼각 무역 '활황'… 유럽 돈방석 · 219

종교 개혁 본격화 특집
칼뱅주의, 개신교 골격 만들다 · 220
"교황이면 다야? 신교로 바꿔 버려!" · 221
구교와 신교, 마침내 충돌! · 222

정치
또 다시 피비린내… 을사사화! · 223

사회
"예언? 사기? 아리송…" · 224

국제
"감자, 못생겼지만 보물" · 225
오스만 제국, 바다 제왕 등극 · 226

경제
"악화가 양화를 구축한다!" · 227

문화
"태양이 우주의 중심이다!" · 228

사람들
영국 왕 헨리 8세는 세기의 바람둥이? · 229

엔터테인먼트
통역사 가로세로 퍼즐 · 230

오피니언 · 231
전면 광고 · 232
역사 연표 · 233
역사 리뷰 · 234

1560년~1590년

제33호 은, 세계 경제를 바꾸다 · 237

은과 세계 경제 특집
유럽, 가격 혁명 돌입하다 · 238
산업 혁명 전 단계? · 239
"아메리카는 노다지다!" · 240
중국도 은의 시대 도래 · 241

근대 유럽 진통 특집
스페인, 오스만 제국 격파… "천하무적" · 242
영국, "이젠 우리가 최고 강자" · 243
프랑스에서는 종교 전쟁 발발 · 244
절대 왕정 체제 본격 시작 · 245

정치
조선, 당쟁 본격 시작 · 246

사회
"신출귀몰(神出鬼沒)!" · 247

국제
일본 센고쿠 시대 끝나다 · 248

국제·경제
영국의 '잃어버린 식민지' · 249

문화
조선 성리학 체계 '탄탄' · 250

사람들
해적이냐 영웅이냐… 드레이크 논란 · 251

엔터테인먼트
통역사 가로세로 퍼즐 · 252

오피니언 · 253
전면 광고 · 254
역사 연표 · 255
역사 리뷰 · 256

통 역사 가로세로 퍼즐 정답 · 257

일러스트로 보는 역사의 한 장면 · 261

통 역사 신문 **제23호**

1080년 ~ 1160년

 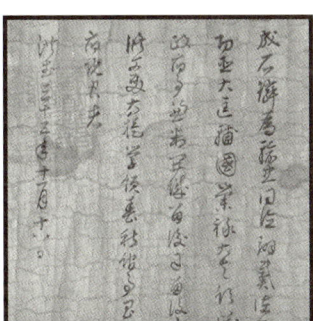  

통 역사 신문

제23호　　　　　　　　　　　　　　　　　　　1080년 ~ 1160년

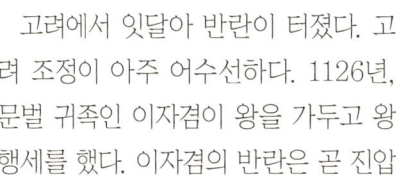

최고의 명문 사학 오픈!
고려 최고의 유학자 최충 선생의 구재학당이 문을 열었습니다.
★개원 기념 이벤트가 풍성!!

십자군 전쟁 발발!
〔유럽〕〔아시아〕

180년간 총 8차례 격돌

유럽의 기독교 국가들이 십자군 전쟁에 돌입했다. 이슬람 셀주크 왕조가 기독교도들의 예루살렘 성지 순례를 방해한 데 따른 것이다.

1095년, 프랑스 클레르몽에서 열린 종교 회의(클레르몽 공의회)에서 교황 우르바누스 2세가 성지 탈환을 위한 군대를 조직하자는 제안을 해서 십자군이 만들어졌다. 1096년, 동방으로 원정을 떠난 십자군은 1099년에 예루살렘에 입성했다. 하지만 이슬람 군대의 반격으로 2차 십자군 전쟁이 터졌다. 2차전은 이슬람 군대의 승리로 끝났다. 한편 기독교 십자군이 원정 과정에서 양민을 학살했다는 비판이 나오고 있다. 실제로 십자군은 소아시아에서 전투를 벌일 때, 그리고 예루살렘을 정복할 때 수많은 양민을 죽였다. ▷ 2·3·4면에 관련 기사

고려 반란 잇달아 〔한반도〕

고려에서 잇달아 반란이 터졌다. 고려 조정이 아주 어수선하다. 1126년, 문벌 귀족인 이자겸이 왕을 가두고 왕 행세를 했다. 이자겸의 반란은 곧 진압됐지만 왕권은 추락하고 말았다.

1128년, 승려 묘청이 서경으로의 천도를 추진했다. 묘청은 추락한 왕권을 바로잡고 고려를 강대국으로 만들기 위해서는 개경을 떠나야 한다고 주장했다.

그러나 이 계획이 성사되지 못하자 묘청은 1135년에 반란을 일으켰다. 반란은 김부식이 이끄는 정부군에게 진압됐다. ▷ 8·9면에 관련 기사

여진족 금나라, 동아시아 제패 〔아시아〕

여진족이 금나라를 세웠다. 금나라는 곧 요나라와 북송을 차례대로 멸망시켰다. 북송의 황족은 간신히 남쪽으로 달아나 남송을 세웠다. 금나라는 나아가 고려에게도 자기네를 상국으로 모실 것을 강요했다.

고려는 한때 여진 정벌에 나서기도 했다. 윤관이 동북 지역을 점령해 9성을 쌓았다. 그러나 나중에 이 동북 9성을 돌려주는 등 정벌에는 실패하고 말았다. ▷ 5·6·7면에 관련 기사

[2] **십자군 전쟁** 특집

제23호 • 1080년 ~ 1160년

유럽, 성전(聖戰)을 결의하다

셀주크 제국에 맞서 연합… 십자군 전쟁 발발

▲ 십자군 원정을 주창한 교황 우르바누스 2세

1095년, 로마 교황 우르바누스 2세가 소집한 종교 회의가 열리고 있는 프랑스 클레르몽. 회의에 참석한 사람들의 표정이 심상치 않다. 모두 격앙돼 있는 듯했다. 마침내 교황이 연단에서 큰 소리로 외쳤다.

"예수 그리스도의 땅 예루살렘을 저대로 방치할 겁니까? 야만적인 이슬람 교도들이 짓밟고 있는데, 그냥 둬야 합니까?"

회의 참석자들이 일제히 "절대 안 됩니다!"라며 소리를 질렀다. 그러자 교황이 다시 목소리를 가다듬고 외쳤다.

"지금 저 극악무도한 셀주크 군대가 예루살렘을 장악하고, 우리 기독교 세계를 위협하고 있습니다. 이제 그들을 몰아냅시다. 성지를 되찾기 위한 성전(聖戰)을 시작합시다!"

모두의 환호 속에 전쟁이 결의되었다. 이렇게 해서 시작된 전쟁이 바로 십자군 전쟁(십자군 원정)이다.

클레르몽 공회의가 열린 다음해(1096년)에 시작해서 1270년까지 무려 180여 년간 계속되었다. 소규모 전투를 빼고 공식적으로 기록된 원정만 총 여덟 차례다.

이 전쟁은 이슬람 셀주크 제국이 기독교인의 예루살렘 성지 순례를 막았던 순간부터 이미 시작됐다고 할 수 있다. 게다가 셀주크 제국은 수시로 동로마 제국을 침략했다. 한때는 동로마의 수도 콘스탄티노플 앞까지 진격한 적도 있다.

혼자 고군분투하던 동로마 제국은 결국 힘이 부쳤다. 동로마 황제는 로마 교황에게 도움을 요청했다. 이에 로마 교황은 종교 회의를 통해 유럽의 각국에 전쟁에 동참할 것을 호소한 것이다.

▲ 오늘날의 예루살렘

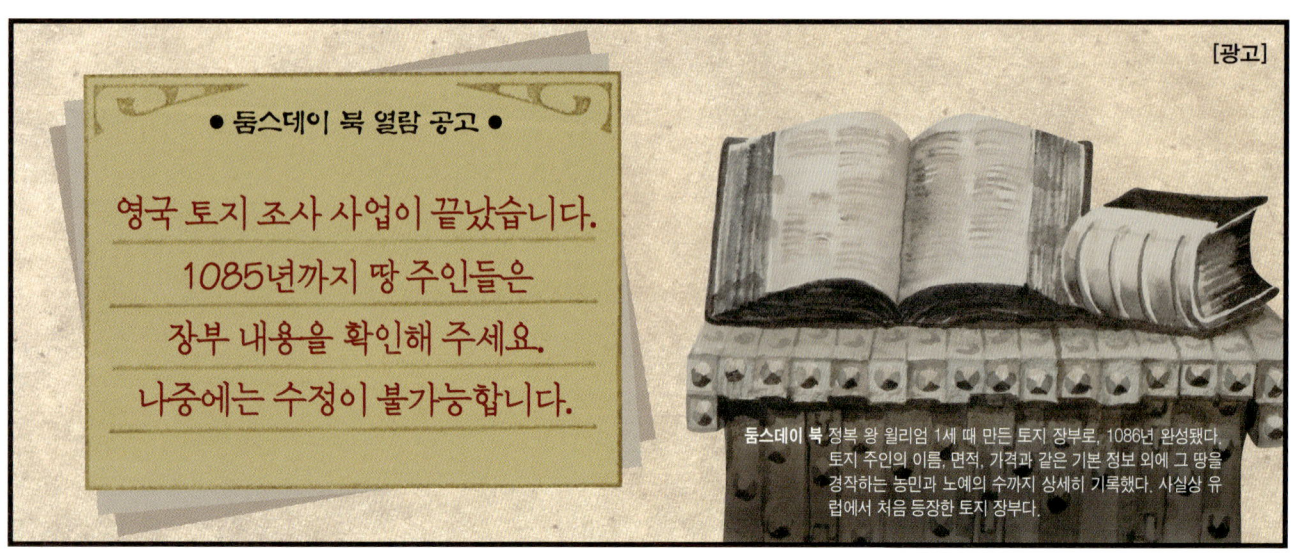

[광고]

● 둠스데이 북 열람 공고 ●

영국 토지 조사 사업이 끝났습니다.
1085년까지 땅 주인들은
장부 내용을 확인해 주세요.
나중에는 수정이 불가능합니다.

둠스데이 북 정복 왕 윌리엄 1세 때 만든 토지 장부로, 1086년 완성됐다. 토지 주인의 이름, 면적, 가격과 같은 기본 정보 외에 그 땅을 경작하는 농민과 노예의 수까지 상세히 기록했다. 사실상 유럽에서 처음 등장한 토지 장부다.

십자군, 3년 만에 예루살렘 점령!

1차전 기독교 승… 학살 자행, 국제적 비난

드디어 십자군 전쟁이 시작됐다. 전쟁의 소용돌이 속에 셀 수 없이 많은 사람들이 죽어 나갔다. 윤리학자들은 "도대체 종교가 무엇이기에 사람의 목숨을 파리 목숨처럼 앗아가느냐"며 분통을 터뜨리고 있다. 기자가 십자군과 동행하며 전쟁의 참상을 전한다.

1096년 여름, 첫 십자군이 콘스탄티노플(현재의 터키 이스탄불)에 집결했다. 십자군 병사의 숫자는 대략 5만 명. 십자군은 곧바로 터키 지역으로 진격했다.

터키 북서부 니케아(현재의 터키 이즈니크)에서 전투가 벌어졌다. 치열한 접전 끝에 십자군이 승리했다. 십자군은 기세를 몰아 터키 남서부에 있는 안티오키아로 진군했다. 다시 치열한 전투가 벌어졌다. 하지만 안티오키아에서는 쉽게 승부가 나지 않았다. 셀주크의 이슬람 군대도 전력이 만만치 않았다. 다시 맞붙었지만 또 무승부. 그 사이에 1098년이 되었다.

십자군은 8개월 동안 길고 긴 전투를 치른 끝에 드디어 안티오키아를 점령했다. 군대는 최종 목적지인 예루살렘을 향해 진격했다. 또 다시 치열한 전투가 벌어졌다. 1099년 7월, 마침내 십자군이 예루살렘 정복에 성공했다. 원정이 성공한 것이다.

십자군은 의기양양하게 정복지에 기독교 왕국을 세웠다. 터키 동남부, 시리아, 예루살렘 주변에 총 네 개의 기독교 국가가 들어섰다. 이 네 개의 왕국은 각각 에데사 백국, 안티오키아 공국, 트리폴리 백국, 예루살렘 왕국이었다. 이 왕국들을 지키기 위한 결사대도 만들었다. 그 결사대의 이름은 요한 기사단, 템플 기사단, 독일 기사단이었다. 이 세 기사단을 3대 종교 기사단이라 부른다.

십자군의 안티오키아 함락을 묘사한 그림

1차 십자군 원정을 통해 예루살렘을 정복하는 목적을 달성했지만 전 세계로부터 비난이 쏟아지고 있다. 십자군이 닥치는 대로 사람들을 죽였기 때문이다. 안티오키아를 정복할 무렵 십자군은 매우 화가 나 있었다. 8개월이라는 긴 시간 동안 이슬람 세력이 저항했기 때문이다. 화가 난 십자군 병사들은 성안에 있던 이슬람 신도들을 모두 죽여 버렸다. 병사들은 이미 죽은 사람들의 배를 가르는 잔인함을 보이기까지 했다. 그들은 왜 그랬을까?

십자군 병사들 사이에는 이슬람 신도들이 보물을 빼앗기지 않기 위해 그것들을 삼켰다는 소문이 나돌고 있었다. 이 소문을 그대로 믿은 병사들이 이런 만행을 저질렀던 것이다. 물론 그 소문은 사실이 아니었다. 예루살렘을 점령한 후에도 십자군은 난폭하고 잔인하게 굴었다. 성안에 있던 이슬람 신도뿐 아니라 유대인까지 모두 죽여 버린 것이다. 심지어 어린 아이와 여자들까지 죽였다. 한 목격자는 "십자군 병사들은 제정신이 아닌 것 같았다. 정말 무서웠다"고 말했다.

[4] **십자군 전쟁** 특집

제23호 • 1080년 ~ 1160년

이슬람의 대 반격, 2차전은 승리

십자군 출동했지만 참패… 셀주크 왕조는 멸망

요르단에 남아 있는 십자군의 요새

이슬람 군대의 반격이 시작됐다. 오늘날의 이라크 모술 지역의 셀주크 총독 이마드 앗딘 장기가 전투를 지휘했다.

1144년, 장기는 기독교 왕국인 에데사 백국을 점령했다. 이 나라는 제1차 십자군 전쟁 때 들어선 4개의 기독교 왕국 중 모술 지역에 가장 가까웠다.

이 소식이 교황의 귀에 들어갔다. 교황 에우제니오 3세는 과거 우르바누스 2세 교황이 그랬던 것처럼 다시 십자군 원정을 외쳤다. 성지 예루살렘을 탈환하자는 전쟁이 아니었다. 예루살렘에는 기독교 왕국이 잘 버티고 있었기 때문이다. 2차 원정의 목적은 이슬람교를 응징하는 것이었다.

유럽 각국의 왕들이 이 부름에 응했다. 프랑스 왕 루이 7세, 독일 왕 콘라트 3세, 슈바벤 공작 프리드리히가 군대를 보냈다. 프리드리히 공작은 훗날 신성 로마 제국의 프리드리히 1세 황제가 되는 인물이다.

1147년에 시작된 이 2차 십자군 원정은 실패로 끝났다. 십자군은 소아시아 일대에서 셀주크 군대에 대패했다. 겨우 살아남아 예루살렘에 도착한 십자군이 1148년에 시리아 다마스쿠스를 공격했지만 이번에도 크게 패했다. 이후 십자군은 뿔뿔이 흩어졌다.

이 2차 원정에는 예루살렘 왕국을 비롯한 소아시아의 기독교 왕국이 참가하지도 않았다. 결국 교황과 유럽 왕들이 '욱' 하는 심정으로 전쟁을 벌였다가 패하는 망신만 당한 셈이다.

한편 이슬람권에서는 1157년, 대(大) 셀주크 왕조가 멸망하는 사건이 발생했다. 몇몇 셀주크 왕조가 아직 생존하고 있지만, 이미 이슬람 세계의 중심은 아프리카로 넘어가고 말았다.

'군중 십자군' 엉망진창

제1차 십자군 원정이 시작되기 얼마 전, 또 다른 십자군이 먼저 동방으로 원정을 떠났다는 사실이 알려져 관심을 끌고 있다. 그러나 이 십자군에는 제대로 훈련이 된 전투병이라고는 거의 없었다고 한다. 대부분 땅을 잃은 농민이나 떠돌이 걸인으로 이루어졌기 때문에 이들을 '군중 십자군'이라고 부른다.

군중 십자군은 피에르라는 인물이 선동해서 만들어졌다. 이들은 별다른 준비도 없이 구식 무기에 대부분 갑옷도 걸치지 않은 채 무작정 예루살렘이 있는 동쪽으로 길을 떠났다. 그러다가 식량이 떨어지면 민가를 습격해서 약탈하고 살인을 저질렀으며 마을을 불태웠다.

이들의 악행이 알려지자 보다 못한 기독교 헝가리 왕국의 군대가 군중 십자군 공격에 나섰다. 이 공격에서 살아남은 군중 십자군의 잔당도 나중에는 이슬람 군대에게 전멸되고 말았다. 십자군으로서는 부끄러운 면이 너무나도 많았기에 군중 십자군은 정규 십자군의 역사에는 포함시키지 않는다.

여진 아구다, 금 제국 건설하다

여진-거란-한족 3파전… 금이 가장 강력

하얼빈 박물관의 마당에 세워진 아구다의 기념 동상

중국 본토가 연일 이민족들에게 수난을 당하고 있다.

이미 5대 10국 시대 때부터 거란족의 요나라는 중국 본토를 공략한 바 있다. 요나라는 중국에서 가장 중요한 지역인 연운 16주를 차지했으며 대도시인 카이펑(개봉)도 한때 정복한 적이 있다.

하지만 그 후 요나라는 기울기 시작했다. 요나라에 대한 부담이 컸던 송나라는 안도의 한숨을 내쉬었다. 그러나 이 평화는 아주 짧았다. 또 다른 이민족이 중국 변방에서 힘을 키웠기 때문이다. 그 민족은 바로 여진족이었다.

여진족은 말갈족의 후손이다. 말갈족은 원래 한반도 북부 지역을 근거지로 오랫동안 살아왔다. 이들은 한때 고구려와 발해의 지배를 받기도 했다. 그러다가 발해가 요나라에 무너진 뒤에는 요나라의 지배를 받았다. 이때까지만 해도 여진족의 문명 수준은 아주 낮았다. 다른 지역이 빠르게 진보하는 데 비해 이들은 아직 철기 문명에도 이르지 못하고 있었다.

이런 상황은 12세기로 접어들면서 달라졌다. 여진족의 여러 파벌 중 하얼빈 남동부의 완안부(완옌부)가 빠른 속도로 성장했다. 1115년에는 완안부의 추장 아구다(아골타)가 마침내 독립을 선언하고는 금나라를 세웠다. 아구다는 금나라의 태조에 올랐다.

금나라가 약했다면 별 상관이 없다. 그러나 금나라는 강했다. 그래서 중국의 상황이 아주 복잡해졌다. 아직 중국 본토는 한족의 송나라가 통치하고 있지만 서북쪽에서는 요나라가, 동북쪽에서는 금나라가 중국을 호시탐탐 노리는 형국이 되었다.

하지만 요나라는 저무는 해, 금나라는 떠오르는 태양이었다. 전문가들은 "머지않아 금나라가 중국 대부분을 차지하게 될 것이다"라고 전망하고 있다.

정복 왕조? 한족 한숨!

송나라 한족 지배층이 "정복 왕조가 들어서는 것 아니냐?"며 한숨을 쉬고 있다. 외부 민족이 중국 땅을 차지했던 5호 16국 시대가 다시 반복될까 두려워하는 사람들도 많다. 어떤 사람들은 "그때보다 지금이 더 큰 위기다"라고 말한다.

'정복 왕조'란 중국의 일부 또는 전부를 한족이 아닌 이민족이 정복하여 세운 왕조를 일컫는다.

송나라 학자들은 요나라와 금나라가 중국 땅을 정복할 가능성이 크다고 보고 있다. 그렇게 되면 여러 민족이 뒤엉킨 5호 16국 시대와 달리 하나의 민족이 중국을 정복하게 된다. 이 때문에 요나라와 금나라를 정복 왕조라고 부르는 것이다. 송나라 황실에서도 한숨소리가 점점 더 커지고 있다.

[6] **중국 왕조 시대** 특집

요나라-북송 모두 멸망

금이 제패… 송 황족, 간신히 남송 건설

'파죽지세(破竹之勢)'

12세기 초반 금나라의 기세를 사자성어로 표현하면 이 말이 딱 맞을 것이다. 요나라를 무너뜨렸고, 송나라를 멀리 강남으로 쫓아 버렸으니까 말이다. 이제 중국의 주인은 금나라가 됐다.

▽**요나라 멸망** = 1120년, 요나라에 시달리던 송나라가 신흥 강국 금나라와 협상을 벌였다. 두 나라가 함께 요를 공격해 요를 몰아내면 송이 요에 바치던 공물을 금에 주겠다고 제안했다. 그 대신 연운 16주는 송에 돌려달라는 조건을 내걸었다. 금이 흔쾌히 응했다.

이 약속에 따라 금의 군대가 요를 쳤다. 순식간에 만주 일대를 빼앗았다. 요는 혼비백산 도망치기에 바빴다. 반면 송은 내부 반란이 터지는 바람에 함께 공격하지 못했다. 그래도 상관없었다. 금나라가 자기들 대신 연운 16주를 공격해 빼앗은 뒤 송에게 돌려주었다.

1124년, 금의 2대 황제 태종은 달아난 요 황제 천조제를 붙잡았다. 이렇게 해서 요나라는 멸망하고 말았다. 살아남은 귀족들이 중국 서북부로 달아나 서요를 세웠지만 큰 활약은 하지 못했다.

▽**북송 멸망** = 늑대를 쫓아냈는데 호랑이를 맞은 꼴이 돼 버렸다. 송나라 이야기다. 알고 보니 금나라가 요나라보다 훨씬 강하고 위험했던 것이다.

고민하던 송 황실은 몰락하던 요나라를 이용하기로 했다. 몰래 요 황제 천조제에게 편지를 보냈다. 함께 금나라를 치자는 내용이었다. 그런데 사고가 터져 버렸다. 이 비밀 편지가 금 태종의 손에 들어간 것이다. 화가 난 금 태종은 즉각 군대를 보내 송을 공격하도록 했다. 1126년, 송의 수도 카이펑이 함락됐다. 송의 황제는 금으로 끌려갔다. 요나라에 이어 송나라도 금에 무너진 것이다.

다행히 황제의 동생이 남쪽 항저우(임안)로 달아나 송나라를 다시 세웠다. 카이펑 시절의 송을 북송, 항저우 시절의 송을 남송이라 부른다.

실패한 이이제이

잘못된 전략이 나라를 망칠 수도 있다는 사례를 송나라가 그대로 보여 주었다.

송나라를 포함해 중국의 한족 왕조는 대대로 이이제이(以夷制夷) 전략을 많이 썼다. 오랑캐를 이용하여 오랑캐를 제압한다는 뜻이다. 하지만 바로 이 전략 때문에 송나라가 망할 수 있다는 생각을 송 황제나 귀족들은 하지 못했다.

송 황실은 요나라를 없앨 때 금나라를 활용했다. 그러다 금나라가 커지자 요나라를 활용하려 했다. 그 결과는 이미 알려진 대로다. 수도가 점령되고 남쪽으로 쫓겨나 남송을 세워야 했다.

고려, 여진 정벌 끝내 실패하다

한때 동북 9성 확보했지만 곧 돌려줘

금나라를 세운 여진족 완안부는 11세기 후반부터 고려를 괴롭혔다.

원래 온순했던 여진족은 예로부터 발해를 '아버지의 나라'로 섬겨 왔다. 반면에 여진족의 일족인 완안부는 여진족의 통일을 추진했다. 이들은 온순한 여진족을 하나씩 흡수하기 시작했다. 완안부의 세력은 곧 두만강 입구까지 진출했다.

이 여진족은 고려 국경 지대를 마구 약탈했다. 그들은 강했다. 고려 장수들이 나가 싸웠지만 모두 패하고 말았다. 윤관 장군이 패배의 원인을 찾아냈다. 여진족은 말을 탄 기병이 많았는데, 고려군은 주로 보병이었던 것이다.

윤관이 특수 부대를 만들 것을 왕에게 건의했다. 왕이 받아들이자 윤관은 기병(신기군), 보병(신보군), 승려군(항마군)으로 된 별무반을 창설했다.

1107년, 윤관은 별무반을 이끌고 여진족을 치러 나섰다. 별무반은 강했다. 윤관은 한반도 동북 지역의 여진족을 제압하고, 그곳에 9성을 쌓고 귀환했다. 그러나 여진족의 침략은 멈추지 않았다. 오히려 완안부 여진은 그 전보다 더 자주, 더 심하게 국경 지대를 어지럽혔다. 여진과의 전쟁도 더 많아졌다. 결국 고려는 2년 만에 동북 9성을 돌려줄 수밖에 없었다. 더불어 별무반도 해체했다.

1115년, 금나라가 건국되었다. 금나라는 4년 후 고려에 형제 관계를 맺자고 제안했다. 고려는 이 제안을 받아들일 수밖에 없었다. 그러나 1127년에 금은 북송을 정복한 후 고려에 더 심한 요구를 해 왔다. 금을 왕의 나라로 섬기라는 것이었다.

고려 조정은 큰 혼란에 빠졌다. 그러나 다른 방도가 없었다. 결국 고려는 금을 상국으로 모시는 데 합의하고 말았다. 여진 정벌의 꿈이 완전히 사라지는 순간이었다. 더불어 북진 정책도 더는 추진할 수 없게 됐다.

국가 장학 재단 설치

1119년, 예종이 국가 장학 재단을 처음으로 마련했다. 이 무렵 사설 교육 기관(사학)들이 지나치게 번성하면서 공교육 기관(관학)이 많이 약해졌기 때문이다.

우선 예종은 국립 교육 기관인 국자감을 국학으로 변경했다. 이 국학 안에 따로 양현고를 설치했다. 이 양현고가 바로 국가가 운영하는 장학 재단이었다. 양현고 안에는 관리를 파견해 학생들을 보살피도록 했다.

조정이 직접 나서서 관학을 육성하는 것은 좋은 시도로 받아들여지고 있다. 그러나 이 시도가 성공할지는 더 두고 봐야 한다는 분석이 많다.

문벌 귀족, 왕권을 위협하다

이자겸의 난 발발… 진압했지만 왕권은 추락

문벌 귀족의 횡포가 결국 반란으로 이어졌다. 고려가 큰 혼란 속으로 빠져들고 있다.

1122년, 16대 예종이 세상을 떠났다. 열네 살의 어린 아들이 17대 인종에 올랐다. 왕의 나이가 어리긴 했지만 처음에는 큰 문제가 없어 보였다. 사건은, 문벌 귀족들이 어린 왕보다 더 큰 권력을 가지려 하면서 시작됐다.

이 무렵 가장 권력이 강했던 문벌 귀족은 인주 이 씨 가문이었다. 이 가문 출신의 이자겸은 둘째 딸을 예종에게 시집보냈는데, 이 왕후가 낳은 아들이 바로 인종이었다. 인종은 이자겸의 손자가 되는 셈이다. 그러나 권력에 눈이 먼 이자겸은 다시 셋째 딸과 넷째 딸을 인종에게 시집보냈다. 이모들과 결혼을 하게 됐으니 인종으로선 황당할 노릇이었다. 그러나 누구의 명이라고 거역하겠는가?

이제 이자겸의 권력은 왕을 넘어섰다. 그는 군사와 정치를 모두 장악했다. 왕인 인종에게도 자신의 집으로 와서 결재를 받으라고 할 정도였다.

왕은 물론 대신들까지도 분노했다. 1126년, 마침내 인종이 이자겸을 제거하라는 명령을 내렸다. 상장군과 대장군이 이자겸의 무리를 공격했다. 그러나 실패했다. 오히려 이자겸이 인종을 가둬 버렸다. 이 사건이 바로 이자겸의 난이다.

이 사건 이후 이자겸의 권력은 더욱 커졌다. 반대로 인종은 점점 추락했다. 그러나 이자겸의 권력 장악은 3일 천하로 끝났다. 이자겸의 측근 척준경이 배신해 그를 체포한 것이다.

왕은 이자겸을 유배 보내고, 그의 딸인 자신의 부인들을 쫓아냈다. 이렇게 해서 이자겸의 난은 일단락이 됐다. 그러나 이미 추락한 왕권은 다시 회복되지 못했다.

고려, 무신 찬밥 신세

고려가 송나라를 닮고 싶은 것일까? 아니면 고려의 문신들이 권력을 독차지하려고 그런 것일까? 고려에서 군사를 담당하는 무신들이 찬밥 대우를 받고 있다.

사실 4대 광종이 과거 제도를 시행할 때부터 무신을 뽑는 무과는 없었다. 중기로 접어든 이후에는 문벌 귀족들이 권력을 독차지하면서 무신을 멸시했다. 이러니 역사상 유명한 명장들은 모두 문신들이 차지했다. 이를테면 서희, 강감찬, 윤관 장군이 모두 문신이었다. 이러다 보니 무신들의 불만이 점점 커지고 있다. 무신들은 "반드시 이 앙갚음을 하겠다"며 벼르고 있다.

1080년 ~ 1160년 • 제23호   사회 [9]

고려, 또 다시 대형 반란 터지다

반란 지도자 묘청 "서경 천도해야" 주장

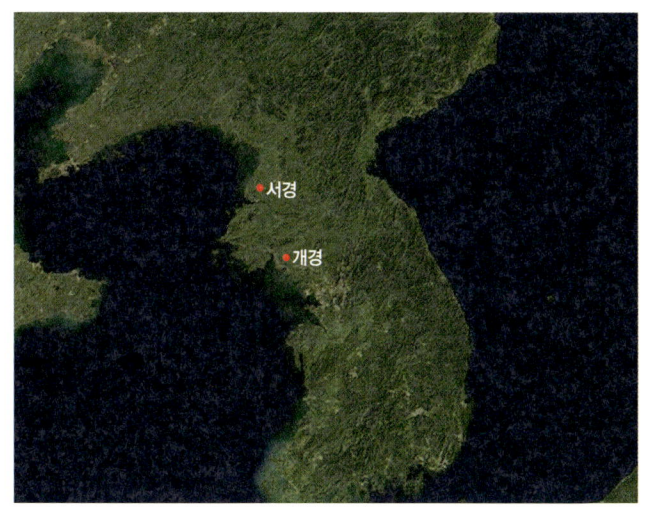

이자겸의 난이 터지고 9년이 지난 1135년, 또 다시 대규모 반란이 서경에서 터졌다. 바로 묘청의 난이다. 이 난은 1년 만에 진압됐다.

승려 묘청은 왕의 측근이었다. 그런 그가 왜 반란을 일으켰을까? 묘청이 인터뷰에서 심정을 털어놓았다.

– 어떻게 왕의 측근이 되었나?

"인종은 개경의 터가 나빠서 이자겸의 난이 일어났다고 생각했다. 내가 풍수지리를 좀 하는데, 서경의 기운이 좋았다. 인종에게 서경으로 왕궁을 옮길 것을 제안했다. 왕도 기뻐했다. 그때부터 내가 인종의 측근이 됐다."

– 서경으로의 천도가 이루어졌나?

"아니다. 개경 귀족들의 반대가 심했다. 그들은 서경으로 수도를 옮기면 자신들의 권력을 빼앗길 거라고 생각했다. 그래서 천도를 반대한 것이다."

– 왜 서경으로 수도를 옮기려 했나?

"개경 귀족들은 중국에 대해 사대주의로 일관했다. 고구려의 기상을 이어받은 고려가 사대주의라니, 말이 되는가? 나는 서경으로 수도를 옮기고 나면 금나라를 정벌하려 했다. 그래서 서경에 궁궐을 짓고, 인종에게 황제에 오를 것을 권했다."

– 왜 반란을 일으켰나?

"개경 귀족들이 내가 서경에서 반란을 일으켜 왕이 되려 한다고 모함했다. 그러자 왕이 천도를 포기했다. 그렇게 된 마당에 당초 계획대로 밀어붙이기로 했다."

– 결과는 어떻게 됐나?

"군대를 서경에 집결시키고 대위국이란 나라를 세웠다. 이어 개경으로 진격하려 했을 때 김부식이 진압군을 이끌고 서경으로 쳐들어왔다. 진압군은 강했다. 내 부하가 내 목을 들고 가서 항복해 버렸다. 그 후에도 반란군의 저항이 있었지만 1136년 2월에 완전히 진압됐다."

– 소감을 말해 달라.

"봉기가 성공하지 못해 아쉽다. 그때 봉기에 성공했으면 고려는 훨씬 더 강한 제국이 됐을 것이다."

묘청의 난 최대 애국?

묘청의 난이 단순한 반란이 아니었다는 주장이 나오고 있다. 훗날(일제 강점기)의 민족사학자 신채호는 "묘청의 난은 조선 역사 1,000년에 일어난 최대 사건이다"라고 말했다. 신채호는 또 "묘청의 난은 진보 대 보수(수구), 독립 대 사대의 대결"이라고도 했다. 당시 조정을 장악하고 있던 문벌 귀족이 금나라를 상국으로 모시고 있었는데, 묘청은 이에 반발해 혁명을 일으켰다는 뜻이다.

그러나 이런 해석이 지나친 억측이라는 반론도 나온다. 당시 고려의 국력으로는 금나라를 이길 수 없었다는 것이다. 무턱대고 금나라를 배격하기보다는 합리적으로 대응하며 힘을 기르는 게 더 현명했다는 주장이다. 과연 어느 쪽이 맞는 것일까?

단재 신채호

삼국의 역사를 50권에 담다

김부식, 현존 최고 역사서 『삼국사기』 출간

한반도 역사상 최대의 역사 서적이 탄생했다. 실로 방대한 작업이 끝난 것이다.

이 책은 무려 50권으로 구성돼 있다. 고구려와 백제, 신라의 역사를 모두 다루었다. 고려 백성들은 "이제야 우리도 중국의 『사기』에 맞먹는 역사책을 가질 수 있게 됐다"며 환호하고 있다.

1145년에 완성된 이 책은 오늘날까지 남아 있는 가장 오래된 역사서 『삼국사기』다. 책을 지은 인물은 김부식. 묘청의 난을 진압했던 문벌 귀족이다. 이 책의 서문에는 "국왕이 우리 역사를 널리 살피고 후대에도 남겨 대대로 교훈으로 삼으려 한다"고 기록돼 있다. 역사를 체계적으로 정리해 정치에 활용하겠다는 뜻으로 보인다.

『삼국사기』는 「본기」(28권), 「열전」(10권), 「지」(9권), 「연표」(3권)로 구성되어 있다. 「본기」는 고구려(10권), 백제(6권), 신라와 통일 신라(12권)로 나뉜다. 「본기」는 왕의 이야기, 「열전」은 귀족과 장군 등 영웅의 이야기, 「지」는 제도에 대한 이야기를 담았다. 이런 식으로 글을 전개하는 형태를 '기전체'라고 한다. 중국의 『사기』도 이 기전체 형식으로 되어 있다.

다만 『삼국사기』는 삼국 시대 이전의 역사, 그러니까 고조선의 역사는 다루지 않았다. 또 주로 왕족과 귀족 이야기 위주로 돼 있어 일반 서민의 이야기는 거의 들어 있지 않다. 삼국 중에서도 신라에 유리하게 내용이 꾸며졌다는 비판도 있다. 『삼국사기』의 저자인 김부식이 신라의 수도였던 경주 출신의 문벌 귀족이었기 때문이다.

고려, 사교육 열풍

고려에 사교육 열풍이 불고 있다. 조정이 운영하는 국립 대학인 국자감(국학)이 제 구실을 못한다는 비난도 나오고 있다. 사교육 열풍을 이끈 인물은 최충이다. 그는 고려 전기의 대표적인 유학자. 문하시중(오늘날의 국무총리)을 지내기도 했다. 최충은 벼슬을 관둔 후 구재학당을 세웠다. 학교가 9재(9칸)로 돼 있어 이런 이름이 붙었다.

구재학당의 인기가 하늘을 찔렀다. 예종이 국학 안에 구재학당을 모방한 7재를 운영할 정도였다. 다른 유학자들도 학교를 세웠다. 이렇게 해서 고려에는 총 열두 곳의 유명한 사설 학교가 운영되었다. 이 열두 곳을 12공도라고 불렀는데, 최고의 명문 사학이란 평가를 받았다.

영국-독일, 각각 왕조 교체

영국은 앙주, 독일은 호엔슈타우펜 왕조 건설

헨리 2세

영국과 독일에서 왕조가 교체되었다. 프랑스에서는 아직까지도 카페 왕조가 이어지고 있다. 두 나라의 새로운 왕조를 소개한다.

▽**영국 앙주 왕조** = 영국 노르만 왕조의 왕 스티븐이 1154년에 세상을 떠났다. 이어 헨리 2세가 왕에 올랐다. 헨리 2세의 혈통은 100% 노르만 왕조가 아니었다. 외가 쪽은 노르만 왕조 혈통이었지만 본가 혈통은 프랑스 앙주 가문이었다.

헨리 2세의 아버지는 앙주 백작이었다. 그런 헨리 2세가 왕이 됐으니 노르만 왕조의 맥은 끊어진 것이다. 이때부터 영국에서는 앙주 왕조의 시대가 시작된다.

헨리 2세의 아버지는 투구에 금잔화 가지를 꽂고 다녔다고 한다. 이 금잔화 가지를 플랜태저넷이라고 했다. 이 때문에 앙주 왕조를 플랜태저넷 왕조라고도 한다.

▽**독일 호엔슈타우펜 왕조** = 영국에 앙주 왕조를 연 헨리 2세 왕의 어머니 이름은 마틸다. 그녀는 정복 왕 윌리엄의 딸이었다. 원래는 신성 로마 제국 황제인 하인리히 5세와 결혼했다. 1125년에 하인리히 5세가 죽자 앙주 백작과 재혼해 헨리 2세를 낳은 것이다.

하인리히 5세 황제는 잘리어 왕조의 마지막 황제였다. 독일 왕과 신성 로마 제국 황제는 그 후 작센 공작인 로타르 3세에게 넘어갔다. 그러나 1138년에 콘라트 3세가 독일 왕이 되면서 새로운 왕조가 탄생했다. 이 왕조가 호엔슈타우펜 왕조다. 슈바벤 지역에 근거를 두고 있어 슈바벤 왕조라고도 불렀다. 1152년, 콘라트 3세의 조카인 프리드리히 1세가 신성 로마 제국 황제에 올랐다.

콘라트 3세

교황-황제 또 정치 싸움?

1122년, 신성 로마 제국의 황제 하인리히 5세는 교황 칼리스토 2세와 "더 이상 싸우지 말자"고 합의했다. 독일 보름스에서 체결됐기 때문에 '보름스 협약'이라 부른다.

그 전에는 성직자를 황제가 임명했다. 그러나 이 협약 이후로는 교황이 성직자를 임명했다. 그 대신 성직자는 황제에게 충성한다는 맹세를 하기로 했다. 이 맹세의 대가로 성직자는 많은 권력과 특권을 누리게 되었다. 사실상 교황이 승리를 거둔 셈이다.

이제 황제와 교황의 싸움은 완전히 끝난 것일까? 그렇지 않다. 호엔슈타우펜 왕조 출신의 강력한 황제 프리드리히 1세가 다시 교황 알렉산데르 3세와 맞섰다. 그러자 1160년, 교황은 황제를 파문했다. 황제도 지지 않았다. 빅토르 4세를 새로운 교황으로 임명한 것이다.

이때부터 종교계도 로마 교황을 지지하는 파벌과 황제의 지원을 받는 파벌로 나뉘게 된다. 기독교 내부가 정말로 복잡해진 것이다.

보름스 협약이 체결된 보름스 대성당

[12] 국제 제23호 • 1080년 ~ 1160년

일본, 사무라이 시대 개막

천황-상황 전쟁에 동원… 이후 정계 장악

일본이 전쟁터가 됐다. 칼을 찬 사무라이들이 전국을 누비고 있다. 그 계기는 전쟁이었다.

1156년에 호겐의 난이 터졌다. 3년 후인 1159년에는 헤이지의 난이 또 터졌다. 이 전쟁을 주도한 세력은 사무라이다. 이때부터 일본 정계를 사무라이가 장악하게 된다.

일본의 왕을 천황이라 부른다. 천황이 퇴임하면 상황이 된다. 정치에서 물러났으니 당연히 상황은 아무런 권력이 없는 게 맞다. 하지만 일본의 상황은 천황을 주무르려고 했다. 결국 천황파와 상황파의 갈등이 심해졌다. 셋칸(攝關, 섭관) 노릇을 하며 권력을 누려 왔던 후지와라 가문도 두 파벌로 분열되었다.

이 갈등은 끝내 대규모 내란으로 번졌다. 천황파가 먼저 상황파를 공격했다. 교토에서 전투가 벌어졌다. 이렇게 해서 시작된 게 호겐의 난이다.

두 파벌 모두 사무라이 조직에 도움을 요청했다. 당시 가장 강력한 사무라이 가문은 미노모토와 다이라 가문이었다. 두 사무라이 가문도 이익이 많은 쪽을 고르면서 두 파벌로 쪼개졌다. 모든 전투를 사무라이가 치른 셈이다. 이후 사무라이는 일본 정계의 중심으로 떠올랐다.

호겐의 난에서 누가 승리했을까? 바로 천황파였다. 천황은 상황을 유배 보냈다. 그런데 이 천황이 얼마 후에 상황으로 물러앉았다. 똑같은 일이 반복됐다. 일본 조정은 다시 천황파와 상황파로 나뉘어 싸움을 벌였다. 이번엔 상황파가 천황파를 공격했다. 이렇게 해서 헤이지의 난이 터졌다. 사무라이들도 다시 싸웠다.

이 전투에서는 천황파가 이겼다. 그러나 천황은 곧 허수아비가 되고 말았다. 천황파를 지지하며 싸웠던 사무라이 다이라 가문이 권력을 장악했기 때문이다. 다이라 가문의 다이라 기요모리는 곧 군사 정부를 세웠다. 결국 두 내란의 최종 승자는 천황도, 상황도 아닌 사무라이였던 것이다.

[광고]

송 황실 규탄 대회

언제: 1121년
어디서: 중국 산둥성 양산박

부패하고 무능한 황실을 더 이상 두고 볼 수 없습니다.
민중의 힘을 보여 줍시다.

양산박 송강이 반란을 일으킨 근거지. 이 농민 반란은 1년 만에 진압된다. 명나라 때 이 사건이 소설로 재탄생하는데 바로 『수호지』다. 108명의 협객들이 양산박에 모여서 의적 활동을 벌인다는 내용이다.

송나라, 상업 비약적 발전하다

첫 지폐 사용… 대규모 상업 도시도 탄생

송나라의 경제가 눈부시게 성장하고 있다. 군사적으로 무능했던 것과는 아주 대조적이다.

우선 무엇보다도 농업 기술이 크게 발전했다. 새로운 농기구들이 속속 선을 보였다. 남쪽의 양쯔 강 일대에서는 벼농사가 활발하게 이루어졌다. 모내기 방법이 보급되고 이모작이 시작되었다. 덕분에 농업 생산량이 비약적으로 늘었다.

그러나 농업보다 두드러진 것은 상업의 발전이다. 이 무렵 유럽에서는 상인 길드가 본격적으로 발달하고 있었다. 유럽과 마찬가지로 송나라에서도 상업이 크게 발전했다. 이 때문에 송나라에 상업 혁명이 일어나고 있다고 말하는 학자들이 많다.

상업은 북송이 멸망하기 전부터 발전하고 있었다. 10세기 말경에 세계 최초의 지폐인 교자를 발행할 정도였다. 그 전에는 주로 비단 같은 것을 화폐 대신 썼다. 화폐를 쓰더라도 동전을 주로 썼다. 이 지폐는 북송이 멸망할 때까지 널리 쓰였다. 물건을 먼저 구입하고 돈은 나중에 주겠다고 약속하는 문서인 어음을 활용한 거래도 크게 늘었다.

수도인 카이펑은 온갖 물건을 다루는 가게들이 빽빽이 들어서면서 거대한 상업 도시로 성장했다. 카이펑은 한때 인구 100만 명이 넘는 거대한 상업 도시가 되었다.

상업은 남송 시대에 더욱 발전했다. 서양의 상인 길드와 수공업 길드 같은 조합이 속속 만들어졌다. 무역을 통해 큰돈을 번 대상(大商)도 많이 탄생했다. 국내 상업은 물론 해외 무역도 더 번성했다. 심지어 세계 전체 무역의 50% 이상을 남송이 차지할 정도였다. 남송의 수도 항저우는 한때 인구 230만 명을 넘는, 세계적인 대도시로 성장했다.

북송의 상업 발달상을 보여 주는 〈청명상하도〉의 부분

고려, 해동통보 제조

고려에서도 화폐 경제가 발달하고 있다.

고려 15대 국왕 숙종은 돈을 만드는 기관인 주전관을 설치했다. 이 주전관에서 1101년에 은병을 발행하고 1102년에는 해동통보를 발행했다.

은병은 물병처럼 생긴 화폐. 한반도 지도를 본떴다. 은으로 만들어졌기 때문에 은병 1개로 포목 100필을 살 수 있었다. 오늘날로 치면 고액 수표와 같아서 생활필수품을 살 때에는 불편했다. 그래서 만든 것이 해동통보다.

숙종은 관료의 임금(녹봉)도 해동통보로 지불했다. 또 수도 개성의 가게들도 이 해동통보로 결제하도록 했다. 숙종의 이러한 노력으로 한때는 해동통보가 화폐로 널리 사용되기도 했다. 그러나 해동통보의 수명은 그리 길지 않았다. 오래지 않아 사람들은 종전처럼

다시 비단이나 포목 같은 것을 화폐 대신 쓰기 시작했다.

[14] 문화

제23호 • 1080년 ~ 1160년

세계, 고려청자에 반하다

 한반도

은은한 비취빛… 지금도 못 만들어

"이 비취빛(비색)을 어떻게 낸 겁니까? 사람의 손으로 이런 빛깔을 빚었다는 게 사실입니까? 이 비취빛은 천하제일입니다!"

12세기 중반 이후 고려를 찾은 송나라 사신들의 입에서 이런 찬사가 쏟아지고 있다. 그들이 반한 것은 바로 은은한 비취빛을 띤 고려청자였다.

특히 고려청자는 상감 기법으로 만들어져 더욱 눈길을 끌고 있다. 상감 기법은 고려의 도공들이 처음으로 쓴 도자기 제작법이다. 원래 이 기법은 중국에서 시작됐다. 그러나 중국인들은 주로 금속 공예에만 상감 기법을 썼다. 도자기를 만들 때 상감 기법을 쓴 나라는 고려가 처음이었다.

상감은 무늬를 새겨 넣는 방식 중 하나다. 이 방식을 쓴 고려의 상감 청자는 어떻게 만들어졌을까?

우선 비교적 낮은 온도에서 초벌구이를 끝낸 도자기의 표면에 문양을 그려 넣는다. 이어서 그 문양대로 조각칼로 무늬를 새긴다. 조각칼로 팬 부분에는 회색이나 흰색 또는 붉은색 흙을 채워 넣는다. 다 채웠으면 도자기의 표면을 고르게 다듬는다. 그런 다음에 도자기 표면에 유약을 바르고 가마에서 높은 온도로 굽는다. 굽는 과정을 끝낸 도자기를 가마에서 꺼내 보면 흰색 흙을 채운 부분은 흰색으로, 붉은색 흙을 채운 부분은 검은색으로 나타나게 된다.

사실 고려청자 또한 송나라의 영향을 받았다. 원래 중국인들은 푸른색의 '옥'을 값비싼 보물로 여겼다. 그러나 옥은 아주 비쌌다. 궁리 끝에 중국인들은 옥과 비슷한 색깔을 내는 청자를 만들어 썼던 것이다.

고려의 도공들은 옥보다 더 아름다운 색을 만들어 내는 데 성공했다. 이런 색을 내기 위해 도공들은 800도의 가마에서 한 번, 1300도의 가마에서 또 한 번 도자기를 구웠다. 물론 중간 중간에 공기의 양을 조절했다.

21세기까지도 고려청자의 비취빛을 완벽하게 재현해 내지 못하고 있다고 한다. 세계에서 고려청자를 입이 아프도록 칭찬하는 이유가 여기에 있다.

캄보디아, 앙코르와트 완성

 아시아

12세기 초반, 캄보디아에 세계적 유적지가 만들어졌다. 바로 앙코르와트다.

앙코르와트는 크메르(앙코르) 제국의 왕과 힌두교의 으뜸 신 비슈누를 기리기 위한 사원이자 무덤이다. 이 지역에서 불교가 번창하면서 불교 사원으로 바뀐다. 때문에 앙코르와트는 힌두교와 불교적 색채를 모두 담고 있다.

앙코르와트는 맨 바깥에 있는 벽의 길이가 동서로 1,500m, 남북으로 1,300m에 이를 만큼 규모가 크다. 게다가 벽에 새겨진 조각을 비롯해 여러 작품들이 아주 정교해 불가사의한 건축물이라는 찬사를 받고 있다. 총 다섯 갈래로 나뉜 사원들과 이 사원을 둘러싼 회랑으로 구성돼 있다.

앙코르 제국은 이 무렵 전성기를 달리다 13세기 말이 되면 몰락한다. 앙코르와트는 21세기에도 세계에서 가장 유명한 관광지로 꼽힌다.

앙코르와트

"남송 영웅 악비를 추모하다"

1141년, 남송의 장수 악비가 매국노들의 손에 처형됐다. 민중들은 "남송이 멸망할 조짐이 보인다"며 분노하고 있다.

악비는 가난한 농민 집안에서 태어났다. 북송이 무너질 무렵 군대에 들어갔다. 이때부터 악비의 활약이 두드러졌다. 남송이 들어선 이후 악비의 군대는 금나라 군대와 열 번 싸워 열 번 모두 이길 만큼 강했다. 악비는 금나라와 끝까지 싸울 것을 주장했다.

조정에 연일 악비의 승전보가 들려왔다. 금나라 군대는 점점 더 약해졌다. 그러나 이를 못마땅하게 생각하는 이가 있었다. 바로 재상 진회였다. 진회는 금과 화친하려 했다. 그러니 악비의 승리가 맘에 들지 않은 것이다.

진회는 악비의 군대를 해산했다. 그는 반발하는 악비를 감옥에 가두었다. 그것도 모자라 끝내 누명을 씌우고 처형해 버렸다. 그의 나이 39세였다.

매국노 진회가 죽은 후 악비의 누명은 모두 풀렸다. 오히려 악비는 나라를 구하려는 영웅의 대접을 받았다. 또 삼국시대의 명장 관우처럼 신으로까지 추앙받기 시작했다. 오늘날에도 악비를 기리는 사당이 있을 정도다.

송나라의 위대한 장수들을 그린 그림. 왼쪽에서 두 번째가 악비다

명복을 빕니다

▽ **우르바누스 2세** : 제159대 로마 교황으로, 1099년에 세상을 떠났다. 그는 프랑스의 귀족 가문에서 태어났다. 클뤼니 수도원의 원장을 맡은 후 교회 개혁 운동에 적극 참여했다.

1088년, 콘클라베(교황 선출 회의)에서 교황에 선출됐다. 그 후 신성 로마 제국의 황제와 경쟁하기 위해 우선 시칠리아를 확보했다. 신성 로마 제국의 강력한 황제 하인리히 4세가 동로마 제국과 동맹을 맺지 못하도록 동로마와 좋은 관계를 유지했다.

우르바누스 2세 교황의 업적 가운데 가장 두드러진 것은 제1차 십자군을 제창했다는 것이다. 십자군의 총사령관에는 주교를 임명했다. 그러나 정작 교황은 예루살렘을 탈환하는 장면을 목격하지 못했다. 그로부터 2주 전 선종했기 때문이다.

▽ **의천** : 고려 중기의 승려로, 1101년에 세상을 떠났다. 의천은 왕족이다. 11대 문종이 그의 아버지이며 12대 순종, 13대 선종, 15대 숙종이 모두 그의 형이다.

의천은 송나라에서 불교 유학을 했다. 귀국하면서 3,000여 권의 불경을 가지고 왔다. 흥왕사의 주지로 있으면서 불경인 『속장경』을 간행했다. 조정에 건의해 화폐 은병을 만들도록 한 이도 의천이다.

의천은 원효의 불교 사상(화쟁 사상)을 이어 받았다. 이윽고 교종을 중심으로 선종을 통합해 천태종을 창시했다. 선종은 의천을 위해 천태종의 근거지로 삼을 국청사를 짓도록 했다.

[16] 엔터테인먼트 제23호 • 1080년 ~ 1160년

통 역사 가로세로 퍼즐

〈가로 퍼즐〉

2. 십자군 전쟁을 일으킨 로마 교황. ~ 2세
4. 발해의 전설적인 여자 무사
5. 크메르 제국의 왕과 힌두교 비슈누 신을 기리는 사원
7. 바이킹 출신이 영국에 설립한 왕조. ~ 왕조
8. 고구려 시대 지방의 장관
9. 요, 금, 몽골 등 중국을 지배한 이민족 왕조를 부르는 말
12. 자선 시장을 가리키는 페르시아어
13. 후주인으로 고려로 귀화했으며 과거 설치를 건의했다.
14. 고려 성종 때 만든 우리나라 최초의 화폐
16. 군인보다 문인에 의한 통치를 선호하는 이념. ~ 주의
17. 11세기 말 만들어진 유럽 최초의 영국 토지 장부

〈세로 퍼즐〉

1. 십자군 전쟁을 결의한 회의. ~ 공의회
3. 동-서 프랑크 왕국이 지방 언어로 첫 협약을 체결한 곳
6. 1077년, 독일 황제가 카노사에서 교황에게 무릎 꿇고 항복한 사건
10. 송나라 신법 개혁을 주도했지만 실패한 개혁가
11. 이슬람 군대에 맞서기 위해 조직된 기독교 군대
15. 고려 시대의 최고 중앙 정치 기구

☞ 정답은 257페이지에

[사설]

통통통 기자

북송 멸망에서 배울 점

중국 본토를 통치하던 한족 왕조인 북송이 끝내 멸망했다. 다행히 북송의 황족이 남송을 재건하기는 했지만, 남송도 그리 강해 보이지는 않는다.

북송은 여진족의 금나라에게 멸망했다. 그러나 따지고 보면 멸망의 진짜 이유는 북송 내부에 있었다. 무엇보다 북송은 국경 주변의 이민족이 성장하고 있다는 사실을 무시했다. 오히려 군대를 줄이고, 사대부의 권력만 키웠다. 그러니 안보 태세가 무너진 것이다. 외적의 침략을 거뜬히 막아 낼 군대가 없는데, 금나라를 이길 방법이 없지 않은가?

게다가 황족과 귀족의 사치가 극에 달했다. 금나라에 매수된 정부 관료들도 많았다. 그야말로 정치가 '개판'이었던 것. 만약 송나라가 일찍 정신을 차렸더라면 요나라가 성장할 때 미리 대비를 할 수 있었을 것이다. 확실한 안보와 철저한 준비! 북송 멸망에서 우리가 배워야 할 교훈이다.

하느님이 십자군 전쟁을 칭찬할까?

셀주크 왕조가 기독교도들의 예루살렘 성지 순례를 방해하면서 십자군 전쟁이 터졌다. 그런데 "과연 하느님이 이 전쟁을 칭찬할까?"라고 묻는 사람들이 많다.

우선 이 전쟁이 시작된 진짜 이유가 '종교'가 아니라 '정치'라는 이야기가 많다. 동로마 황제나 기사, 제후들이 모두 영토를 넓히려 했다. 농민들도 새 땅에서 새 삶을 시작하겠다는 희망을 가졌다. 교황은 이참에 종교와 정치를 아우르는 1인자가 되려 했다. 또 이들 모두는 이슬람교도를 학살하는 것에 대해 죄의식을 가지지 않았다. 교황이나 사령관도 병사들의 사기가 떨어질까 봐 만행을 저지르는 걸 그냥 보고만 있었다.

기독교의 교리와 정신을 아시아까지 전파하려 했던 본래의 취지는 어디로 간 것일까? 하느님이 만약 이 전쟁을 지켜봤다면 어떻게 말했을까? 씁쓸한 대목이다.

전문가 칼럼

김부식과 묘청 논쟁

박놀자(한국학 박사)

묘청은 고려 인종 시절, 수도를 개경에서 서경으로 옮기자고 주장하다가 뜻이 좌절되자 반란을 일으켰던 인물이다. 묘청의 이 반란을 진압한 이는 문벌 귀족이었던 김부식이다. 한 가지 역사적 사건에서 서로 맞섰던 이 두 사람에 대한 세인들의 평가가 사뭇 달라서 관심을 끌고 있다.

일제 강점기의 민족사학자들은 묘청을 높이 평가하고 김부식을 깎아내린다. 묘청은 금나라에 저항해 북진하려는 기상을 보여 주었지만 김부식은 중국에 대한 사대주의에 물든 인물이란 이야기다. 김부식은 『삼국사기』를 쓸 때도 패기 넘쳤던 고구려를 낮게 평가하고 신라 위주로 썼다는 비판도 받았다.

그러나 현대에 이르러서는 평가가 약간 다르다. 당시 상황을 감안하면 김부식의 태도를 무턱대고 사대주의라 할 수 없다는 것이다. 또한 묘청의 생각도 지나치게 급진적이라 실천 가능성이 낮다는 평가를 받는다. 어느 쪽이 맞는지는 좀 더 두고 봐야 할 일이다.

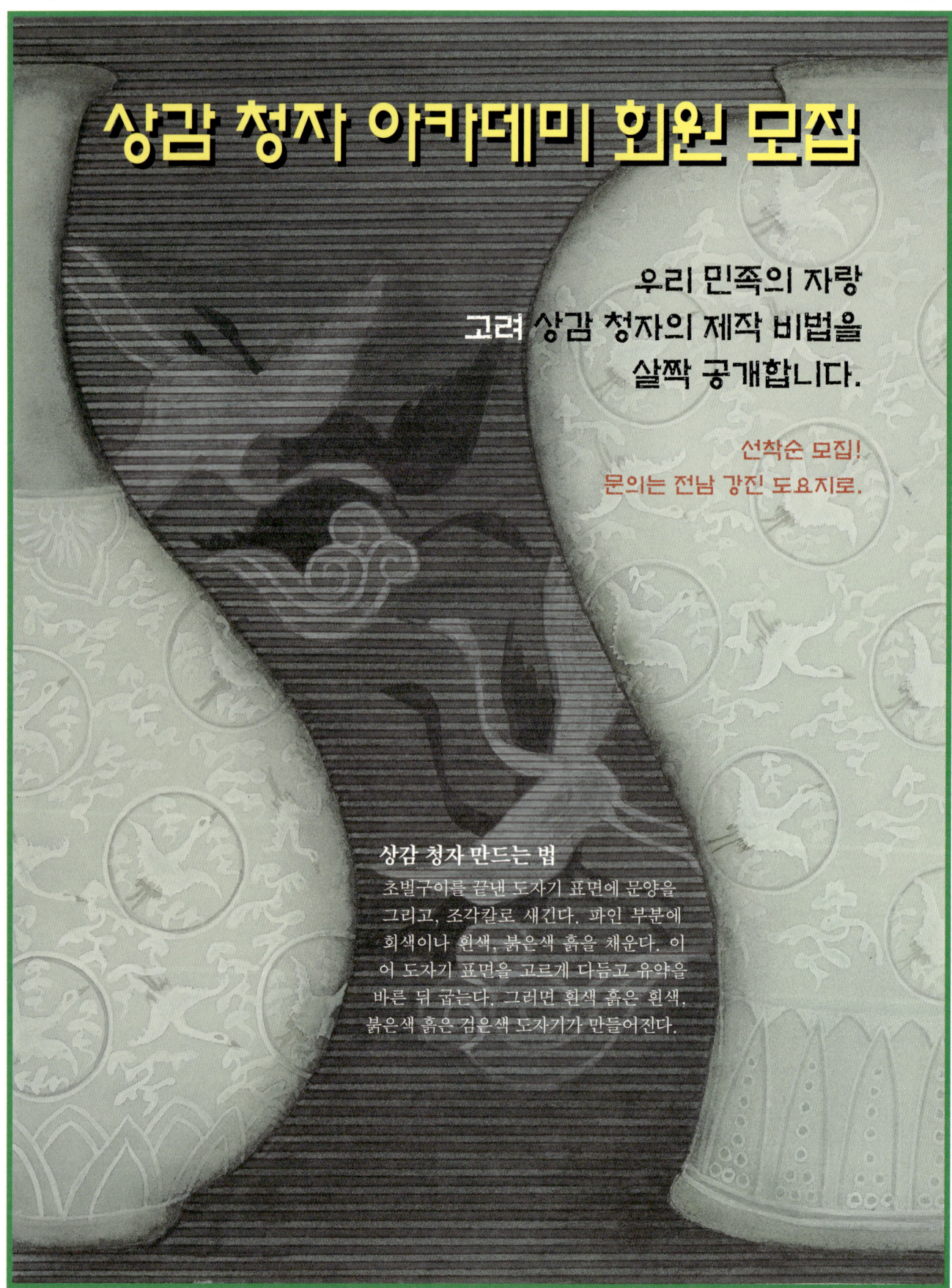

역사 연표

| 아시아 | 아프리카 | 유럽 | 아메리카 |

1080년

1096년
제1차 십자군 전쟁 발발 　　　　－　　　　**1096년**
　　　　　　　　　　　　　　　　　　　제1차 십자군 전쟁 발발
　　　　　　　　　　　　　　　　　　　1099년
　　　　　　　　　　　　　　　　　　　십자군, 예루살렘 정복　　　　－

1100년

1102년
고려 숙종, 해동통보 발행
1107년
고려의 윤관이 여진족 지역에　－　　　　－　　　　－
동북 9성 건설
1115년
여진족의 아구다가 금나라 건국

1120년

　　　　　　　　　　　　　　　　　　　1122년
　　　　　　　　　　　　　　　　　　　교황과 황제, 보름스 협약 체결
1124년
금나라에 의해 오나라 멸망
1126년
금나라에 의해 북송 멸망　　　　－　　　　　　　　　　　　　　　　　　－
고려, 이자겸의 난 발발
1127년
남송 건국
1135년
고려에서 묘청의 난 일어남

1140년

1145년
셀주크의 장기 총독, 에데사 백국 점령
고려의 김부식, 『삼국사기』 완성
1147년　　　　　　　　－　　　**1147년**　　　　　　　　－
제2차 십자군 전쟁 발발　　　　　　제2차 십자군 전쟁 발발
1157년
대 셀주크 왕조 멸망

1160년

33

통 역사 신문 **제24호**

1160년 ~ 1240년

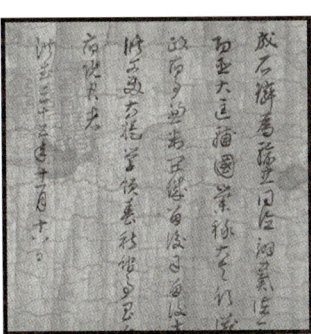

통 역사 신문

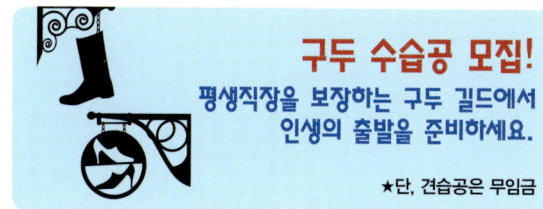

제24호   1160년 ~ 1240년

칭기즈 칸 "세계 내놓아라!"

몽골 제국… 순식간에 동유럽까지 정복

몽골 제국이 세계를 흔들고 있다. 세계 역사상 지금까지 이렇게 짧은 시간에 세계를 뒤흔들어 놓은 제국은 없었다.

영웅 칭기즈 칸은 1206년에 몽골을 통일하고, 곧바로 세계 정복에 나섰다. 서하와 금이 곧 꽁지를 내렸다. 서쪽으로는 중앙아시아의 강국 호라즘을 무너뜨렸다. 카스피 해로 진격한 몽골군은 러시아 남부의 여러 공국을 정복했다.

칭기즈 칸의 뒤를 이은 오고타이도 정복 전쟁을 벌였다. 금나라를 마침내 정복했다. 유럽에서도 맹활약을 펼쳤다. 바투가 이끄는 몽골 군대는 폴란드를 정복했고, 헝가리 부다페스트도 점령했다.

몽골 제국의 활약은 아직 끝나지 않았다는 게 전문가들의 평가다. 다만 여러 칸 국으로 나뉘어 있는데, 이것이 분열의 신호탄이 아니냐는 지적이 나오고 있다. ▷ 2·3·4·5·6·7면에 관련 기사

고려에 무신정변 발발

1170년, 고려에 무신정변이 발발했다. 그동안의 멸시를 참다못한 무신들이 반란을 일으킨 것이다. 무신들은 문신들을 죽이고 왕도 끌어내렸다.

무신들은 이윽고 자기들끼리 권력 투쟁을 일삼았다. 수년간의 싸움을 벌인 결과, 최충헌이 마침내 모든 무신을 평정하고 1인자 자리에 올랐다. 최충헌은 자신이 죽은 뒤에도 자신의 집안이 대대로 1인자 자리를 유지하도록 하기 위해 아들에게 권력을 물려주었다. 이로써 최 씨 집안이 대대로 왕의 권력을 능가하는 최 씨 정권 시대가 열렸다.

한편 전국은 극도의 혼란에 휩싸였다. 곳곳에서 농민 반란이 일어났다. 심지어 최충헌의 노비인 만적도 봉기를 시도했다. ▷ 10·12면에 관련 기사

대헌장 서명

1215년, 영국의 왕 존 1세가 대헌장(마그나 카르타)에 서명했다. 왕이 아니라 국민의 대표만이 세금을 부과할 수 있다는 내용.

정치학자들은 "이 대헌장을 통해 의회 정치가 처음으로 역사에 등장했다"고 평가하고 있다. 다만 아직까지는 평민이 의회에 대표로 참여할 수는 없다. 그러나 머지않아 도시의 대표들이 의회에 참여할 기회가 생길 것이란 예측이 많다. ▷ 13면에 관련 기사

[2] **몽골 제국 시대** 특집   제24호 • 1160년 ~ 1240년

테무친, 칭기즈 칸에 오르다

몽골족 통일 후 제국 건설… 세계 정복 선포

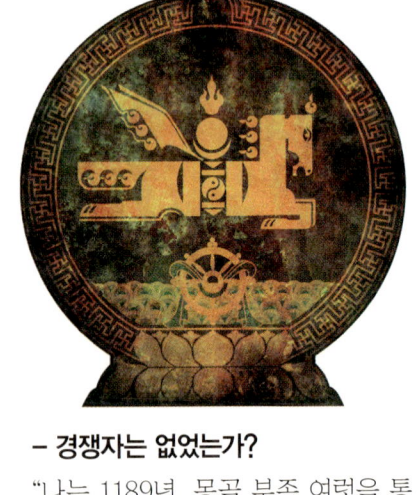

1206년, 러시아와 몽골을 가로지르는 오논 강변. 이곳에서 몽골의 여러 부족장들이 회의를 하고 있었다. 몽골은 이 부족 회의를 '쿠릴타이'라고 불렀다. 이날 쿠릴타이의 주제는 왕을 뽑는 것이었다.

마침내 테무친이 왕에 뽑혔다. 엄밀하게 말하면 테무친이 "내가 몽골 제국의 황제다!"라고 선포했고, 나머지 부족장들이 박수를 쳤다. 이 황제가 바로 칭기즈 칸이다. 유목 민족은 왕을 칸이라 불렀다. 칭기즈 칸은 '칸 중의 칸'이란 뜻이다. 칭기즈 칸을 만났다.

— 제국 건설과 황제 등극을 축하한다.

"꿈이 있는 자만이 승리를 차지한다. 내 발자취가 그 '진리'를 증명했다."

— 칭기즈 칸에 오르기까지 역경이 있었다는데…….

"난 몽골 초원에서 태어났다. 당시 몽골족은 여진(금)과 타타르족에게 시달리고 있었다. 부족장이었던 아버지는 타타르족에게 암살됐다. 난 버려졌고, 살아남기 위해 풀뿌리를 캐어 먹으며 버텼다. 아내를 다른 부족에게 빼앗기기도 했다."

— 그 역경을 어떻게 극복했나?

"받은 대로 돌려주기 위해 힘을 키웠다. 세력이 커진 후 복수를 시작했다. 내 아내를 납치했던 부족은 씨를 말려 버렸다. 동맹을 맺었다가 배신한 부족도 몰살시켰다. 살아남은 자들은 모두 노예로 삼았다. 타타르족? 그 족속도 전멸시켰다."

— 너무 무자비한 것 아닌가?

"자비만 베풀었다가는 내가 당하는 시대다. 내 부하들에겐 최고의 대우를 해 주었지만, 적에게는 관대해선 안 된다."

— 경쟁자는 없었는가?

"나는 1189년, 몽골 부족 여럿을 통합해 칸에 올랐다. 그러나 나와 의형제를 맺었던 자무카는 나를 인정하지 않았다. 그와 오랫동안 전쟁을 치렀다. 내가 쿠릴타이에서 칭기즈 칸에 오르던 바로 그해, 자무카를 처형했다. 비록 나와의 경쟁에서 패했지만 그는 훌륭한 전사였다."

— 몽골족의 통일 과정에서 가장 기억에 남는 것은 무엇인가?

"당시 몽골 초원 주변에서 최고의 강대국이 타타르와 나이만이었다. 타타르는 이미 제압했지만 투르크족 계열의 나이만 왕국은 힘겨운 상대였다. 게다가 자무카가 나이만 왕국과 힘을 합치고 있었다. 바로 그 나이만 왕국을 1204년에 정복했다. 이 전쟁의 승리로 난 몽골 전역을 통일할 수 있었다."

— 앞으로 어떻게 할 것인가?

"세계를 정복할 것이다. 이를 위해 몽골 제국을 '군대 제국'으로 바꿀 것이다. 부족을 해체해 95개의 군대 조직으로 재편할 계획이다."

칭기즈 칸, 정복 전쟁 시작

중국-서역 혼쭐, 러시아 남부까지 진격

베이징에 들어서는 칭기즈 칸

칭기즈 칸이 칼을 빼들었다. 그의 군대가 세계 정복에 나섰다. 몽골 군대는 무서운 기세로 뻗어 나갔다. 그 긴박했던 순간을 기자가 함께했다.

1207년, 칭기즈 칸의 군대가 서하로 진격했다. 서하는 한때 송나라를 위협했던 나라. 하지만 몽골 앞에서는 고양이 앞의 쥐와 같았다. 20년간 버텼지만 결국 1227년에 항복할 수밖에 없었다.

다음 목표는 금나라. 금은 한때 몽골족을 지배했으니 칭기즈 칸에게는 원수나 다름없었다. 결국 금도 항복했다. 금이 겁을 먹었던 것일까? 몽골에 알리지 않고 수도를 베이징에서 카이펑으로 옮겼다. 화가 난 칭기즈 칸이 다시 금을 공격했다. 1215년에 베이징을 정복했다. 이로써 몽골이 중국을 사실상 장악하게 됐다.

이어 칭기즈 칸의 군대는 서역(중앙아시아)으로 말을 달렸다. 그들에게 적수는 없었다. 1218년, 요나라의 왕족이 세웠던 서요를 정복했다.

다음 목표는 호라즘 왕국. 셀주크 왕조 출신의 장군이 만든 나라로, 아무다리야 강 일대의 최고 강국이었다. 1219년 몽골 군대가 총공격했다. 호라즘의 최대 도시인 부하라와 사마르칸트를 1년 만에 정복했다. 호라즘의 왕(샤)은 카스피 해까지 도망갔다. 샤가 1220년 그곳에서 피살됨으로써 호라즘 왕국도 종말을 맞았다.

호라즘의 왕을 쫓아 카스피 해까지 진출한 몽골 군대가 러시아 남부로 진격했다. 여러 나라들이 몽골에 맞섰다. 1223년, 킵차크 초원의 강변에서 전투가 벌어졌다. 몽골군의 대승. 러시아 남부와 크림 반도가 몽골의 수중에 떨어졌다. 몽골군은 전리품을 챙겨 중앙아시아의 본대로 돌아갔다.

1225년, 서역 원정을 끝내고 칭기즈 칸이 귀환했다. 서하가 몽골의 지시를 잘 듣지 않자 1226년에 다시 쳤다. 오늘날까지 서하 후손을 거의 찾아볼 수 없을 정도로 완전히 씨를 말려 버렸다. 서하 원정이 막바지인 1227년 8월, 칭기즈 칸이 세상을 떠났다. 1,000년에 한 명 나올까 말까 한 정복자가 사라진 것이다.

칭기즈 칸의 무덤

몽골, 벌써 분열?

칭기즈 칸의 정복 활동으로 몽골 제국은 사상 유례가 없는 대제국으로 발돋움했다. 당시 영토는 동서로는 중국 북부~서아시아 입구, 남북으로는 이란 북동부~러시아 남부에 이르렀다.

하지만 칭기즈 칸이 사망하면서 이 영토는 후계자들에게 쪼개져 상속됐다. 골고루 재산을 물려주는 유목 민족 특유의 풍습 때문이었다. 이에 따라 큰아들 조치는 러시아 남부 영토를 물려받았다. 둘째 아들 차가타이는 호라즘 왕국의 영토를, 셋째 아들 오고타이는 나이만 왕국의 영토를 받았다. 막내아들 툴루이는 몽골 본국을 물려받았다.

아직은 몽골 제국이 평화를 유지하고 있다. 그러나 몽골의 영토가 칭기즈 칸의 네 아들에게 나누어짐에 따라 서서히 분열의 조짐이 나타나고 있다. 몽골의 앞날이 궁금하다.

[4] **몽골 제국 시대** 특집 제24호 • 1160년 ~ 1240년

2대 대 칸 오고타이 등극

"아버지가 못다 이룬 세계 정복의 꿈, 내가 이루겠다!"

칭기즈 칸이 사망했지만 몽골 제국은 여전히 강했다. 그의 아들들도 뛰어난 정복자였기 때문이다. 하지만 당장은 다음 황제를 선출하는 게 급선무였다. 전체 몽골 제국의 황제는 대(大) 칸이라 부른다.

칭기즈 칸이 사망하고 2년이 지난 1229년, 쿠릴타이를 통해 셋째 아들 오고타이가 대 칸에 올랐다. 오고타이는 카라코룸의 궁궐로 자리를 옮겼다. 이어 정복 전쟁을 시작했다.

1237년경 몽골 제국의 영토

"세계 정복 계속할 것"… 금 멸망시키고 폴란드 정복

▽**아시아 정벌** = 오고타이 대 칸이 이끄는 몽골 제국의 첫 제물은 금나라였다. 이 무렵 한때 중국 대륙을 호령했던 금나라는 휘청거리고 있었다. 그 틈을 타서 기회를 노리던 남송이 먼저 1233년에 금나라의 수도 카이펑을 공격했다. 바로 다음 해에 몽골 군대가 합류했다. 남송과 몽골의 연합군은 끝내 금나라의 숨통을 끊어 놓았다. 금나라의 마지막 황제는 스스로 목숨을 끊었다. 이로써 금은 역사의 뒤안길로 사라졌다.

호라즘 왕국에서 살아남아 저항하던 세력도 이 무렵 몽골 제국에 무릎을 꿇었다. 호라즘 왕국 역시 멸망한 것이다. 이제 중앙아시아는 모두 몽골 제국의 차지가 되었다. 여세를 몰아 몽골은 고려에까지 손을 뻗쳤다.

▽**동유럽 정복** = 러시아 남부를 차지한 조치가 세상을 떠났다. 그 영토는 그의 아들 바투에게 상속됐다. 1236년, 바투가 군대를 이끌고 유럽 정복에 나섰다.

유럽 국가들은 벌벌 떨기만 했다. 몽골 병사가 온다는 소리만 들어도 숨기에 바빴다. 이러니 전쟁의 결과는 뻔했다. 1240년, 키예프 공국을 시작으로 그 일대의 왕국들이 모두 바투 군대에 정복당했다. 그 후 수백 년간 러시아는 몽골의 지배를 받아야 했다.

바투의 군대는 내친 김에 폴란드와 헝가리로 진격했다. 이번에도 싸우나 마나였다. 바투의 군대는 1241년에 폴란드를 정복했다. 헝가리의 최대 도시인 부다페스트도 점령했다. 동유럽의 일부가 몽골 제국의 영토가 되는 순간이었다. 사기가 오른 바투의 군대는 이제 유럽 한복판으로 진격할 채비를 갖추기 시작했다.

오고타이 칸

야율초재의 본색?

칭기즈 칸에 이어 2대 대 칸 오고타이까지 보좌한 재상이자 전략가인 야율초재가 몽골족이 아닌 것으로 밝혀졌다. 야율초재는 칭기즈 칸이 철천지원수로 여겼던 금의 학자였다. 전투 도중에는 자비를 베풀지 않는 칭기즈 칸과 오고타이가 적국의 사람을 측근으로 삼은 셈이다.

칭기즈 칸이 금나라를 공격한 1215년 당시 야율초재는 26세의 총명한 학자였다. 칭기즈 칸에게 잡혀 온 그는 "금을 배신할 수 없다"고 당당하게 말했다. 칭기즈 칸은 그의 박식함과 용기에 반해 "내 사람이 되어 달라"고 청했다. 그 후 칭기즈 칸의 참모가 된 야율초재는 대를 이어 오고타이에게도 충성을 바쳤다. 야율초재는 몽골 제국의 많은 제도를 정비한 뛰어난 정치가란 평을 받고 있다.

[6] **몽골 제국 시대** 특집   제24호 • 1160년 ~ 1240년

"칭기즈 칸 리더십 배우자"

몽골 제국의 급성장에 세계가 놀라고 있다. 역사상 이렇게 짧은 시간에 이렇게 넓은 영토를 정복한 나라가 없었기 때문이다. 이에 〈통 역사 신문〉은 전문가 1,000명을 대상으로 몽골 제국의 성공 비결을 묻는 설문 조사를 벌였다. 그 결과, 칭기즈 칸의 리더십이 1위로 꼽혔다. 몽골이 대제국으로 성장할 수 있었던 대표적인 비결 세 가지를 정리한다.

칭기즈 칸의 정복 경로

초 단시간 세계 정복 비결, 전문가 긴급 조사

① 강인한 리더십

칭기즈 칸은 어렸을 때부터 생명의 위협을 여러 차례 느꼈다. 그 위험을 하나씩 극복하면서 강인하게 성장했다. 그는 세계 제국을 건설하겠다는 꿈을 절대 포기하지 않았다. 바로 이 칭기즈 칸의 야망이 없었다면 몽골 제국은 존재하지 못했다.

전쟁을 벌일 때는 적에게 자비를 베풀지 않았다. 그러나 부하들에게는 많은 권한을 주었다. 그래서 부하들은 충성할 수밖에 없었다. 칭기즈 칸은 무자비한 정복자가 아니었다. 가장 효율적으로 사람을 다루는 통치자였던 것이다.

② 강력한 군대 조직

칭기즈 칸은 몽골족을 통일한 후 부족을 95개의 군사 조직으로 바꾸었다. 이 조직을 천호(千戶)라고 불렀다. 몽골의 가장 작은 부대는 10명으로 구성되어 있다. 이를 십호(十戶)라 했다. 이 십호가 10개 모여서 백호(百戶)가 된다. 백호 10개가 모이면 비로소 천호가 된다. 따라서 천호에 소속된 병사는 약 1,000명이 된다.

천호의 우두머리, 즉 군사령관을 천호장(千戶長)이라고 불렀다. 몽골의 군대는 이 천호장이 모두 지휘했다. 병사들은 천호장의 명령에 따라 일사분란하게 움직였다.

③ 빠른 병사들

병사들은 투구나 갑옷을 입지 않았다. 식량도 최소한으로만 챙겼다. 그 식량이란 것도 얇게 썰어 말린 고기가 전부다. 짐이 별로 없으니 몸이 가벼워진다. 전투 장비를 다 합쳐야 7kg이 되지 않는다.

게다가 병사들은 평생 말을 타고 다닌 유목민이다. 다른 민족보다 말을 잘 다룰 수밖에 없다. 고삐를 잡지 않고도 말을 탔다. 자유로운 두 손으로는 활을 쏘았다.

말을 자유자재로 다루고 짐이 가벼웠기 때문에 몽골 병사들은 이동이 빨랐다. 그 짧은 시간에 대군이 유럽에까지 들이닥칠 수 있었던 것도 빠른 병사들이 있었기에 가능했던 것이다.

칭기즈 칸

독일 기사단 단원 모집

이슬람교로부터 성지를 지켜 낼 성스러운 독일 전사를 기다립니다.
황제와 제후가 땅도 제공합니다.

✝

독일 기사단(튜턴 기사단) 십자군 전쟁 당시인 1190년에 출범한 종교 기사단. 템플 기사단, 요한 기사단과 함께 3대 종교 기사단으로 불렸다. 권력자들로부터 막대한 영토를 기증받아 큰 부자가 되기도 했다.

[광고]

[8] 십자군 전쟁 특집

제24호 • 1160년 ~ 1240년

살라딘, 3차 십자군 격파

아이유브 왕조 건국, 예루살렘 탈환… 유럽 무기력

살라딘을 표현한 그림

이슬람 세력이 기독교 세력으로부터 예루살렘을 다시 빼앗았다. 이 때문에 한동안 잠잠하던 이슬람-기독교 진영이 다시 전쟁을 벌였다. 제3차 십자군 전쟁이 시작된 것이다.

아프리카 북부에는 이슬람 파티마 왕조가 있었다. 그러나 오랜 시간 십자군 전쟁을 치르면서 세력이 많이 약해질 수밖에 없었다. 1169년, 살라딘(살라흐 앗딘)이 이 파티마 왕조를 무너뜨렸다. 살라딘은 아이유브 왕조를 세워 왕에 올랐다.

사실 이 무렵 서아시아의 셀주크 왕조도 있으나 마나 한 상태였다. 아바스 제국은 형식적으로만 이슬람의 큰 형님일 뿐이었다. 따라서 아이유브 왕조가 이슬람의 대표 주자가 되었다.

아이유브 왕조는 실제로 대표 주자 역할을 톡톡히 했다. 1187년, 예루살렘을 정복한 것이다. 살라딘은 이슬람 세계에서 영웅으로 떠올랐다.

예루살렘을 빼앗겼다는 소식이 유럽에 전해졌다. 1189년, 유럽 국가들이 예루살렘을 되찾기 위해 제3차 십자군을 조직했다.

제3차 십자군의 전력은 역대 최강. 신성 로마 제국 황제 프리드리히 1세를 비롯해 '사자왕'이라 불린 영국 왕 리처드 1세, 프랑스의 왕 필리프 2세가 모두 군대를 보냈다.

그러나 이 최강의 십자군도 예루살렘을 되찾지는 못했다. 나이가 많았던 프리드리히 1세는 강에 빠져 죽고 말았고, 필리프 2세는 군대를 돌려 프랑스로 돌아가 버렸다. 리처드 1세만이 남아 살라딘의 군대와 싸워야 했다. 그러니 십자군이 승리할 수 있겠는가?

1192년, 결국 양측은 협정을 맺고 전쟁을 끝냈다. 예루살렘을 이슬람의 영역으로 인정하는 대신 기독교도들의 순례를 막지 않기로 했다.

사자왕 리처드

소년 십자군의 비극

전쟁에 대해 뭘 안다고…….
1212년, 하느님의 계시를 받았다고 주장하는 소년들이 기독교도들을 대신해 이슬람을 벌하겠다며 모여들었다. 이들은 곧 스스로 십자군을 조직했다. 역사는 이들을 '소년 십자군'이라고 부른다.

소년 십자군은 배를 타고 이집트로 향하려 했다. 베네치아가 수송을 담당했다. 그런데 못된 상인들이 여기에 끼어들었다. 그들은 소년들을 노예로 팔아 버렸다.

항해가 시작되고 얼마 후 폭풍우가 닥쳤다. 배가 난파되고 거의 대부분의 아이들이 목숨을 잃었다. 살아남은 아이들은 이슬람 군대에 사로잡혔다. 이슬람 사령관이 그 아이들을 풀어 주고 집으로 돌아가게 한 것은 그나마 다행이다.

"십자군, 이게 뭡니까?"

4차 원정대 콘스탄티노플 공격. "가장 추악한 전쟁"

"기독교 수호? 웃기는 소리 하지 마라."

제4차 십자군 전쟁에 참전한 한 십자군 병사가 기자에게 한 말이다. 병사들은 이미 제정신이 아니었다. 그들은 테러리스트와 별반 다를 게 없었다.

제4차 십자군 전쟁은 1202년에 터졌다. 그러나 이 전쟁에 이슬람 군대는 등장하지도 않는다. 십자군이 공격한 곳은 동로마 제국의 콘스탄티노플이었다. 같은 기독교 왕국을 공격한 것이다.

물론 원래의 목표는 이집트의 아이유브 왕조였다. 그러나 십자군을 배로 이집트까지 실어 나르기로 한 베네치아가 "뱃삯이 부족하다"며 수송을 거부했다. 결국 십자군은 뱃삯을 마련하기 위해 기독교 왕국인 헝가리를 공격했다. 교황이 말렸지만 듣지 않았다.

헝가리를 점령한 십자군에게 베네치아가 "다음 목표는 콘스탄티노플"이라고 알려주었다. 콘스탄티노플에는 황금이 쌓여 있다는 소문이 돌기 시작했다. 십자군은 곧장 콘스탄티노플을 습격해 약탈을 하기 시작했다. 닥치는 대로 사람을 죽였다. 1204년, 콘스탄티노플은 순식간에 폐허가 되고 말았다.

그 후 베네치아는 콘스탄티노플에 라틴 제국을 세웠다. 플랑드르의 백작인 보두앵 1세를 데려와 황제로 앉혔다. 이 라틴 제국은 그 후 57년간 콘스탄티노플을 지배한다.

4차 십자군 전쟁은 8회에 걸친 원정 중에 가장 추악하다는 평가를 받고 있다. 사람들은 십자군 원정이 더 이상 기독교를 수호하는 성전이 아니라고 비난했다.

이후의 십자군 전쟁도 큰 성과를 거두지 못했다. 사실 1차 십자군 전쟁을 빼면 기독교 군대가 이슬람 군대를 이긴 적이 거의 없다. 4차 전쟁 이후로 1218년에 5차, 1228년에 6차 원정이 있었지만 별 소득을 얻지 못했다.

6차 원정 때는 신성 로마 제국의 프리드리히 2세 황제가 예루살렘을 되찾기도 했다. 그렇지만 얼마 지나지 않아 이슬람 세력이 도로 예루살렘을 탈환했다.

이베리아 반도에선 "이겼다"

소아시아에서는 십자군이 거의 힘을 쓰지 못했지만, 유럽 이베리아 반도의 기독교 군대는 작은 성과를 내고 있다. 1236년 무렵 이베리아 반도에 남아 있던 이슬람 군대를 거의 대부분 몰아낸 것이다. 기독교 군대의 영토 회복 운동을 '레콘키스타'라고 부른다.

기독교 군대는 이슬람 왕조의 핵심 도시인 코르도바를 점령했다. 이슬람 왕조는 남쪽의 바르셀로나와 그라나다만 겨우 유지할 뿐이었다. 비록 완전히 이슬람 세력을 몰아내지는 못했지만, 기독교 왕국은 축제 분위기에 휩싸여 있다. 이슬람 세력이 다시 북진할 가능성이 거의 없기 때문이다.

스페인의 도시인 코르도바의 현재 모습

[10] 정치 　　　　　　　　　　　　　　제24호 • 1160년 ~ 1240년

고려에 무신 정권 들어서다

1170년 무신정변… 문신은 물론 왕까지 제거

 상장군 정중부의 신호가 떨어지자, 무신들이 문신들을 학살하기 시작했다. 1170년, 무신정변(무신의 난)이 터진 것이다. 조정은 쑥대밭이 되었다.

 무신들은 18대 왕 의종을 끌어내리고 명종을 앉혔다. 의종은 유배지에서 죽여 버렸다. 기겁한 명종은 무신들의 지시를 따를 수밖에 없었다. 이제 실질적 권한은 무신들이 가졌다. 무신들의 회의 기관인 중방이 최고 권력 기관이 되었다.

 무신의 최고 직위는 상장군이었다. 하지만 최초의 권력은 상장군 정중부가 아니라 이고가 쥐었다. 곧 이고는 이의방에게 죽었고, 이의방은 정중부에게 제거됐다. 5년 후에는 경대승이 정중부를 제거했다. 경대승이 죽자, 이의민이 1인자가 되었다. 그러나 그도 1196년에 최충헌에게 제거됐다.

 최충헌은 1년 후 왕을 갈아치웠다. 명종을 유배 보내고 20대 신종을 앉혔다. 신종이 병에 걸리자 그의 아들이 21대 희종에 올랐다. 물론 허수아비 왕이었다. 참다못한 희종은 1211년, 최충헌을 몰아내려 했으나 실패했다. 최충헌은 희종도 내쫓았다.

 더 이상의 권력 투쟁은 없었다. 최충헌이 정적들을 모두 제압했기 때문이다. 최충헌은 오늘날의 대통령 경호실과 비슷한 기관인 교정도감을 만들었다. 교정도감이 최고 권력 기관이 된다. 19대 명종부터 23대 고종까지 모두 최충헌을 두려워했다.

 1219년, 최충헌이 세상을 떠나고 그의 아들 최우가 1인자가 됐다. 이로써 최 씨 정권 시대가 계속된다.

일본에도 무신 정권

 호겐의 난과 헤이지의 난을 통해 사무라이들이 권력을 잡은 일본. 고려에서 무신 정권이 들어서고 15년이 지난 1185년, 일본에서도 사무라이 정권이 탄생했다. 천황은 허수아비가 됐다.

 일본 사무라이들이 세운 정부를 바쿠후(막부), 우두머리는 쇼군(대장군)이라 불렀다. 첫 바쿠후를 연 인물은 미나모토노 요리토모였다. 미나모토노 요리토모는 가나가와 현 가마쿠라에 바쿠후를 열었다. 그래서 이 바쿠후를 가마쿠라 바쿠후라 부른다.

몽골, 고려에도 마수를 뻗치다

사신 피살 핑계로 침략… 세 차례 한반도 초토화

13세기는 몽골의 시대. 전 세계가 벌벌 떨고 있다. 안타깝지만 고려도 마찬가지다.

몽골은 고려에 공물을 내놓으라고 윽박질렀다. 뿐만 아니라 몽골은 매년 공물을 더 내놓으라고 다그쳤다. 그러던 중 돌발 사건이 터졌다. 1225년, 몽골 사신 저고여가 공물을 챙겨 본국으로 돌아가던 중 피살된 것이다. 저고여가 죽은 장소는 고려 땅이 아니었다. 국경을 넘은 뒤 피살됐던 것. 그러나 몽골은 고려인이 죽인 거라고 생각했다. 고려 조정이 아무리 해명을 해도 듣지 않았다.

결국 1231년, 몽골군이 고려를 침략했다. 고려-몽골 전쟁이 시작된 것이다. 1차전은 금세 끝났다. 몽골군이 개경을 포위하는 바람에 항복할 수밖에 없었다. 그 후 몽골의 간섭이 더욱 심해졌다. 최우는 몽골과 한판 싸우기로 작정하고, 1232년에 강화도로 수도를 옮겼다. 그러자 다시 몽골 군대가 쳐들어왔다. 2차 침략이다.

몽골군은 곧 개경과 남경(서울)을 함락했다. 몽골은 사신을 강화도로 보내 항복을 강요했다. 고려 조정은 즉시 거절했다. 몽골이 한반도를 초토화시키기로 했다. 남쪽으로 진격했다. 가는 곳마다 닥치는 대로 양민을 죽이고 약탈을 자행했다. 수많은 백성을 포로로 끌고 갔다. 그러나 고려의 백성들은 용감했다. 더 이상 당하지 않았다. 처인성(용인) 전투가 대표적이다. 이 전투에서 몽골군 사령관인 살리타이가 목숨을 잃었다. 대장을 잃은 몽골군은 우왕좌왕하다 철수하기 시작했다. 이로써 2차전도 끝이 났다.

3년 뒤 몽골이 다시 고려를 침략했다. 3차전이 시작된 것이다. 무려 4년간 몽골군은 2차전 때보다 더 지독하게 한반도를 짓밟았다. 고려는 항복할 수밖에 없었다. 고려의 왕이 몽골에 입조하기로 했다. 고려 왕이 몽골 황실에 가서 황제를 알현하겠다는 뜻이다.

그러나 고려의 왕 고종은 이 약속을 지키지 않았다. 먼 왕실 친척을 대신 보낸 것이다. 몽골은 크게 화를 냈다. 또 다시 전쟁이 터질 것 같은 분위기다.

아, 문화재여!

몽골족은 유목 생활에 익숙한 민족. 문화재란 개념도 머릿속에 없다. 물론 문화재에 대한 안목도 없다. 그러니 몽골군은 한반도를 돌며 세계적인 문화재를 닥치는 대로 파괴했다.

2차 침략 때 대구 부인사에 있던 초조대장경이 불에 탔다. 이 대장경은 거란족의 침략 때 만들었다. 대략 6천 권 정도의 어마어마한 규모. 동양에서는 최대라는 평가를 받았던 문화재가 사라져 버린 것이다. 속장경도 이때 파괴되고 말았다.

3차 침략 때는 황룡사 9층 목탑이 불에 타 버렸다. 선덕여왕의 지시로 646년에 완공한 탑이다. 신라의 3대 보물 중 하나라는 평가를 받았다. 7세기 말에 벼락을 맞아 훼손된 적이 있지만 완전하게 복구됐다. 그런 보물을 몽골족이 태워 버린 것이다. 지금은 터만 남아 있다.

민란, 한반도를 뒤흔들다

최충헌 노비 만적까지 거사 시도… 모두 실패

"우리도 인간이다. 평등한 세상을 앞당기자!"

한반도가 뜨겁게 달아오르고 있다. 무신의 난이 발생한 뒤 전국에서 민란이 일어나고 있는 것이다. 반란을 일으킨 사람들은 대부분 천민이거나 일반 평민이었다.

▽**망이·망소이의 난** = 1176년, 충청남도 공주 명학소에서 발생했다.

망이와 망소이 형제는 이 마을에 살던 천민이었다. 향, 소, 부곡은 천민 마을에 붙어 있는 행정 단위다. 반란군은 공주 관아를 장악했다. 화들짝 놀란 조정은 명학소를 현으로 승격시키고 모두 인간다운 대우를 해 주겠다고 약속했다. 반란군은 무장을 해제했다. 그러나 이 약속은 지켜지지 않았다. 반란군은 다시 무기를 들었다. 진압군과 반란군 사이에 치열한 접전이 벌어진 끝에 반란은 진압되었다. 망이와 망소이 형제는 처형되었다.

▽**김사미·효심의 난** = 고려 명종 때인 1193년에 일어났다. 김사미는 경북 청도 운문산에서, 효심은 울산에서 각각 난을 일으켰다. 고려 조정은 반란군을 진압하기 위해 여러 번 진압군을 보냈으나 번번이 실패했다. 그러다가 반란이 일어난 지 1년이 지나 모두 진압되었다.

최충헌은 화가 나서 동경(東京)의 이름을 경주로 바꾸어 버렸다. 오늘날 경주의 등급을 광역시에서 일반 행정 구역 정도로 떨어뜨린 것이다.

▽**만적의 난** = 1198년에 발생했다. 사실 이 반란은 일이 들통 나는 바람에 시작도 해 보지 못하고 진압되었다. 그런데도 이 반란이 주목받는 이유가 있다. 반란을 꾀한 주모자인 만적이 당시 최고 권력자였던 최충헌의 노비였기 때문이다.

만적은 "왕후장상(王侯將相)의 씨가 따로 있느냐!"라고 주장했다. 왕후장상은 왕과 제후, 장군, 재상을 뜻한다. 일개 노비였던 만적이 신분제 철폐를 주장하고 나선 것이다. 만적의 이러한 생각은 당시 무신들이 반란을 일으키고 왕을 폐하는 등 하극상이 극에 달했던 시대상과 무관하지 않다.

노비들이 만적 주변으로 몰려들었다. 그들은 거사 날짜를 정했다. 그러나 사전에 들통나면서 시작도 하기 전에 실패하고 말았다. 이 일로 만적을 포함한 100여 명의 노비가 처형당했다.

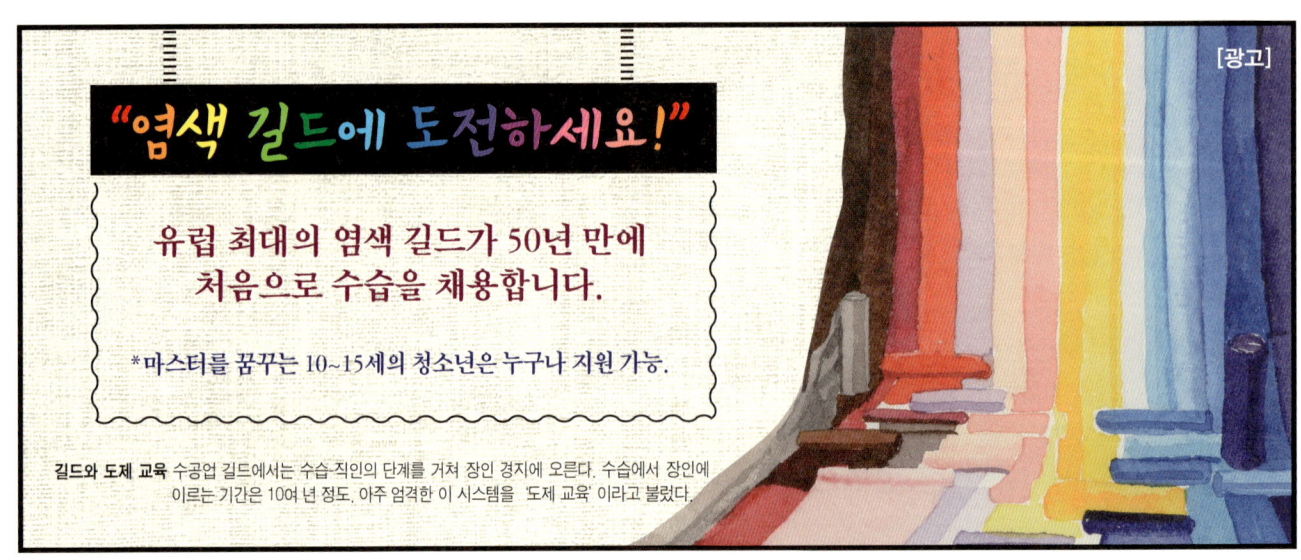

[광고]

"염색 길드에 도전하세요!"

유럽 최대의 염색 길드가 50년 만에 처음으로 수습을 채용합니다.

*마스터를 꿈꾸는 10~15세의 청소년은 누구나 지원 가능.

길드와 도제 교육 수공업 길드에서는 수습 직인의 단계를 거쳐 장인 경지에 오른다. 수습에서 장인에 이르는 기간은 10여 년 정도. 아주 엄격한 이 시스템을 '도제 교육'이라고 불렀다.

"왕이여, 권력 내놓으시게"

영국 존 1세, 왕 권력 제한하는 대헌장에 서명

영국의 왕, 존 1세

"존 1세는 영국 역사에서 가장 무능한 왕이다!"

영국 국민들 사이에서 이런 이야기가 나돌고 있다. 리처드 1세의 뒤를 이어 1199년, 왕위에 오른 존 1세가 영토를 너무 많이 잃었기 때문이다. 국민들은 존 1세를 실지왕이라고 부른다. 실지(失地)는 땅을 잃었다는 뜻이다.

원래 영국은 프랑스 영토에 많은 땅을 갖고 있었다. 프랑스 왕 필리프 2세는 프랑스에서 영국을 몰아내려 했다. 그러자 존 1세는 신성 로마 제국, 플랑드르 공국과 연합해 프랑스를 공격했다. 그러나 패배. 오히려 영국은 아키텐을 뺀 나머지 모든 땅을 잃었다.

그래도 존 1세는 정신을 차리지 못하고 다시 프랑스와의 전쟁을 준비했다. 문제는 돈. 전쟁 자금이 부족하자 존 1세는 귀족들에게 세금을 거두려 했다. 무능한 왕에 화가 나 있던 귀족들이 마침내 발끈했다.

1214년, 귀족들의 군대가 런던으로 진격했다. 이 전투에서도 존 1세는 패했다. 무릎을 꿇은 그에게 귀족들은 대헌장(마그나 카르타)에 서명하라고 강요했다.

대헌장은 총 60여 개의 항목으로 돼 있었다. 이 가운데 "국민의 대표만 세금을 부과할 수 있다"는 항목이 가장 눈에 띈다. 세금을 거두는 권리를 왕으로부터 빼앗은 것이다. 이처럼 대헌장은 왕의 권리를 처음으로 제한한 역사적인 문서다.

이 대헌장에 왕이 서명함으로써 의회 민주주의가 발전할 수 있는 계기가 만들어졌다. 물론 아직까지는 귀족회의가 국민의 대표였으니 특권은 귀족들에게 돌아갔다. 그래도 전문가들은 "머지않아 평민들도 회의에 참여할 것이다. 그러면 본격적인 의회가 출범하지 않겠는가?"라고 말하고 있다.

마그나 카르타

'존엄 왕' 맹활약하다

프랑스인들이 필리프 2세 왕을 소리 높여 칭송하고 있다. 그가 강력한 프랑스를 건설했기 때문이다. 프랑스인들은 필리프 2세를 존엄 왕이라 부른다.

원래 프랑스의 영토는 파리 주변의 작은 땅에 불과했다. 영국을 비롯한 몇몇 제후국의 영토가 프랑스 영토보다 훨씬 컸다. 그러나 필리프 2세 왕이 영국으로부터 아키텐을 제외한 모든 땅을 빼앗아 프랑스 영토로 만들었다.

프랑스가 강력해지자 많은 공국들이 두려워하기 시작했다. 심지어 신성 로마 제국도 프랑스를 함부로 하지 못했을 정도다. 이제 프랑스는 유럽에서 가장 강한 나라 중 하나가 됐다.

프랑스 왕, 필리프 2세

[14] 국제 제24호 · 1160년 ~ 1240년

잉카인, 남미 대제국 건설

아메리카

에콰도르~칠레 안데스 산맥 모두 정복

잉카의 칼

오늘날 남아메리카의 페루와 볼리비아 국경 지대에는 티티카카 호수가 있다. 이 티티카카 호수에서 북서쪽으로 조금만 가면 쿠스코라는 도시가 나타난다. 현재 페루 남부의 주도다. 바로 이 쿠스코에서 남아메리카 최대의 문명이 1200년 무렵부터 시작되었다. 이 문명을 잉카 문명이라고 부른다.

잉카인들의 전설에 따르면 1200년 무렵 잉카족(케추아족)의 지도자 만코 카팍이 나라를 세웠다. 그는 신으로부터 "지팡이가 박히는 땅에 나라를 세워라"라는 계시를 받은 적이 있었다. 만코 카팍은 쿠스코에서 금 지팡이가 땅에 꽂히는 걸 보고, 이곳에 잉카 왕국을 세운 것이다.

물론 이 전설은 사실이 아니다. 쿠스코 지역에는 이미 8세기 때부터 여러 마을이 들어서 있었다. 만코 카팍이 처음으로 도시를 건설했다는 전설이 사실이 아니란 얘기다. 그리고 실제로는 15세기 중반에 가서야 쿠스코가 잉카 제국의 수도가 된다.

절정기에 잉카 문명은 남아메리카의 가장 북쪽에 위치한 에콰도르에서부터 최남단의 칠레까지 골고루 발달했다. 안데스 산맥의 줄기를 따라 잉카인들이 모든 부족을 정복한 것이다. 바로 이때의 수도가 쿠스코였던 것.

이처럼 대제국으로 성장했을 때 잉카 제국의 수도 쿠스코의 인구는 100만 명에 육박했다. 아시아나 유럽의 중요한 대도시만큼이나 규모가 커진 것이다. 영토가 커졌으니 제국의 국민도 많아졌다. 최대 전성기 때 잉카 제국의 백성은 총 1,000만 명에 이르렀을 거라고 전문가들은 보고 있다.

잉카족은 퓨마를 신성하게 여겼다. 이 때문에 수도 쿠스코는 퓨마의 형상을 하고 있었다고 전해지고 있다.

페루 쿠스코의 현재 모습

인도, 노예가 왕이 되다

아시아

인도에도 투르크 계통의 민족이 왕국을 세웠다. 1206년에 들어선 노예 왕조가 바로 그것이다. 이 나라를 세운 인물은 아이바크. 그는 궁정 노예 출신이었다. 그래서 왕국의 이름이 노예 왕조가 된 것이다.

노예 왕조는 이슬람교를 국교로 삼고 왕을 술탄이라 불렀다. 또 이때부터 여러 왕조가 델리에 수도를 두었다. 그래서 노예 왕조 때부터 약 320년간을 델리술탄 시대라고 부른다. 이때부터 인도도 본격적으로 이슬람 세계에 포함된다. 처음에 이슬람 왕조는 힌두 사원을 파괴했다. 그러나 힌두교도들의 반발이 거셌다. 결국에는 이슬람 왕조도 힌두교를 허용할 수밖에 없었다.

노예 왕조는 90년을 채우지 못하고 멸망한다. 그 뒤를 이은 할지 왕조, 투글루크 왕조, 사이이드 왕조, 로디 왕조도 모두 100년을 채우지 못하고 무너진다.

"유럽 경제, 길드가 책임진다"

수습-직인-장인 도제 교육… 전문 수공업 길드 성황

"난 구두의 장인. 마스터라 불러 주세요."

유럽에서 수공업 길드가 크게 늘어나고 있다. 종류도 셀 수 없을 정도로 많다. 가죽 제품만 전문으로 다루는 길드가 있는가 하면, 유리 제품이나 나무 제품만 다루는 길드도 있다. 상공업의 거의 모든 분야로 길드 조직이 확대되고 있는 것이다.

길드는 저마다 독창적인 기술을 보유하고 있었다. 그리고 이 기술은 자기네 길드에 속하지 않는 이에게는 절대 공개하지 않는 것을 원칙으로 삼았다.

각 길드의 독창적인 기술을 배우는 것도 쉽지 않았다. 기술을 배우려면 아주 어렸을 때부터 길드에 들어가야 했다. 보통 열 살이 조금 지나면 길드에 가입할 수 있었다.

길드에 들어갔다고 해도 처음에는 청소 같은 허드렛일부터 시작한다. 그렇게 몇 년이 지나야 비로소 기초적인 기술을 배울 수 있다. 이 과정에 있는 일꾼을 수습공이라고 한다. 수습공 생활을 마치면 비로소 장인(마스터)에게 기술을 배운다. 이 단계가 직인이다. 직인 과정은 최소한 5년 이상이다. 수습공은 거의 월급을 받지 못한다. 하지만 직인은 약간의 월급을 받기도 한다.

직인 단계에서 수련 중일 때는 최고의 장인을 찾아 멀리 여행을 떠나기도 했다. 그 장인이 제자로 받아들이면 비로소 최고의 기술을 배우기 시작한다. 이렇게 해서 10여 년 동안 그 분야의 기술을 익히면 비로소 장인 반열에 오를 수 있는 것이다.

이러한 교육 시스템을 '도제 교육'이라고 한다. 도제 교육은 엄격하기로 유명하다. 갖은 고생을 해야 하고, 장인의 지시를 따르지 않을 때는 가차 없이 쫓겨나기도 했다. 물론 장인을 따르지 않는 교육생은 그 길드에서 버티지 못했다.

길드가 번성함에 따라 길드에 소속되지 못한 상인이나 수공업자는 괴롭다. 길드가 이런 상인이나 수공업자를 철저히 외면하고, 때로는 몰아내기도 했기 때문이다. 이처럼 유럽 경제에서 길드의 힘은 컸다.

길드는 앞으로도 한동안 계속해서 발전할 것으로 보인다. 전문가들은 "생산 기술이 발전하는 먼 훗날(17세기)에 가서야 길드가 약해질 것이다"라고 말한다.

램브란트가 그린 〈암스테르담 직물 길드의 간부들〉

"후추 값이 금 값?"

아시아의 후추가 유럽 사람들 사이에서 선풍적인 인기를 얻고 있다. 물론 그 전에도 유럽에서 후추를 먹는 귀족들이 많았다. 그러나 13세기 이후부터는 후추의 인기가 평민까지로 확산되고 있는 것이다.

음식을 보관하는 것이 쉽지 않던 시절, 그나마 얻은 고기를 버리지 않으려면 소금에 절여 놓아야 했다. 나중에 고기를 먹을 때는 당연히 맛이 떨어질 수밖에 없다. 이때 후추를 쳐서 먹으면 향과 함께 맛이 살아난다.

이러니 후추 값이 금값이라는 말도 나오고 있다. 후추만 독점적으로 공급하면 대박이 터질 것이라며 아시아로 가는 길을 찾으려는 모험가도 곧 나올 것으로 보인다.

[16] 문화 제24호 • 1160년 ~ 1240년

고려, 세계 첫 금속 활자 책 출간

1234년 상정고금예문… 현존하지는 않고 기록만 남아

고려가 세계에서 처음으로 금속 활자로 책을 찍어 냈다. 1234년 무렵의 일이다. 이 책이 『상정예문』이다. 『상정고금예문』이라고도 한다. 안타깝게도 이 책이나 이때 만들어진 금속 활자 모두 오늘날에는 존재하지 않는다. 그러나 『동국이상국집』에 "1234년, 금속 활자로 책을 찍어 냈다"는 기록이 남아 있어 이 사실이 확인된 것이다.

서양의 학자들은 1434년 무렵 독일의 구텐베르크가 발명한 금속 활자가 세계 최초라고 주장해 왔다. 그러나 고려에서 이보다 200년 앞서 금속 활자를 사용한 셈이 된다.

금속 활자를 사용하기 전에는 나무판에 글자를 새겨 인쇄했다. 100장 분량의 책을 만들려면 각 장별로 하나씩, 총 100개의 목판이 필요하다. 그러나 금속 활자를 쓰면 1개의 금속판에 활자를 배열해 원하는 양만큼 찍은 뒤, 그 판을 흩뜨려 새로 활자를 넣어 판을 만들고 다시 찍으면 된다. 한 활자를 여러 번 쓸 수 있는 셈이다.

이렇게 해서 만들어진 『상정고금예문』은 말 그대로 고금(古今)의 예법을 정리한 책이다. 총 17명의 학자가 예법을 수집하고, 검증한 뒤 50권으로 엮었다. 당시 고려는 몽골과 전쟁을 치르고 있었다. 저자인 최윤의는 "전쟁으로 어수선해진 민심을 수습하기 위해 왕명을 받아 이 책을 썼다"고 말했다.

책과 금속활자는 전쟁 도중 불에 타거나 잃어버린 것으로 생각된다. 그래도 역사학자들은 "비록 오늘날 남아 있지는 않지만, 서양보다 훨씬 앞서 처음으로 금속활자를 만들었다는 사실에 자부심을 가져야 한다"고 말한다.

종교 재판소 설치

13세기로 접어들어 로마 교회가 종교 재판소를 본격적으로 열었다. 물론 그 전에도 교리를 어기는 사람들을 처벌하는 재판은 있었다. 프랑스에서도 12세기에 종교 재판이 진행된 적이 있다.

그러나 문제가 생겨도 대부분 각자 알아서 재판을 하는 식이었다. 그러던 것이 그레고리우스 9세 교황이 들어선 후 크게 달라졌다. 교황은 직접 종교 재판소를 설치하고, 종교 재판관을 임명했다. 이 재판관이 이단자가 나오는 곳을 찾아가서 재판을 했다.

문제는, 이런 재판이 교회에 저항하는 사람들까지 처벌하는 수단으로 변질될 수 있다는 데 있다. 전문가들은 "마녀사냥이 유행할까 두렵다"고 말한다.

십자군 전쟁에 평생 바친 리처드 1세

사자왕 리처드 1세의 동상

'사자왕'이란 별명을 가진 영국의 왕 리처드 1세의 기막힌 인생역정이 사람들의 입에 오르내리고 있다.

영국은 엄밀히 말하면 프랑스의 제후국이었다. 그러나 리처드 1세는 이를 인정하지 않았다. 프랑스 왕 필리프 2세는 그런 리처드 1세가 맘에 들지 않았다.

3차 십자군 원정 도중 필리프 2세는 도중에 철수했다. 그러고는 리처드 1세의 동생 존 1세를 부추겨 반란을 일으키게 했다. 존 1세는 형이 없는 틈을 타서 영국 왕에 올랐다. 전쟁터에서 이 소식을 들은 리처드 1세는 살라딘과 휴전을 맺고 귀국길에 올랐다.

그러나 오스트리아의 왕이 그를 체포했다. 왕은 리처드 1세를 신성 로마 제국으로 보냈다. 필리프 2세의 부탁을 받은 황제가 리처드 1세를 감옥에 가두어 버렸다. 1년의 감옥 생활. 그 후 막대한 돈을 지불하고서야 풀려날 수 있었다.

영국으로 돌아간 리처드 1세는 존 1세를 끌어내렸다. 다시 왕이 된 리처드 1세는 필리프 2세를 가만히 두지 않겠다며 프랑스로 진격했다. 그러나 전투 도중에 화살에 맞은 상처가 덧나는 바람에 리처드 1세는 세상을 떠나고 말았다. 기막힌 인생역정이 아닌가.

명복을 빕니다

▽**마틸다** = 영국 왕 헨리 2세의 어머니로, 1167년에 세상을 떠났다. 그녀는 한때 영국 국왕에도 등극했지만 귀족들의 반대로 물러나야 했다.

그녀는 영국 왕 헨리 1세의 딸. 신성 로마 제국 황제 하인리히 5세와 결혼했다. 1125년, 황제가 죽자 영국으로 돌아왔다. 그러다가 3년 후 앙주 백작과 재혼했다. 영국 귀족들은 그녀의 이러한 처신을 좋아하지 않았다.

얼마 후 헨리 1세가 세상을 떠나자 마틸다는 자신이 왕에 올라야 한다고 주장했다. 이에 반대하는 귀족과  전쟁을 벌여 1141년에 마침내 영국 왕에 올랐다. 그러나 대관식도 치르지 못하고 쫓겨났다. 영국 왕의 자리는 스티븐에게 넘어갔다가, 다시 마틸다의 아들인 헨리 2세에게 넘어갔다. 이때 앙주 왕조가 시작됐다.

▽**살라딘** = 아이유브 왕조를 연 인물로, 1193년에 세상을 떠났다. 살라딘은 아랍 출신이 아니었다. 그는 오늘날 이라크 소수 민족 중 하나인 쿠르드족 출신이었다.

살라딘은 원래 시리아 지역의 셀주크 왕조 총독 밑에 있었다. 그 총독의 이름은 장기. 사실상 독립 왕조나 다름없기에 장기 왕조라고도 한다. 살라딘은 장기 왕조의 명령을 받아 이집트 파티마 왕조를 정복했다. 이어 아이유브 왕조를 세우고, 장기 왕조도 정복해 버렸다.

살라딘은 예루살렘을 다시 빼앗아 3차 십자군 전쟁을 촉발했다. 이 전쟁에서 그는 유럽의 최고 명장인 사자왕 리처드와 격돌했다. 둘의 격돌은 중세 시대, 두 영웅의 한판 승부로 큰 화제를 모았다.

[18] 엔터테인먼트　　제24호 • 1160년 ~ 1240년

통 역사 가로세로 퍼즐

☞ 정답은 257페이지에

〈가로 퍼즐〉

1. 일본의 사무라이 정권. 막부라고도 한다.
2. 영국의 왕이 귀족에게 굴복해 서명한 문서. 대헌장
4. 3차 십자군과 맞서 싸웠으며 아이유브 왕조를 세웠다.
5. 중국 한족의 외교 정책. 오랑캐로 오랑캐를 제압한다는 뜻이다.
7. 중세 유럽에서 생산과 상업을 담당하는 일종의 조합
9. 고구려 출신의 당나라 장수로 탈라스 전투에서 활약했다.
10. 고려 시대의 문벌 귀족. 인종을 없애고 왕이 되려 했지만 실패했다.
11. 칭기즈 칸의 본명
13. 고려 때 만들어진 세계 첫 금속활자 인쇄물. 현존하지는 않는다.

〈세로 퍼즐〉

1. 칭기즈 칸의 손자로, 유럽 정벌 때 맹활약했다.
2. 고대 잉카 도시로, 외부에서 잘 보이지 않아 무사히 보존됐다.
3. 여진족이 중국에 세운 정복 왕조
4. 몽골 장수로, 처인성 전투 때 목숨을 잃었다.
6. 살라딘이 세운 왕조. 파티마 왕조를 무너뜨렸다.
8. 몽골 제국의 2대 황제
12. 고려 후기 무신들이 일으킨 난. 무신의 난이라고도 한다.
14. 중남미 3대 문명 중 하나. 안데스 산맥을 따라 발달했다.

오피니언

[사설]

히스테리우스 편집장

최 씨 정권은 각성하라

고려 조정이 강화도로 대피했다. 몽골군이 해상 전쟁에 약하기 때문에 피란지로 강화도를 택했다고 한다. 조정을 보호하기 위해 어쩔 수 없는 조치였다고 생각된다. 그러나 안타까운 부분도 많다.

첫째, 강화도에서 연일 잔치가 벌어졌다고 한다. 성 밖에서는 백성들이 먹지 못해 죽고, 몽골군의 약탈에 죽어 가고 있었다. 그런데도 왕족과 귀족, 최 씨 무신 정권 실력자들은 피란지에서 잔치를 벌였다니!

둘째, 최 씨 정권이 대몽 항쟁에 소극적이란 지적이 많다. 몽골 전쟁에서 전투에 참여한 사람들의 상당수가 정부군이 아니다. 그동안 설움 속에 살던 일반 백성들이 대부분이었다. 최 씨 정권은 강화도에 숨어 있기만 했다.

지금이라도 늦지 않았다. 최 씨 정권은 백성과 함께 이 위기를 극복하기 위해 최선의 노력을 다하라. 정신 차리지 않으면 최 씨 정권은 곧 무너지고 말 것이다. 명심하라.

십자군 전쟁 중단하라

1202년에 터진 제4차 십자군 전쟁을 옆에서 지켜본 기자는 할 말을 잃고 말았다. 십자군 원정에 참전한 병사들은 예수 그리스도의 가르침과 기독교의 정신에는 애초부터 아무런 관심이 없는 것 같았다. 그들에게는 오로지 재물만이 중요했다. 그렇지 않고서야 같은 편인 콘스탄티노플을 그렇게 약탈하고 파괴할 리가 없다.

사실 십자군 전쟁이 터졌을 때부터 우려를 표하는 사람들이 많았다. 기독교를 수호하고 성지를 회복한다는 명분은 오래가지 못할 것이라고 호언장담하는 사람들도 있었다. 불행하게도 이 예측은 들어맞았다.

앞으로 몇 차례 더 십자군 전쟁이 터질지는 아직 모른다. 다만 확실한 것은, 더 이상 예수 그리스도도 이 전쟁을 지지하지 않을 거란 점이다. 지금이라도 기독교 세계는 추악해진 십자군 전쟁을 중단해야 한다.

전문가 칼럼

대헌장의 의미

피나 치르헤
(정치학자)

영국 왕 존 1세가 많이 난처해진 것 같다. 땅을 많이 잃어 실지왕이라는 별명을 얻은 것도 불명예인데, 귀족들에게 대헌장 서명을 강요당했으니……

그래도 존 1세가 대헌장에 서명한 것은 큰 역사적 사건이다. 비록 자발적인 것은 아니었지만 이 대헌장, 즉 마그나 카르타로 인해 의회 정치가 처음으로 등장했잖은가?

사실 왕이 모든 권력을 독차지하는 것은 합리적이지 않다. 가령 외국과 전쟁을 벌인다고 가정하자. 총 얼마의 전쟁 자금이 필요할지, 그 전쟁 자금 중 몇 퍼센트를 세금으로 거둘지, 어떤 식의 세금으로 누구에게 거둘지를 결정해야 한다. 이 하나의 사례만 놓고 보더라도 의사 결정은 신중해야 한다. 이 모든 걸 왕이 혼자 결정하면 분명 문제가 생길 수밖에 없다.

존 1세는 너무 창피해 하지 않아도 된다. 다른 나라의 왕들보다 조금 일찍 '앞선 역사'를 접한 것뿐이다. 이제 영국의 의회 발전에 주목해야 할 것 같다.

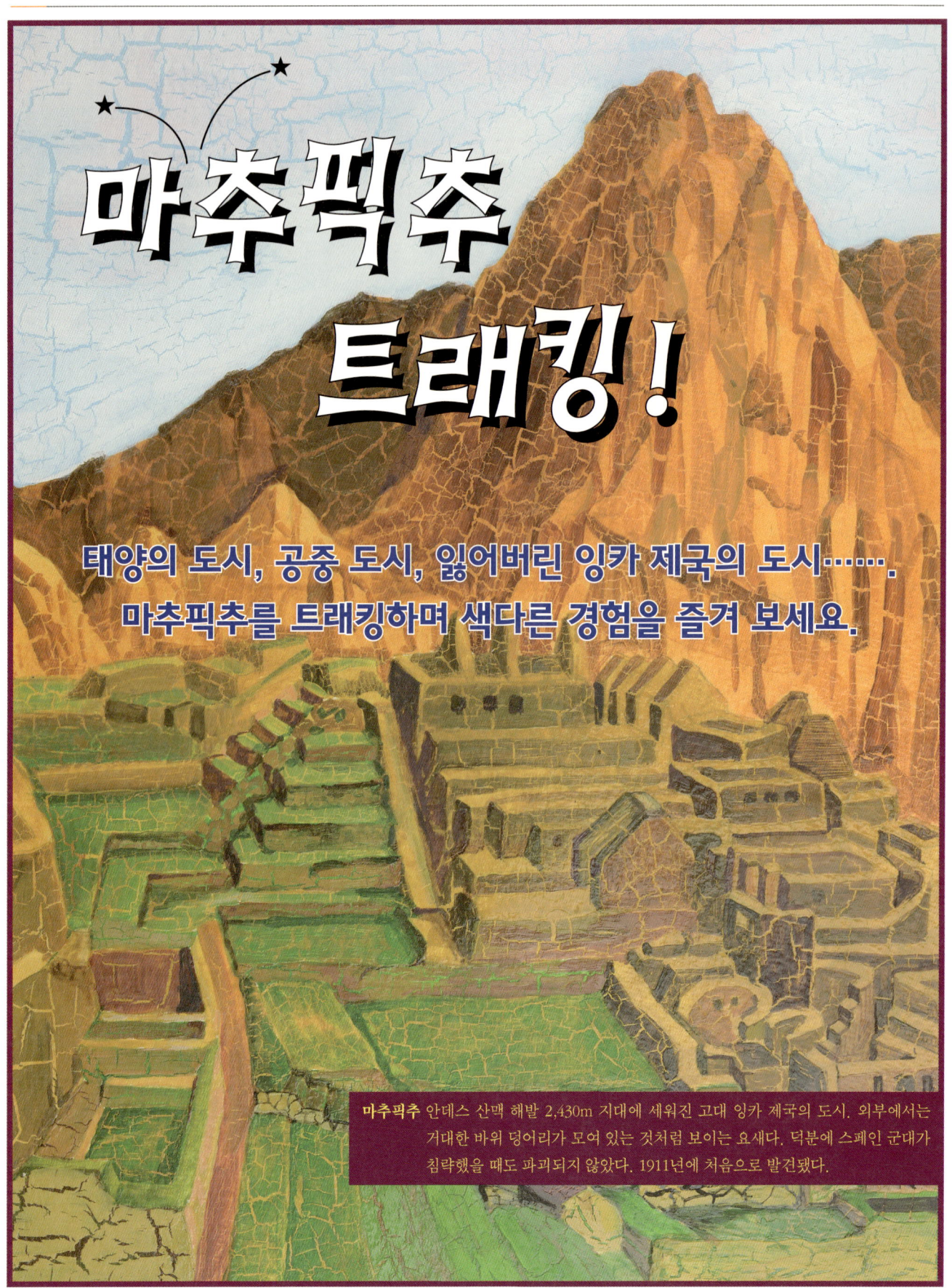

역사 연표

아시아	아프리카	유럽	아메리카

1160년

1169년
살라딘, 아이유브 왕조 건설

1170년
고려, 무신정변 발발

1180년

1185년
일본, 가마쿠라 바쿠후 성립

1187년
살라딘, 예루살렘 정복 성공

1189년
제3차 십자군 원정

1192년
기독교 국가와 이슬람 협정 맺고
예루살렘을 이슬람 영역으로 인정

1200년

1200년 무렵
잉카 문명 탄생

1202년
제4차 십자군 전쟁 발발

1206년
몽골의 테무친, 칭기즈 칸이 되어
몽골 통일

1215년
몽골, 금나라의 수도 베이징 함락

1215년
영국 왕 존 1세 대헌장에 서명

1218년
몽골, 서요 정복

1220년

1223년
몽골, 러시아 남부로 진출

1227년
칭기즈 칸 사망

1228년
제6차 십자군 원정

1229년
오고타이가 몽골 2대 대 칸에 등극

1231년
고려–몽골 전쟁 발발

1234년
몽골에 의해 금나라 멸망
고려, 몽골에 항복
고려, 세계 최초의 금속 활자본
『상정고금예문』 발간

1240년
몽골, 러시아 정벌

1240년

아시아나 유럽에 비해 아메리카의 문명 발달이 늦었던 이유는 무얼까?

남아메리카의 최대 문명인 잉카 문명은 기원후 1200년 무렵부터 시작되었다. 북아메리카의 가장 오래된 문명 중 하나인 푸에블로 문명도 기원후 1000년을 전후로 해서 발달했다. 기원전에 문명이 발달했던 아시아와 유럽에 비해 아메리카에서는 문명 발달이 아주 늦었던 셈이다.

아시아와 유럽은 고대 로마 제국과 한나라 시절에도 서로 교류했다. 서아시아에는 페르시아 제국을 비롯해 여러 나라가 동서 문명 교류에 큰 기여를 했다. 반면 아메리카 대륙은 훗날 유럽 국가들이 대항해 시대를 열기 전까지만 해도 문명 세계에 거의 알려지지 않았다. 그러니 당연히 서로 교류하는 것은 꿈도 꾸지 못했다. 아메리카의 문명이 늦게 태동한 이유는 바로 이 '교류 단절' 때문이기도 하다.

그리고 재레드 다이아몬드라는 미국의 학자는 자신의 책 『총, 균, 쇠』를 통해 아메리카 대륙의 모양새가 아래위로 길게 생긴 것도 문명 발달이 늦어진 원인이라고 밝혔다. 이렇게 땅이 아래위로 길쭉하게 되면 대륙 내의 지역마다 위도의 차이가 발생하고, 이로 인해 각 지역마다 재배하는 농작물에도 차이가 날 수밖에 없다. 남쪽에서 키우던 농작물을 북쪽으로 가지고 가면 키울 수가 없게 되는 것이다. 이는 분명 대륙의 모양새가 옆으로 길게 이어진 아시아와 유럽에 비해서 불리한 측면이었다. 이처럼 농작물을 재배하는 데 약점이 있었기 때문에 잉여 생산물이 부족했고, 그런 만큼 문명 발달도 늦어진 것이다.

통 역사 신문 **제25호**

1240년 ~ 1300년

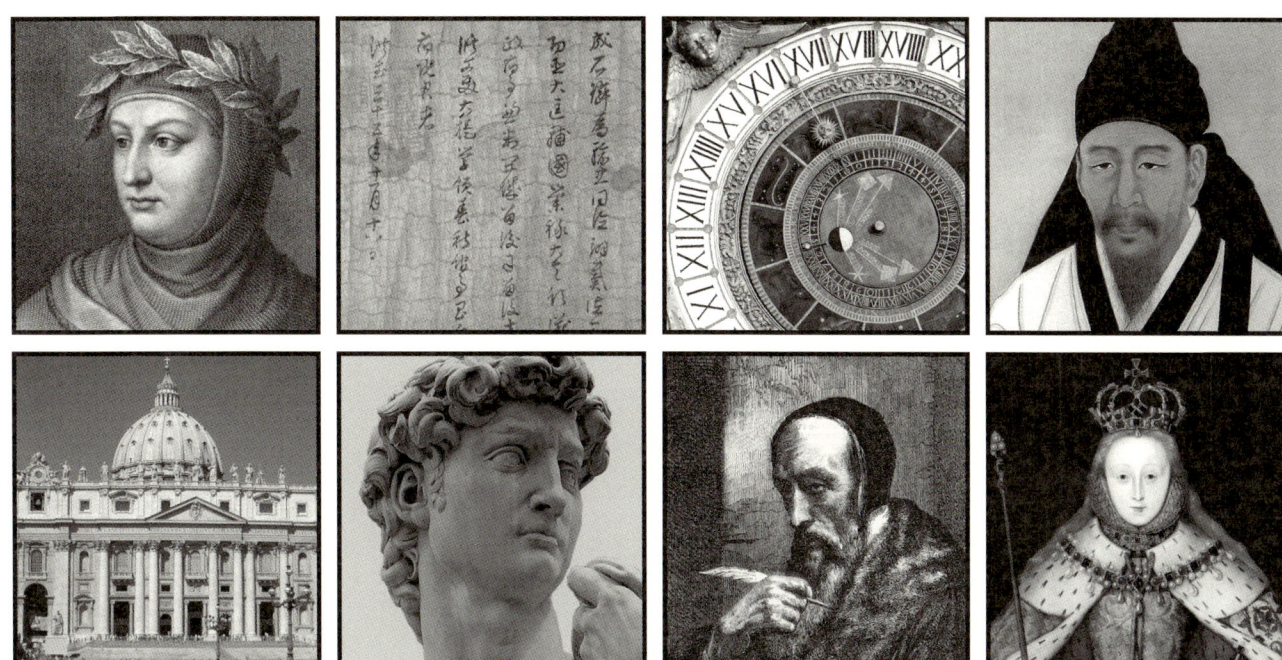

통 역사 신문

제25호 1240년 ~ 1300년

법원이 문을 엽니다!
이제 공정한 판결을 받으십시오.
★신분에 따라 판결이 달라질 수 있음.

아시아 / 유럽

"팍스 몽골리카!"

몽골 제국의 수도였던 카라코룸의 궁전 모형

유럽 / 아시아

십자군 전쟁, 마침내 종결

1270년, 8차 십자군 전쟁이 이슬람의 승리로 끝났다. 더불어 모든 십자군 전쟁이 공식적으로 종료되었다. 1096년, 1차 원정이 시작되고 약 180년 만의 일이다. 이 전쟁을 최종 승리로 끝낸 이슬람 세력은 맘루크 왕조다.

긴 전쟁이 결국 패배로 끝나면서 유럽은 아주 어수선하다. 교황의 권위는 땅에 떨어지고, 각 나라의 왕과 황제의 권력이 크게 올랐다. 제후와 기사들도 십자군 전쟁을 치르면서 재산을 탕진해 세력이 약해졌다. 유럽의 봉건제도 거

의 끝이 난 것 아니냐는 분석이 나온다.

한편 몽골 전쟁이 한창이던 1299년에 소아시아 반도에서 오스만 제국이 탄생했다. 전문가들은 이 제국이 곧 이슬람의 1인자로 부상할 것으로 보고 있다. ▷ 6·7면에 관련 기사

몽골 확대, 동서 교류 활발… 고려도 점령당해

몽골 제국의 기세가 이어지고 있다.

이슬람 세계의 1인자인 아바스 제국과 한족의 남송도 정복했다. 고려도 무릎을 꿇었다. 프랑스 왕과 로마 교황은 화친을 위해 몽골 제국에 사신을 보내기도 했다. 전 세계가 몽골의 눈치를 보게 된 것이다.

동서 교역의 중요한 통로인 비단길을 통해 세계 무역도 활발하게 이뤄지고 있다. 몽골 제국에 속한 여러 칸의 나라들이 동아시아와 중앙아시아, 서아시아를 모두 장악했기 때문에 무역이 원활해진 것이다.

전문가들은 "몽골의 확장으로 인해 무역이 확대되고 동서 교류가 활발해지는 등 세계가 번영기를 맞고 있다"고 진단했다. 이 시대를 전문가들은 '팍스 몽골리카'라고 부른다.

그러나 13세기 중반 이후 몽골 제국의 대 칸 자리를 놓고 권력 투쟁이 시작되면서 팍스 몽골리카도 흔들리고 있다. 킵차크 칸 국과 일 칸 국은 본국과의 동맹 관계를 사실상 포기했다.

한편 고려도 결국 몽골에 무릎을 꿇었다. 삼별초가 끝까지 항쟁했지만 소용이 없었다. 고려의 왕들은 원나라에 대한 충성의 표시로 왕 이름 앞에 충성 충(忠) 자를 붙였다. 몽골 풍속도 속속 고구려로 전파되고 있다.

▷ 2·3·4·5·8·9·10면에 관련 기사

61

[2] **팍스 몽골리카** 특집

제25호 • 1240년 ~ 1300년

몽골, 바그다드 정복하다

아시아

훌라구, 이스마일 파 제거–아바스 제국 멸망

바그다드에 입성한 훌라구가 바그다드의 칼리프를 억류하는 장면을 묘사한 그림

"아바스 제국이여, 바그다드를 내놓아라!"

몽골 제국의 활약이 이어지고 있다. 아니, 오히려 13세기 초보다 기세가 더 올랐다. 이슬람 세계의 큰 형님 격인 아바스 제국마저 멸망시켰을 정도다. 서아시아가 완전히 몽골 제국의 땅이 돼 버렸다. 기자가 몽골군과 동행했다.

1253년, 칭기즈 칸의 손자 훌라구가 페르시아 총독에 임명됐다. 훌라구는 몽케 대 칸으로부터 특명을 받았다. "이스마일 파를 제거하고 아바스 제국을 정복하라! 시리아를 정복하고 맘루크 왕조를 정복하라!"

몽케 대 칸은 훌라구에게 제국의 남성 20%를 병사로 내주었다. 그야말로 엄청난 대군이 꾸려진 것이다. 1256년, 훌라구는 이 대군을 이끌고 페르시아로 진군했다.

첫 목표는 이스마일 파. 이스마일 파는 시아파 이슬람 세력이었는데, 무시무시한 암살 조직으로 악명을 떨치고 있었다. 훌라구의 몽골군이 이스마일 파를 완전히 제거하는 데는 딱 1년이 걸렸다.

이어 바그다드로 진군! 1258년, 훌라구의 몽골군이 손쉽게 바그다드를 정복하고 칼리프 알 무스타심을 처형했다. 이로써 아바스 제국은 멸망했다. 훌라구는 거기서 그치지 않고 몽골군에게 저항한 이슬람교도 8만여 명을 학살했다.

다음 목표는 시리아. 곧바로 유럽 기독교 국가의 몽골군과 연합해 1260년에 시리아의 수도 다마스쿠스를 정복했다. 훌라구의 몽골군은 거침이 없었다. 그러나 맘루크 왕조만은 정복하지 못했다.

맘루크 왕조, 몽골 꺾다

1260년, 팔레스타인. 아바스 제국을 무너뜨린 몽골군과 신흥 이슬람 강국 맘루크 왕조의 군대가 격돌했다.

이변이 일어났다! 단 한 번도 패한 적이 없던 몽골 군대가 패한 것이다. 승리를 이루어 낸 맘루크 군대의 사령관은 바이바르스 1세. 십자군 전쟁에 이어 몽골과의 전투에서도 승리한 것이다. 이 기세를 몰아서 그는 맘루크 왕조의 5대 술탄에 올랐다.

맘루크 왕조는 몽골 군대의 공격을 피해 아바스 제국에서 도망쳐 온 칼리프의 친척을 받아들여 그를 칼리프로 추대했다. 덕분에 아바스 제국은 사라졌지만 칼리프 제도는 사라지지 않았다. 그리고 맘루크 왕조는 시리아를 되찾는 용맹을 발휘하기도 했다.

몽골 궁병과 맘루크 기병

몽골, 동아시아도 평정하다

쿠빌라이 사령관, 남송-고려 정복

쿠빌라이 칸

몽골 제국이 동아시아도 공략하고 있다.

동아시아 정벌을 주도한 인물은 쿠빌라이. 훌라구의 형이며 몽케 대 칸의 동생이다. 훌라구와 쿠빌라이 모두 몽케 대 칸의 핵심 측근이었던 것이다.

쿠빌라이는 남송을 공격하기 전에 주변 정리부터 했다. 혹시 주변 국가들이 남송을 지원할지도 모르니까 말이다.

1252년, 가장 먼저 티베트를 쳤다. 결과는 예상대로다. 몽골 군대는 손쉽게 티베트를 정복했다. 이제 본격적으로 남송을 공략할 차례. 몽케 대 칸은 "남송을 정복하라!"고 특명을 내렸다. 몽골 군대가 중국으로 진격했다. 그러나 남송의 수명은 아직 다하지 않았다. 몽케 대 칸이 갑자기 사망하면서 원정이 일시 중단된 것이다.

1271년, 몽골은 고려로부터 항복을 받아냈다. 고려는 몽골의 지배를 받기 시작했다.

얼마 후 몽골의 5대 대 칸 쿠빌라이는 나라 이름을 중국식인 원나라로 바꾸었다. 대 칸이란 명칭도 황제로 바꿨다. 쿠빌라이는 세조가 되었다.

세조는 다시 남송 정복의 특명을 내렸다. 전쟁은 무려 10년 동안이나 계속되었다. 그러나 남송이 몽골을 막을 수는 없었다. 1279년, 결국 남송도 멸망했다. 중국과 한반도를 모두 몽골족이 지배하게 된 것이다.

몽골의 정복 전쟁은 끝이 없었다. 동남아시아에도 몽골 군대가 진출했다. 몽골 군대는 오늘날의 라오스, 타이, 수마트라, 자바를 모두 정복했다.

몽골은 또 고려와 연합해 일본을 공격하기도 했다. 베트남에도 군대를 보냈다. 두 지역을 정복하지는 못했지만 몽골은 아시아의 거의 전 지역을 차지하게 되었다. 역사상 이런 제국은 없었다.

일본, 몽골 두 번 막다

"섬나라를 친다는 건 정말 어렵다."

일본 원정길에 나섰던 몽골 장수의 고백이다. 일본은 전 세계를 위협하고 있던 대제국 몽골과 고려 연합군의 공격을 잘 막아냈다. 그것도 한 번이 아니라 두 번씩이나!

몽골의 일본 원정은 조공을 바치라는 몽골의 요구를 일본의 가마쿠라 바쿠후가 받아들이지 않으면서 일어났다.

1274년, 몽골은 1차 원정에 올랐다. 사실 군대의 사기나 군사력만 놓고 보면 일본은 몽골의 상대가 되지 않았다. 하지만 다행히도 마침 불어 닥친 큰 태풍 때문에 몽골과 고려의 연합군은 바다에서 전멸하고 말았다.

1281년에 몽골은 2차 원정을 단행했다. 그런데 몽골 함대가 일본에 도착하기도 전에 또 다시 태풍이 불어 닥쳤다. 또 한 번의 원정이 실패로 돌아가고 말았다. 일본은 이 고마운 태풍을 신이 내린 바람이라며 '신풍(新風)' 즉 가미카제라고 불렀다. 2차 세계 대전 때 일본 자살 공격 비행대의 이름이 바로 '가미카제 특공대'였다.

태풍에 침몰하는 몽골 함대를 묘사한 그림

[4] **팍스 몽골리카** 특집

제25호 • 1240년 ~ 1300년

몽골, 세계 평화를 이루다

대부분 지역 장악… 무역도 급속도로 확산돼

무역로를 순찰하는 몽골 기병들을 묘사한 그림

"몽골의 강력함이 세계 평화로 이어졌다."

그 누구도 몽골 제국을 꺾을 수 없는 시대다. 서유럽과 아직 세계 역사에 정식으로 등장하지 않은 아메리카를 뺀 대부분의 영토가 몽골 제국의 것이 됐기 때문이다. 이 몽골의 강력함 덕분에 오히려 세계에 평화가 찾아왔다. 몽골에서 비롯된 이 평화를 '팍스 몽골리카'라고 부른다.

이 시절, 세계 무역은 급속도로 번창하고 있었다. 동아시아에서 만들어진 상품이 빠른 시일 내에 서아시아와 유럽으로 전파되었다. 서방 세계에서 만들어진 상품 역시 순식간에 동아시아로 전달되었다. 어떻게 해서 이런 일이 가능했을까?

비결은 실크로드를 포함한 여러 무역 경로를 몽골 제국이 장악한 데 있다. 그 전에는 이 길을 여러 유목 민족이 장악하고 있었다. 그러다 보니 상인들은 목숨 걸고 무역을 해야 했다.

지금은 이 모든 곳이 몽골 제국의 수중에 있다. 차가타이, 킵차크 등 여러 칸 국으로 나뉘어 있기는 해도 모두 같은 혈통. 따라서 서로의 무역을 방해하지 않았다. 몽골 상인들은 마음 놓고 무역을 할 수 있었다.

몽골 본국(과거의 오고타이 칸 국)이 원나라로 이름을 바꾼 후 수도를 베이징으로 옮긴다. 이때부터 베이징은 몽골 제국뿐 아니라 전 세계의 중심지로 떠올랐다. 무역상들이 베이징 시장을 누비고 다녔다. 서방 상품도 시장에 즐비했다.

그러나 이 팍스 몽골리카가 오래 지속되지는 않을 것이라는 예측이 많다. 여러 칸 국들이 갈등 끝에 하나씩 독립을 준비하고 있기 때문이다. 몽골 제국이 분열하게 되면 무역 길도 막히고 말 것이다.

기독교 수도사 몽골 도착

서양의 기독교 수도사들이 잇달아 몽골 황궁에 도착했다. 1245년 무렵에는 교황의 서신을 전달하기 위해 수도사가 몽골에 갔다. 1248년에는 프랑스 루이 9세 왕의 서신을 갖고 수도사가 몽골에 갔다. 1253년에도 수도사가 몽골을 방문했다.

과거에는 꿈도 꾸지 못한 동서양의 직접 교류가 이루어진 것이다. 이 교류가 경제적인 목적을 위한 것은 아니었다. 수도사들은 몽골에 "기독교를 믿어라"며 선교하려 했다. 반면 몽골은 "서양은 우리에게 항복하라"는 답장을 보냈다. 당장은 아니지만 그래도 이런 교류들이 늘어나면서 경제적인 무역도 늘어날 것으로 보인다.

1240년 ~ 1300년 • 제25호   팍스 몽골리카 특집 [5]

팍스 몽골리카, 벌써 끝?

제국 분열 시작… 대 칸 자리 놓고 황족 권력 다툼

아시아
유럽

대 칸 자리를 놓고 차가타이 칸 국의 알루구와 다투는 아리크부카

몽골 제국이 분열하고 있다. 이미 차가타이는 1227년에 차가타이 칸 국을 세워 독립한 상태. 이런 상황에서 대 칸 자리를 놓고 치열한 권력 다툼이 벌어지더니 나머지 칸 국들도 독립을 선포해 버렸다. 몽골 제국의 앞날에 먹구름이 끼고 있다.

▽**킵차크 칸 국** = 바투가 한창 폴란드와 헝가리를 누비고 있던 1241년, 2대 대 칸 오고타이가 사망했다. 바투는 가문의 큰 어른. 어쩔 수 없이 오스트리아 진격을 포기하고 몽골로 군대를 돌렸다. 본국으로 향하던 중 오고타이의 아들 구유크를 3대 대 칸으로 추대한다는 소식이 전해졌다. 바투는 귀국을 포기하고 원래 자신의 근거지인 볼가 강 유역으로 돌아갔다. 그러고는 1243년에 킵차크 칸 국을 세웠다.

▽**일 칸 국** = 4대 몽케 대 칸에게는 쿠빌라이, 아리크부카, 훌라구 등 세 명의 동생이 있었다. 1259년, 몽케 대 칸이 사망했다. 이때 쿠빌라이는 중국을 공략하고 있었고, 훌라구는 서아시아와 아프리카를 누비고 있었다. 본국에 남아 있던 아리크부카가 수도 카라코룸에서 쿠릴타이를 열고 대 칸에 올랐다. 당연히 형인 쿠빌라이는 반발했다. 훌라구는 멀리 바그다드에서 이 소식을 들었다. 그는 형제의 권력 다툼에 끼어들고 싶지 않았다. 사촌 형 바투가 그랬던 것처럼 그도 바그다드에 나라를 세우고 눌러앉았다. 이 나라가 일 칸 국이다.

▽**원나라 건국** = 아리크부카는 차가타이 가문을 끌어들였고, 수도에서 쿠릴타이를 통해 대 칸에 올랐다. 나름대로 합법적인 절차를 거친 셈이다. 그러나 쿠빌라이는 여기에 동의할 수 없었다.

1260년, 쿠빌라이도 따로 쿠릴타이를 열고 대 칸에 올랐다. 대 칸이 두 명이 된 것이다. 내란이 터질 수밖에 없는 상황이었다. 이 내란은 4년간 계속된 끝에 쿠빌라이의 승리로 끝났다.

5대 대 칸이 된 쿠빌라이는 1271년에 나라 이름을 몽골에서 원으로 바꾸었다. 수도도 카라코룸에서 중국 베이징으로 옮겼다. 또한 중국 제도를 받아들였다. 그에 따라 대 칸도 황제로 바뀌어 쿠빌라이는 세조가 된다.

오고타이 가문과 차가타이 가문은 "유목 민족의 근성이 없어지고 있다"며 반발했다. 몽골 황족 사이의 갈등은 한동안 지속될 수밖에 없었다. 물론 나중에는 원나라가 모두 진압한다.

 아시아

한족 푸대접

세조는 몽골 제국을 중국식인 원으로 바꾸었지만 정작 중국 본토의 민족인 한족은 푸대접했다. 가장 으뜸 민족은 당연히 몽골족. 이어 중앙아시아 출신의 색목인이 두 번째 서열이었다. 그 다음은 여진족이나 거란족. 중국 화북 지방에 사는 한족의 서열은 그 다음. 가장 서열이 낮은 민족은 남송의 한족들. 이들을 남인이라 불렀다.

중국 대륙에서 이처럼 차별을 당하자 한족들의 반발이 심했다. 머지않아 한족들의 대대적인 반란이 일어날 것으로 전문가들은 내다보고 있다.

[6] **십자군 전쟁** 특집

제25호 • 1240년 ~ 1300년

십자군 전쟁, 마침내 끝나다

맘루크 왕조, 마지막 8차 전쟁에서 대승

루이 9세

'지긋지긋한 전쟁.' 1248년에 일곱 번째 십자군 전쟁이 터졌다. 이 7차전의 결과는 종전과 다르지 않았다. 이슬람 아이유브 왕조의 군대가 기독교 군대를 또 다시 격파한 것이다. 심지어 원정길에 올랐던 프랑스의 왕 루이 9세까지 사로잡았다. 기독교 국가들이 대 망신을 당한 것이다. 루이 9세는 이슬람 세력에게 막대한 보상금을 주고서야 풀려날 수 있었다.

이 전투를 승리로 이끈 인물은 바이바르스 1세. 그는 몇 년 후에는 몽골 군대까지 격파해 이슬람 세계의 영웅으로 떠오른다. 그는 훗날 죽을 때까지 38회나 기독교 군대를 정벌하는 대기록을 남긴다.

7차전이 끝나고 2년이 지났다. 아이유브 왕조의 군인(맘루크, '노예'라는 뜻)들이 반란을 일으켜 성공했다. 이렇게 해서 들어선 나라가 맘루크 왕조다. 바이바르스 1세는 1260년에 맘루크 왕조의 5대 술탄에 등극했다.

바이바르스 1세의 활약은 눈이 부실 정도였다. 몽골의 침략을 막아낸 유일한 국가가 맘루크 왕조였다. 아바스 제국의 칼리프도 보호했다. 이러니 그가 오늘날까지 이슬람 세계의 영웅으로 추앙받는 것이다.

맘루크 왕조는 강력한 군사 강국이었지만 십자군은 그러지 못했다. 그래도 프랑스는 정신을 못 차렸다. 1270년, 루이 9세가 다시 군대를 이끌고 튀니스를 공격했다. 그러나 기독교 군대는 맘루크 군대를 꺾을 수 없었다. 게다가 루이 9세 왕은 전사했다.

이 전투를 끝으로 십자군 원정은 더 이상 이루어지지 않았다. 물론 그 후로도 여러 차례 전투가 치러졌다. 하지만 더 이상 유럽 국가들은 십자군을 조직하지 않았다.

기독교 세력이 마지막까지 버티고 있던 요새 아크레가 1291년, 맘루크 군대에게 정복됐다. 이로써 180여 년간 계속 됐던 종교 전쟁이 이슬람의 승리로 막을 내렸다.

아크레 요새에서 최후의 항전을 하는 십자군을 묘사한 그림

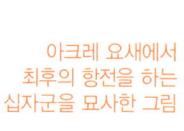

오스만 왕조 탄생

십자군 전쟁과 몽골 전쟁으로 전 세계가 어수선한 와중에 투르크족의 한 파벌이 소아시아에 나라를 세웠다. 당장은 아주 작은 왕국에 불과하지만 머지않아 대제국으로 성장할 나라, 바로 오스만 왕국이다.

왕국을 세운 오스만 1세는 1288년에 오스만 투르크족의 족장이 되었다. 당시 소아시아 지역을 지배하던 세력은 셀주크 왕조의 파벌인 룸 셀주크 왕조였다. 오스만은 점차 세력을 키워 1299년에 마침내 룸 셀주크 왕조로부터 독립하는 데 성공했다.

오스만 제국은 1308년, 룸 셀주크 왕조가 멸망한 후부터 빠른 속도로 성장하기 시작한다.

교황은 추락, 황제는 상승

전쟁 패배로 봉건제-기독교 위기… 중세 종말?

"교황! 패전의 책임을 지시오."
십자군 전쟁에서 최종적으로 패배하면서 교황의 체면이 왕창 구겨졌다. 교황은 아무 말도 못하고 고개만 숙이고 있다. 십자군 전쟁은 "예루살렘을 되찾고 이교도 집단을 벌하자"고 교황이 제안해 시작됐기 때문이다.

반대로 왕과 황제의 목소리는 커지고 있다. 이들은 그동안 파문이 두려워 싫어도 교황의 지시를 따라야 했다. 하인리히 4세의 카노사 굴욕을 잊지 않고 있었던 것이다. 그토록 강력했던 교황이 지금은 추락하고 있다. 왕과 황제로서는 권력을 키우기에 정말 좋은 기회가 아닐 수 없다.

게다가 십자군 전쟁을 치르느라 제후와 기사들도 큰 타격을 받았다. 그들은 각자 자신의 돈으로 전쟁 준비를 해야 했다. 전쟁에서 이기면 많은 전리품을 얻었을 것이다. 하지만 결과는 대 실패였다. 결과적으로 많은 제후와 기사들이 가산을 탕진하고 몰락했다.

민중들의 생각도 많이 바뀌었다. 더 이상 교황의 말을 무조건 믿지 않았다. 제후와 기사들의 협박에도 기죽지 않았다. 평민의 권리를 더 강화해야 한다는 주장도 나오기 시작했다.

이런 분위기가 왕과 황제에게는 유리했다. 이 통치자들은 본격적으로 권력을 강화하기 시작했다. 힘이 약해진 제후들은 어쩔 수 없이 통치자에게 무릎을 꿇었다. 1,000여 년간 계속되어 왔던 봉건제가 서서히 무너지고 있는 것이다.

프랑스에서는 왕이 교회의 권위에 도전하기 시작했다. 프랑스의 왕 필리프 4세는 교황이 독일과 한 패거리가 되어 황제의 대관식을 하는 게 마음에 안 들었다. 왕은 교황을 손보기로 작정했다. 봉건제에 이어 종교 시대도 서서히 저물어 가는 것이다.

전문가들은 "중세 유럽의 가장 큰 상징인 봉건제와 기독교가 모두 위기에 빠졌다. 곧 중세 시대가 끝난다는 징조다"라고 분석하고 있다.

[광고]

스콘석 되찾기 서명 운동

스코틀랜드의 자부심을 되찾아 옵시다.
100만 서명 운동을 시작합니다.

스콘석 스코틀랜드에서 왕의 대관식 때 사용되던 돌. 잉글랜드 에드워드 1세 왕이 1296년에 빼앗아 웨스트민스터 사원에 보관했다. 스코틀랜드가 여러 차례 반환 운동을 벌였다. 1996년에 스코틀랜드에 반환됐다.

[8] 정치

제25호 • 1240년 ~ 1300년

고려, 결국 몽골에 무릎 꿇다

1270년 무신 정권 몰락… 39년 만에 개경 귀환

1251년, 몽골 군대가 다시 고려를 침략했다. 벌써 네 번째다. 그러나 고려의 최 씨 무신 정권은 강화도에서 버티며 밖으로 나오지 않고 있다.

당시 몽골 제국의 대 칸은 몽케. 그는 동생 쿠빌라이를 시켜 고려를 정복하도록 했다. 몽골 군대는 그 어느 때보다 잔인하고 무자비했다. 한반도가 더욱 황폐해지고 있었다. 몽골의 침략은 5차, 6차, 7차로 이어졌다.

그 사이에 최 씨 무신 정권이 무너졌다. 1258년, 1인자였던 최의가 김준(김인준)에게 피살된 것이다. 김준은 최 씨 가문의 노비 출신이었다. 또 다시 1인자 자리를 놓고 무신들 사이에 권력 다툼이 시작됐다. 1인자가 된 김준은 결국 몽골에 항복하기로 결정했다.

1259년, 고려는 태자를 포함해 총 40명을 몽골에 인질로 보냈다. 물론 왕이 친조를 한다는 약속도 했다. 몽골은 물러갔다. 이렇게 해서 28년 동안 고려 백성을 괴롭히던 고려-몽골 전쟁도 끝이 났다.

그러나 독립 국가로서의 고려는 위태롭게 됐다. 아직 완전히 항복한 것은 아니지만 이미 고려 조정에는 항전할 의지가 없었다. 이런 와중에 고려 23대 왕 고종이 세상을 떠났다. 이때 태자는 몽골에 인질로 가 있었다. 태자가 급히 귀국해 24대 왕 원종에 올랐다. 고려는 새로운 인질을 보내야 했다. 물론 인질은 왕의 아들, 즉 태자여야 한다. 새 태자가 몽골에 볼모로 잡혀갔다.

1270년, 무신 정권이 무너졌다. 권력은 다시 왕에게 돌아갔다. 왕은 개경으로 돌아갈 것을 선언했다. 39년 만의 귀환. 수도 개성은 폐허가 되어 있었다. 왕의 얼굴에는 슬픔이 가득 차 있었다.

삼별초 항쟁 무산

개경 환도를 반대하며 삼별초가 1270년에 무장 항쟁을 시작했다. 삼별초는 야별초, 좌별초, 우별초로 구성된, 일종의 무신 정권 특수 부대다.

배중손은 "몽골에 절대 항복할 수 없다"며 강화도에서 싸움을 시작했다. 그러나 몽골군의 세력에 밀려 곧 강화도를 떠날 수밖에 없었다. 삼별초가 새로 진지를 마련한 곳은 진도. 그러나 원나라와 고려 연합군의 진압 작전에 진도까지 포기해야 했다.

삼별초의 김통정은 다시 제주도로 기지를 옮겼다. 그곳에서 끝까지 저항했지만 원-고려 연합군의 공격을 당해 내지 못했다. 결국 1273년, 삼별초의 무장 항쟁은 실패로 끝났다. 이로써 대몽 항쟁은 사실상 끝이 나고 말았다.

삼별초의 마지막 항쟁지였던 제주도

"이 치욕 절대 잊지 않으리"

고려, 원 지배 받아… 왕 이름 앞에 '忠' 붙여

원나라에서 인질 생활을 해야 했던 원종은 그나마 안도의 한숨을 내쉬었다. 적어도 이름 앞에 충성 '충(忠)' 자를 쓰진 않았으니까. 그러나 그 다음의 왕들부터는 원에 충성한다는 표시로 맨 앞에 '충' 자를 써야 했다. 묘비명에도 조(祖)나 종(宗)을 쓰지 못했다.

1274년, 원종이 세상을 떠나자 귀국해 왕에 오른 25대 충렬왕이 그 첫 타자였다. 그 후 26대(충선왕), 27대(충숙왕), 28대(충혜왕), 29대(충목왕), 30대(충정왕) 왕이 모두 이렇게 '충' 자를 붙여야 했다. 여기에서 해방된 왕은 31대 공민왕이다.

뿐만 아니다. 왕들은 반드시 원의 황실 여성을 왕후로 맞아야 했다. 이미 부인이 있다면, 그 부인을 후궁으로 떨어뜨려야 했다. 고려 왕들이 모두 원나라의 사위가 된 것이다.

이러니 왕실의 용어도 한 단계 낮아졌다. 그 전까지는 왕이 자신을 가리킬 때 '짐(朕)'이라고 했다. 이제 고려 왕은 스스로를 '과인'이라고 불러야 했다. 신하들도 왕을 '폐하'라고 부르지 못했다. 왕에 대한 호칭은 '전하'로 떨어졌다. 장차 왕이 될 태자는 세자로 등급을 낮추었다.

치욕은 또 있었다. 원이 일본 원정을 할 때 물자와 병사를 모두 고려가 부담한 것이다. 원과 고려의 제1차 일본 정벌은 실패로 끝났다. 그 후 1280년, 원은 일본 정벌을 위한 기구인 정동행성을 고려에 설치했다. 2차 정벌도 실패. 그러나 원은 정동행성을 없애지 않았다. 그 대신 정동행성을 통해 고려 내정을 간섭했다.

간신들도 늘어났다. 원나라에 기댄 친원파들이 조정을 장악했다. 이들을 권문세족이라 불렀다. 권문세족의 횡포는 날이 갈수록 심해졌다. 많은 지식인들이 분노하고 개탄하고 있다. 고려가 정녕 어디로 가는 것인가?

제주도가 목마장?

원은 삼별초의 항쟁을 진압한 바로 그해(1273년), 제주도(탐라)에 탐라총관부를 설치했다. 직접 제주도를 통치하겠다는 뜻이다.

원은 이어 말을 키우는 목마장을 제주도에 만들었다. 이 목마장은 원나라가 정복지 곳곳에 세운, 총 14개의 목장 중 하나다. 그 후 "사람이 태어나면 서울로 보내고, 말이 태어나면 제주도로 보내라"는 속담이 생겨났다.

1294년, 제주도는 다시 고려의 땅으로 회복되었다. 그러나 오래지 않아 원나라가 다시 제주도를 빼앗아 갔다. 이렇게 고려의 땅, 원나라의 땅으로 번복되는 과정에서 제주도는 국적 불명의 땅이 되어 버렸다. 더불어 제주도의 백성들은 고려와 원, 두 나라에 세금을 내는 이중고를 겪어야 했다.

몽골 풍습, 급속도로 확산

변발–몽골 복장 유행… 언어·음식에도 '몽골풍'

"죽어서 조상을 무슨 낯으로 뵐 것인가? 고려 조정의 녹을 먹는 신하들이 어쩌면 저토록 부끄러움을 모른단 말인가?"

개경 외곽에 사는 한 60대 노인이 한숨을 내쉬었다. 그 노인은 "몽골 풍습이 고려 풍습을 다 잡아먹고 있다"며 괴로워했다. 원의 지배를 받기 시작하면서 몽골 풍습이 빠른 속도로 고려에 유입되고 있다는 얘기다.

노인은 "높으신 분들이 가장 큰 문제다"라고 말했다. 대신들이 변발을 하고, 몽골 복장을 즐겨 입고 있다며 노인은 화를 냈다. 변발은 몽골의 전통 풍습 중 하나. 앞머리와 옆머리를 깎고, 남은 뒤쪽 머리를 길게 땋은 것을 말한다. 친원파를 비롯한 많은 대신들이 상투를 자르고 변발을 했다는 게 노인의 설명이다.

노인은 "여자들도 마찬가지로 문제다"라고 했다. 여자들이 귀에 구멍을 뚫어 귀고리를 하거나 머리를 땋아 그 끝에 도투락댕기를 달고 있다는 것. 이 또한 몽골 풍습으로, 고려에 전해진 지 얼마 되지 않았다.

한복도 조금 변했다. 두루마기와 저고리가 이때부터 유행하기 시작했다. 언어도 달라졌다. 그 전에 없던 단어가 생겨났다. 대표적인 게 장사치, 벼슬아치처럼 말끝에 붙이는 '치'다. 임금의 음식상은 이때부터 수라라고 불렀다.

고려에 전래된 이와 같은 몽골 풍습을 '몽골풍'이라고 불렀다. 훗날 공민왕이 몽골풍을 없애려고 했지만 일부분은 그대로 남아 현재까지 전해지고 있다.

영국에 '의적' 열풍?

영국의 의적(義賊) 로빈 후드 이야기가 큰 화제가 되고 있다.

로빈 후드는 잉글랜드의 셔우드 숲에 살고 있는 의적의 이름이다. 로빈 후드는 백성을 괴롭히는 귀족과 수도사를 골탕 먹이고, 그들의 재산을 빼앗아 백성들에게 나누어 준다. 그렇잖아도 귀족과 성직자들에게 핍박받는 민중들은 로빈 후드의 활약이 들려올 때마다 환호성을 지르고 있다.

그러나 로빈 후드가 실제로 존재했는지에 대해서는 의견이 분분하다. 1247년경 사망한 인물이라는 주장도 있고, 백성을 아끼고 사랑한 실재 백작이라는 주장도 있다. 그가 누구든, 부패한 탐관오리를 혼내는 영웅이 존재하길 바라는 민중의 마음은 아주 강한 것 같다.

1240년 ~ 1300년 · 제25호   국제 [11]

시민, 정치에 참여하다

영국, 시민 참여 보장한 모범 의회 출범

에드워드 1세

드디어 시민들이 정치에 참여할 수 있게 됐다. 13세기 말의 영국 이야기다.

영국은 1215년에 대헌장(마그나 카르타)을 통해 가장 먼저 왕의 권력을 제한한 나라. 대헌장은 비록 초보적이지만 의회 민주주의의 길을 열었다는 평가를 받았다. 그 전통이 더욱 발전해 마침내 시민이 의회에 진출하게 된 것이다.

대헌장에 서명했던 존 1세는 세금을 부과할 수 있는 권리를 빼앗겼다. 그의 뒤를 이어 왕이 된 아들 헨리 3세도 권력이 약했다. 귀족들은 더 많은 권리를 빼앗기 위해 단결했다. 이때 귀족의 우두머리는 시몽 몽포르였다.

1258년, 시몽 몽포르와 귀족들이 또 다시 헨리 3세를 다그쳤다. 이번에는 국가의 중대사를 왕이 아닌 귀족 15인 위원회가 결정해야 한다고 주장했다. 힘이 없으니……. 결국 헨리 3세는 이 내용을 담은 옥스퍼드 조항에 서명할 수밖에 없었다.

점점 귀족들의 권력이 커졌다. 특히 시몽 몽포르는 왕에 버금가는 권력을 누렸다. 헨리 3세의 아들 에드워드 1세는 그 꼴을 볼 수 없었다. 결국 둘 사이에 전투가 벌어졌다. 에드워드 1세가 승리했다.

전투에서 승리했지만, 에드워드 1세는 세상의 흐름을 잘 읽는 인물이었다. 모든 것을 왕이 장악하는 시대는 끝났다고 판단했다. 권력을 어느 정도는 나눠야 한다. 물론 귀족에게 권력이 쏠리면 안 된다. 결국 에드워드는 결단을 내렸다. 의회를 만들자!

1295년, 에드워드는 모범 의회를 출범시켰다. 귀족, 성직자 외에도 기사와 시민이 여기에 참여했다. 시민이 처음으로 정치에 참여하는 순간이었다. 이후 의회는 자연스럽게 귀족파와 시민파로 나뉘었다. 귀족파는 오늘날의 상원, 시민파는 하원으로 발전했다.

사법부도 독립

에드워드 1세가 왕실재판소를 설치했다. 프랑스 왕 루이 9세도 비슷한 시기에 파리에 법원을 만들었다. 두 나라에서는 이제 귀족들이 맘대로 재판을 할 수 없게 됐다. 재판을 할 수 있는 기관은 법원으로 제한됐다.

이 조치는 귀족들의 권력을 크게 약화시키는 데 기여했다. 반대로 정부 기관의 총책임자 격인 왕의 권한은 강화됐다. 십자군 전쟁 이후 많은 부분이 변화하고 있는 것을 여기서도 엿볼 수 있다. 유럽의 정치가 근대를 향해 달리고 있는 것이다.

[12] 국제 제25호 • 1240년 ~ 1300년

합스부르크, 신성 로마 장악

대공위 시대 마감… 유럽 최대 왕가 탄생

루돌프 1세의 조각상

 1254년, 콘라트 4세가 사망함으로써 독일 호엔슈타우펜 왕조의 대가 끊겼다. 누가 황제에 오를 것인가? 우왕좌왕하는 분위기다.
 결국 신성 로마 제국의 황제는 한동안 선출되지 못했다. 역사상 이런 일은 없었다. 이 시기를 대공위 시대라고 한다. 황제가 비었다는 뜻이다. 이 무렵 유럽 여러 나라들은 서로 국력을 다투고 있었다. 서로 세력이 비등비등하니 특정 왕조에서 황제를 뽑는 것이 부담이 된 듯하다.
 그러기를 20여 년, 1273년에 신성 로마 제국의 황제를 뽑는 일곱 명의 선제후(7선제후)가 다시 모였다. 선제후들이 새로 황제로 뽑은 인물은 합스부르크 가문의 루돌프 백작. 그가 루돌프 1세 황제가 되면서 합스부르크 왕조가 유럽 정치의 전면에 등장했다.
 신성 로마 제국의 새로운 황제 루돌프 1세는 오스트리아의 궁궐에 머물렀다. 또한 자신의 아들을 오스트리아 공에 임명했다. 이처럼 합스부르크 왕조는 오스트리아를 근거지로 삼았다. 때문에 합스부르크 왕조 역사는 오스트리아 역사에 해당한다. 지금까지 신성 로마 제국의 황제를 배출했던 왕조는 모두 독일 출신이었다. 이후로도 이따금 다른 왕조가 황제를 배출하기도 했지만 15세기 이후로는 합스부르크 왕조에서 황제를 독점한다.
 합스부르크 왕조는 실로 넓은 영토를 장악했다. 오늘날의 독일, 오스트리아, 스페인 등 많은 지역의 왕들이 합스부르크 왕조에 속해 있었다. 그러나 이 합스부르크 왕조로부터 독립한 나라도 있었다. 바로 스위스다. 1291년, 스위스의 여러 주들이 합스부르크 왕조로부터 독립을 선언했다. 그들은 곧 스위스 연방을 결성했다. 오늘날의 스위스가 이때 탄생한 것이다.

타이, 독립국 세우다
동남아에 이슬람 전파

 1238년, 타이족이 앙코르 왕조로부터 독립했다. 앙코르 왕조는 이 무렵 인도차이나 반도의 최고 강국이었다. 그러나 독립한 타이족은 수코타이 왕조를 세워 앙코르 왕조에 맞섰다. 수코타이 왕조는 곧 앙코르 왕조에 버금가는 세력으로 성장했다.
 섬들이 밀집해 있는 인도네시아와 말레이시아 지역에도 본격적으로 이슬람 세력이 들어오기 시작했다. 이슬람교를 전파한 사람들은 몽골계 또는 아랍계 이슬람 상인들. 그들은 곧 동남아시아의 해상 무역을 주도했다. 이 무렵 이 일대의 최대 강국은 스리위자야 왕조. 이 왕조의 본거지인 수마트라에도 이슬람교가 전파됐다. 이제 동남아시아도 이슬람 세계로 변신하고 있는 것이다.

수코타이 왕조의 유적

"이탈리아 피렌체를 주목하라!"

상업-금융업 발달… 정치-문화에도 큰 영향

단테의 조각상

이탈리아 중부의 도시 피렌체가 뜨고 있다.

피렌체에서는 이미 12세기부터 모직물 산업이 발달해 있었다. 산업이 발달한 데다 여러 길드가 활발하게 활동해 상공업과 금융업이 크게 발달했다. 유럽의 경제 중심지가 된 것.

사실 피렌체뿐 아니라 인근의 베네치아나 제노바도 마찬가지였다. 이런 지역은 예로부터 동서 무역이 활발했다. 그래서 왕이나 귀족에게 얽매이지 않는 상인 길드가 많이 발달한 것이다.

13세기로 접어든 이후 이런 상인들이 귀족들과 맞서기 시작했다. 귀족들이 신분이 높다는 이유만으로 모든 것을 차지하는 게 마음에 안 들었던 것이다. 상인들은 교황과 손을 잡았다. 이 무렵 종교와 정치는 여전히 갈등 중이었다. 상인들은 이 점을 이용해 교황과 한 편이 됐다.

피렌체에서 시작된 이 싸움은 곧 이탈리아 전체로 확산되었다. 상인들은 더욱 똘똘 뭉쳤다. 진보적인 지식인들도 이 싸움에 뛰어들었다. 물론 그들은 귀족을 반대했기 때문에 당연히 상인 편이었다. 『신곡』을 쓴 단테가 이런 인물들 중 한 명이었다.

치열한 싸움이 이어졌다. 13세기 말 마침내 상인들이 귀족들을 몰아내고 공화정을 세우는 데 성공했다. 피렌체 공화정의 역사가 시작되는 순간이다.

상인 정권은 대대적인 개혁 방안을 내놓았다. 우선 귀족들이 공직을 맡지 못하도록 했다. 모든 공직은 자유 신분의 사람들, 즉 상인과 지식인들이 맡았다. 귀족들의 대농장에 강제 동원된 농노도 해방시켰다. 그야말로 획기적인 조치였다.

사람들은 피렌체의 성공을 보면서 "경제가 정치를 눌렀다"고 평가하고 있다. 더불어 수많은 지식인과 문화 인사들이 자유로운 도시 피렌체로 몰리고 있다. 전문가들은 "피렌체에서 분명 새로운 문화 혁명이 일어날 것 같다"고 예측하고 있다.

[광고]

의회 시민 대표 선출 공고!

시민의 정치 참여를 축하합니다.
시민 대표를 선출합니다. 문의는 시 정부로.

모범 의회 영국에서 1295년에 열린 의회. 원래 귀족 회의였지만 에드워드 1세 왕이 각 자치시별로 2명의 시민 대표를 뽑아 참석토록 했다. 세금 징수를 양해 달라는 취지에서였다. 평민이 참여한 첫 의회라는 기록을 남겼다.

[14] 문화  제25호 • 1240년 ~ 1300년

팔만대장경, 16년 만에 완성

경판 총 81,258개… 세계문화유산 등재

팔만대장경이 보관되어 있는 경남 합천 해인사

1251년, 16년의 작업 끝에 마침내 팔만대장경이 완성되어 일반에 공개됐다. 불경을 새긴 8만여 개의 판에 8만 4천 번뇌에 해당하는 법문이 실려 있어 '팔만대장경'이라 부른다. 다른 말로는 '고려대장경'이라고도 한다.

불경은 경판의 양쪽 모두에 새겨졌다. 따라서 총 16만 쪽이 넘는 불경을 만들 수 있다. 이렇게 방대한 분량의 대장경은 지금까지 없었다. 분량만 방대한 것이 아니다. 품질도 아주 뛰어나다. 800여 년이 지난 지금도 합천 해인사에 완벽하게 보존돼 있다. 1995년에는 유네스코에 의해 세계문화유산으로도 지정되었다.

이 대장경은 몽골이 고려를 침략했을 때 만들어졌다. 당시 몽골 군대는 초조대장경과 속장경을 모두 불태워 버렸다. 고려 조정은 부처님이 고려를 구원해 주기를 기대하면서 다시 대장경을 만들기로 했다.

1236년, 고려 조정은 피란처인 강화도에 대장경을 만들기 위한 관청(대장도감)을 만들었다. 그리고 바로 대장경을 만들기 시작했다. 이 작업은 무려 16년이나 걸렸다. 왕족과 무인들, 승려들, 일반 백성들이 모두 작업에 참여했다. 범국가적인 프로젝트였던 셈이다.

1,000년 이상을 견딜 나무가 필요했다. 한반도 각지에서 후박나무와 단풍나무, 산벚나무 등을 강화도로 운반했다. 그러나 바로 경판을 만들지 않았다. 3년간 바닷물에 담갔다. 이어 나무를 건져 그늘에서 말린 뒤 가마솥에서 푹 쪘다. 그 후 나무를 말린 다음 표면에 옻칠을 했다. 여기까지가 기초 작업이다.

그 다음은 경판 크기에 맞춰 나무를 일정하게 자른다. 이어 글씨를 새긴다. 전국에서 내로라하는 서예가와 목수, 승려들이 이 작업에 투입되었다. 최고의 정성을 쏟았다. 글자 하나를 새길 때마다 한 번씩 절을 했다.

팔만대장경은 현재까지 전하는 전 세계 대장경 중 가장 오래된 대작이다. 또한 다른 나라 대장경의 내용까지 담았다. 가장 내용이 방대한 대장경이란 얘기다.

잘못된 글자가 130자에 불과할 정도로 완벽하다. 여러 사람이 함께 만들었지만 모든 경판의 글자체가 같다. 고려의 목판 인쇄술이 얼마나 뛰어났는지, 이 걸작에서 고스란히 나타난 것이다.

잉글랜드, 스콘석 탈취

스콘 궁전에 있는 복제 스톤석

잉글랜드의 국왕 에드워드 1세가 1296년, 스코틀랜드에서 '기적의 돌'이라 불리는 스콘석을 빼앗았다. 스콘석은 스코틀랜드 왕의 대관식에 쓰이던 돌. 따라서 스코틀랜드 국민에게는 자부심의 상징이었다.

에드워드 1세는 이 무렵 웨일즈를 정복하고, 스코틀랜드까지 통일하려고 전쟁을 벌이고 있었다. 에드워드 1세는 스코틀랜드 왕도 겸하겠다는 뜻을 선포하기 위해 이 돌을 갖고 온 것이다. 그는 이 돌을 웨스트민스터 사원의 한 의자에 보관했다. 이후 잉글랜드 왕들의 대관식에 이 의자가 사용됐다.

『삼국사기』의 맞수 『삼국유사』 출간

1258년, 승려 일연이 『삼국유사』를 출간했다. 이 책은 김부식의 『삼국사기』와 더불어 대표적인 한국 고대 역사서로 평가받고 있다.

전문가들은 "『삼국사기』가 정사(正史)라면 『삼국유사』는 야사(野史)로 볼 수 있다. 또 『삼국사기』가 유교적 합리주의와 사대주의에 입각해 만든 책이라면 『삼국유사』는 우리 민족의 주체성에 바탕을 둔 책이다"라고 말한다.

실제로 『삼국사기』는 고조선 역사 부분을 뺐다. 또한 만주 벌판을 달렸던 고구려에 대해서도 큰 의미를 두지 않았다. 반면 『삼국유사』는 고조선을 충분히 다루었다. 또 단군신화를 실어 우리 민족의 역사를 기원전 2333년까지로 끌어올렸다. 이와 함께 한반도의 고대 국가에서 전해 내려오는 신화와 전설이 고루 담겨 있다. 이두로 쓰인 향가도 14수가 들어 있어 고대 문학을 연구하는 데도 큰 도움을 주고 있다.

『삼국유사』는 총 5권 2책으로 구성되어 있다.

명복을 빕니다

루이 9세가 붙잡혀 있던 이집트 만수라의 감옥을 묘사한 그림

▽**루이 9세** = 프랑스 카페 왕조의 왕으로, 1270년에 세상을 떠났다. 루이 9세는 강력한 프랑스를 건설하는 데 필요한 기초를 닦은 왕으로 평가받고 있다. 왕권을 강화시켜 중앙 집권 체제를 서서히 만들어 간 인물이다.

유럽에서 프랑스의 지위를 높이는 데도 크게 기여했다. 루이 9세는 교황과 신성 로마 제국이 주축이 됐던 십자군 원정을 주도하기도 했다. 이 때문에 프랑스 사람들은 루이 9세를 신성한 왕이란 뜻의 '성왕(聖王)'이라고 부른다. 다만 십자군 원정 때 이슬람 군대에 사로잡힌 것은 흠. 루이 9세는 마지막 십자군 원정 때 전사했다.

▽**토마스 아퀴나스** = 중세 기독교 철학자로, 1274년에 세상을 떠났다. 그는 훗날(1323년) 로마 가톨릭 교회로부터 성인으로 추대된다.

토마스 아퀴나스는 기독교 철학자이지만 너무 신에만 의존하지 않았다. 신을 중심 위치에 두기는 해도 인간의 자율성을 인정한 것이다. 그 전의 철학이 신을 절대적으로 보았던 것과는 다른 점이다. 이 때문에 그의 철학이 중세에서 근대로 넘어가는 징검다리 역할을 했다는 평가를 받고 있다.

저서로는 『신학대전』이 유명하다. 이 책에서 토마스 아퀴나스는 신이 과연 존재하는지, 신이 이 세계를 창조했는지 등 기독교의 의문점을 제기했다.

토마스 아퀴나스

[16] 엔터테인먼트   제25호 • 1240년 ~ 1300년

〈가로 퍼즐〉

1. 몽골의 사신으로 고려에 왔다가 돌아가던 중 의문의 죽음을 당했다.
3. 신성 로마 제국 황제를 선출하지 못한 시기
5. 십자군 전쟁 때 출범했다. 템플, 튜턴, 요한이 3대 ○○○이다.
8. 기독교 세력이 이 요새를 잃으면서 십자군 전쟁이 공식 끝났다.
9. 아바스 왕조가 수도로 새로 건설한 도시
10. 투르크족의 일파가 소아시아에 1299년 세운 나라. ○○○ 제국
11. 고려 무신 정권이 만든 군대. 최후까지 몽골에 항쟁했다.
12. 영국의 왕 리처드를 가리키는 별명
14. 1122년, 이곳에서 황제와 교황이 타협해 종교 갈등을 해결했다. ○○○ 협약
16. 바투가 세운 나라로, 몽골 제국의 한 부분이다.

〈세로 퍼즐〉

2. 팔만대장경을 이렇게 부르기도 한다.
4. 영국의 귀족 회의로, 훗날 의회의 기원이 됐다.
6. 『신곡』을 쓴 이탈리아 작가. 르네상스의 선구자로 평가받는다.
7. 투르크족 노예와 용병을 가리키는 말. 훗날 왕조를 세운다.
8. 여진 완옌부 족장으로, 금나라를 세웠다.
9. 몽골-유럽 군대를 모두 격파한 맘루크 왕조의 5대 술탄
11. 김부식이 쓴 역사서
13. 동일한 왕가 혈통이 이어지는 것. 고려 ~, 조선 ~
15. 대공위 시대를 끝내고 황제를 배출하기 시작한 가문

[사설]

통통통 기자

고려 왕은 개혁하라

고려의 국왕들이 원 황실에 충성한다는 의미로 '충(忠)' 자를 왕의 이름에 쓰기 시작했다. 이런 굴욕이 없다. 나아가 원나라의 황실 여성을 의무적으로 부인으로 맞아야 한다. '폐하'란 칭호는 '전하'로, '태자'는 '세자'로 등급이 떨어졌다.

무신 정권이 오랫동안 조정을 장악했으니 왕권은 이미 바닥을 쳤다. 그러나 지금은 아니다. 무신 정권은 몰락했다. 왕은 나라가 엉망이 된 책임을 스스로 져야 한다.

물론 원나라는 아주 강하다. 세계 대부분의 국가들이 항복했을 만큼. 그렇다고 해서 "강하니까 무조건 납작 엎드리자"고 국왕이 말한다면 무책임하다. 힘이 없으니 나라를 못 지키는 법. 고려 왕들은 지금부터라도 힘을 길러야 한다. 또 원나라에 기댄 친원파 권문세족의 부정부패를 감시해야 한다. 고려 왕이여, 개혁에 나서라.

몽골 제국의 분열

역사상 많은 제국이 그랬다. 한창 잘나가던 제국이 갑자기 어수선해진다? 이러면 십중팔구 왕족과 귀족들의 권력 다툼이 원인이다. 몽골 제국도 똑같은 길을 가고 있다. 칭기즈 칸은 죽기 전에 후계자들에게 영토를 나누어 주었다. 그 가운데 가장 먼저 오고타이 칸 국이 본국에 흡수되었다. 그래도 나머지 칸 국은 협조 관계를 잘 유지했다.

그러나 3대 대 칸 자리를 놓고 권력 다툼이 생겼다. 바투는 킵차크 칸 국을 세우고 본국과의 관계를 끊었다. 5대 대 칸 자리를 놓고 또 싸움이 벌어졌다. 그러자 훌라구는 바그다드에 일 칸 국을 세우고 독립국으로 변신했다.

이처럼 권력 다툼 뒤에는 꼭 '분열'이 따른다. 이 과정에서 감정의 골이 깊어진다. 결국에는 서로 등을 돌리게 된다. 몽골 또한 그 역사를 되풀이하는 것 같다. 역사상 가장 강력했던 세계 제국이지만 어쩌면 이 분열 때문에 곧 사라질 것 같다는 생각이 든다.

전문가 칼럼

근대가 다가오고 있다

재레드 루비(문화인류학자)

유럽에서 중세 질서가 서서히 무너지는 것 같다. 그 계기는 여러 가지가 있다.

첫째, 십자군 전쟁의 패배다. 교황과 기사, 봉건 제후가 모두 약해졌다. 반면 왕과 황제의 권력은 강해졌다. 왕과 황제는 더 이상 교황과 제후들에게 힘을 나눠 줄 필요를 느끼지 못한다. 봉건제가 무너지고 있는 것이다.

둘째, 상공업이 빠른 속도로 발전하고 있다. 특히 이탈리아 북부의 여러 도시들이 그렇다. 피렌체의 경우에는 상인과 지식인들이 귀족을 내쫓고 정권을 장악했다. 상인과 지식인들은 중세 봉건제를 달갑지 않게 여겼다. 그들은 자유롭게 생각하고 행동한다. 신분 제도도 없애려 한다.

셋째, 시민의 정치 참여가 시작됐다. 영국의 모범 의회가 대표적 사례다. 물론 아직까지는 초보적인 단계에 머물러 있다. 그러나 머지않아 시민들의 정치 참여는 더욱 늘어날 것이다. 당연히 중세 신분 질서도 깨질 것이다.

역사 연표

| 아시아 | 아프리카 | 유럽 | 아메리카 |

1240년

1241년
몽골 오고타이 대 칸 사망
1250년
이슬람 맘루크 왕조 탄생
1251년
고려, 『팔만대장경』 완성

1254년
신성 로마 제국, 대공위 시대 시작

1258년
몽골, 바그다드 정복
고려의 일연 『삼국유사』 완성
1259년
고려–몽골 전쟁, 고려 패배로 종결
1260년
몽골–맘루크 격돌

1260년

1270년
고려, 무신 정권 몰락
1271년
고려, 몽골에 항복
몽골 5대 대 칸 쿠빌라이, 나라 이름을
몽골에서 원으로 바꿈
1273년
고려, 삼별초 항쟁 진압됨

1270년
제8차 십자군 원정

1272년
십자군 전쟁, 이슬람의 승리로 종결
1273년
루돌프 1세가
신성 로마 제국 황제에 등극하며
대공위 시대 마감

1279년
몽골에 의해 남송 멸망

1280년

1295년
영국, 모범 의회 출범

1299년
오스만 제국 탄생

1300년

통 역사 신문 제26호

1300년 ~ 1350년

 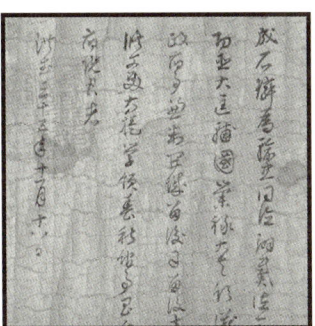  

통 역사 신문

제26호   1300년 ~ 1350년

혼례상담소 오픈!
딸의 혼사를 서두르는 부모는
저희 〈시집가다오〉의 문을
두드리십시오.

유럽 | 흑사병, 세계를 덮치다

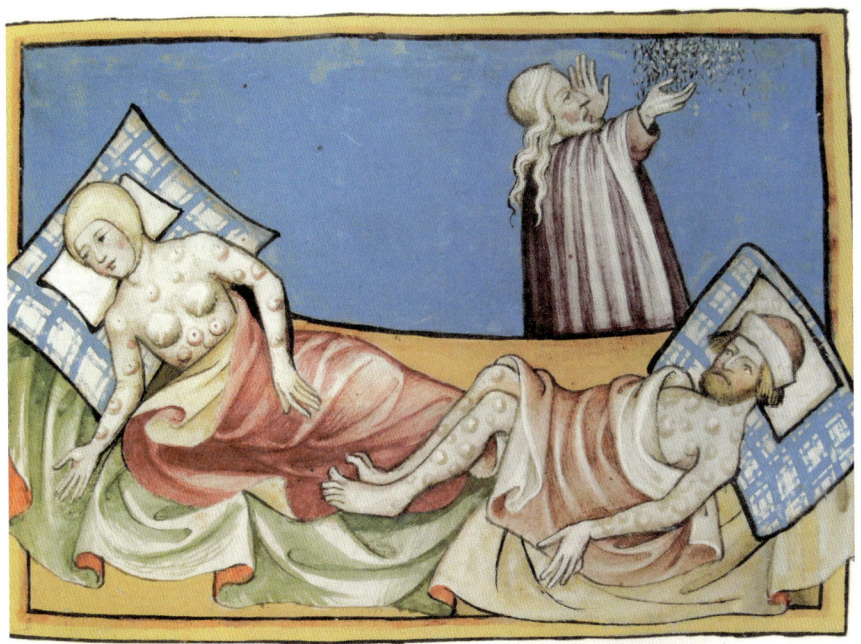

흑사병에 걸린 환자를 위해 기도하는 성직자

4년간 유럽 인구의 최대 50% 사망

1347년, 유럽에서 처음으로 원인을 알 수 없는 괴질이 대륙 전역으로 퍼지기 시작했다. 순식간에 유럽 전역이 죽음의 공포에 휩싸였다. 이 병이 바로 흑사병이다.

이 치명적인 전염병은 중앙아시아로부터 넘어왔을 것이라는 분석이 나오고 있다. 그러나 아직 치료법이 개발되지 않아 속수무책으로 많은 사람이 죽어가고 있다. 이때부터 1350년까지 4년 동안 유럽 전체 인구의 30~50%가 흑사병으로 사망했다.

일부 지역에서는 유대인이나 걸인, 외국인이 이 병을 퍼뜨렸다는 근거 없는 소문이 돌면서 닥치는 대로 학살을 일삼고 있어 큰 문제가 되고 있다. 심지어 아무 죄도 없는 사람을 화형에 처하는 마녀사냥도 심해지고 있다. ▷ 6·7·8면에 관련 기사

유럽 | 백 년 전쟁 터지다 영-프 "승부 내자!"

1337년, 영국과 프랑스가 마침내 전면 전쟁에 돌입했다. 전쟁은 무려 100여 년이나 계속되었다. 이 때문에 이 전쟁을 '백 년 전쟁'이라 부른다.

이 전쟁을 일으킨 영국 왕은 에드워드 3세. 그는 자신이 프랑스 왕이 되어야 한다고 주장했다. 그러나 프랑스 왕 필리프 6세는 콧방귀를 뀌었다. 여기에 플랑드르까지 가세해 갈등이 커지다가 결국 전쟁까지 가고 말았다.

전문가들은 "이 전쟁의 원인을 제대로 알려면 과거로 거슬러 올라가야 한다"고 말한다. 프랑스 왕 필리프 4세와 영국 왕 에드워드 1세가 이미 여러 번 갈등을 벌인 전례가 있다는 얘기다. 또 필리프 4세는 왕권을 강화하기 위해 교황과도 여러 차례 싸움을 벌였다. 결국 종교와 영토 문제에 정치 문제까지 겹치면서 백 년 전쟁이 터졌다는 분석이다. ▷ 2·3·4·5면에 관련 기사

유럽 아시아 | 『동방견문록』 출간

24년간 동방에서 여행한 마르코 폴로의 경험을 담은 『동방견문록』이 출간되었다. 동아시아, 중앙아시아, 서아시아의 생활상이 자세히 담겨 있어 유럽 모험가들의 호기심을 자극하고 있다.

▷ 14면에 관련 기사

왕, 교황에 승부수를 던지다

필리프 4세 '삼부회' 소집… 왕권 강화 신호탄

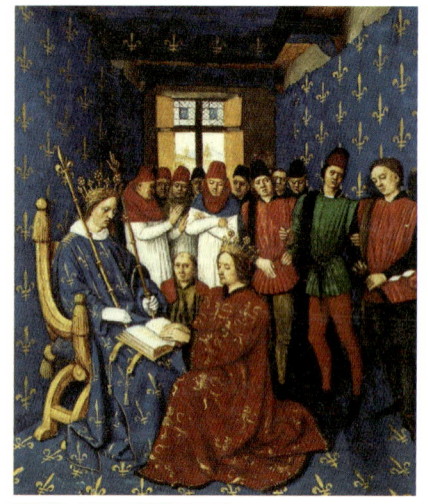

필리프 4세와 에드워드 1세.
무릎을 꿇은 이가 에드워드 1세다.

백 년 전쟁은 1337년에 터진 프랑스와 영국의 전쟁이다. 무려 100여 년을 싸웠기에 '백 년 전쟁'이라 부른다. 이 전쟁이 왜 터졌는지 이해하려면 십자군 전쟁이 끝난 직후로 거슬러 올라가야 한다.

우선 전쟁 패배로 인해 교황의 권위가 추락했다. 반대로 왕의 권위는 올라갔다. 강력한 왕권을 꿈꾸는 왕이 나타났고, 이런 왕에 지지 않으려는 제후가 서로 충돌하면서 곳곳에서 전투가 벌어졌다. 봉건 질서가 서서히 무너지고 있는 것이다. 바로 이때 프랑스 왕 필리프 4세가 등장했다.

원래 영국은 프랑스의 제후국. 이때의 영국 왕 에드워드 1세는 프랑스 남서부 가스코뉴 지방에 땅을 갖고 있었다. 프랑스의 입장에서 보면 에드워드 1세는 가스코뉴 공작에 불과한 것. 그러나 왕보다 영토가 넓은 제후. 강력한 왕이 되기를 바라는 필리프 4세는 이런 제후를 두고 볼 수 없었다. 결국 필리프 4세는 에드워드 1세와 전쟁을 시작했다. 플랑드르 백작이 영국과 동맹을 맺어 프랑스에 맞섰다. 플랑드르는 오늘날의 프랑스 북부, 벨기에 서부, 네덜란드 남서부를 포함한 지역이다.

전쟁을 하려면 많은 돈이 필요하다. 필리프 4세는 교회가 약해져 있다는 사실을 떠올렸다. 왕은 성직자에게 세금을 내라고 강요했다. 화가 난 교황 보니파키우스 8세는 필리프 4세에게 "당장 그 조치를 철회하라!"고 요구했다.

필리프 4세는 콧방귀를 뀌었다. 오히려 교황청으로 가는 물자 보급로를 차단해 버렸다. 숨통이 막힌 교황이 항복했다. 필리프 4세의 완승이었다.

필리프 4세는 이어 교황을 믿고 까불던 주교를 반역죄로 감옥에 가두었다. 교황이 이에 반발했다. 교황 보니파키우스 8세는 "교황이 왕보다 우월하니 필리프 4세는 까불지 마라"고 선언했다.

왕은 확실히 해 둘 필요가 있다고 생각했다. 그는 교황이 보낸 편지를 불태우고 긴급회의를 소집했다. 이 회의가 바로 삼부회다. 제1부(제1신분)는 성직자, 제2부는 귀족, 3부는 평민 대표로 구성된 의회다. 프랑스에서도 의회 정치가 시작된 것이다.

삼부회, 모범 의회와는 달라

삼부회를 풍자한 그림

영국의 모범 의회(1295년)에 참석했던 시민 대표가 "삼부회와 우린 차원이 다르다"고 주장하고 있다. 모범 의회는 말 그대로 도시의 대표 자격으로 시민이 참여한 첫 의회다. 반면에 삼부회는 왕이 교황에 맞서 힘을 키우기 위해 급히 만든 '어용' 의회라는 것이다. 모범 의회 시민 대표는 "삼부회에서 제3신분은 아무런 권한이 없었다"고도 했다.

이 시민 대표의 주장은 대부분 사실이다. 삼부회는 왕이 자신의 권력을 강화하기 위해 국민에게 협조를 요청하는 모임이었던 것. 그러나 훗날 프랑스 혁명 때는 이 삼부회에서 가장 낮은 제3신분이 결정적인 역할을 하게 된다.

필리프 4세, 교황을 가두다

아비뇽 유수 발생… 교황 권력 빠른 속도로 추락

아비뇽 교황청

"교황은 내 손 안에 있소이다."

필리프 4세가 웃고 있다. 교황을 장악했기 때문이다.

그는 휴양 중인 교황 보니파키우스 8세를 습격했다. 화병 때문이었는지 교황은 얼마 후 세상을 떠났다. 뒤를 이은 교황 베네딕투스 1세도 곧 사망했다. 필리프 4세는 이참에 자기 말을 잘 듣는 사람을 교황에 앉히기로 했다.

1305년, 필리프 4세는 클레멘스 5세를 교황에 임명했다. 교황은 원래 로마에서 즉위한다. 하지만 클레멘스 5세의 교황 즉위식은 프랑스 리옹에서 열렸다. 필리프 4세가 지켜보는 앞에서!

마침 신성 로마 제국 황제 하인리히 7세가 로마를 점령하는 사건이 발생했다. 이를 계기로 필리프 4세는 교황청을 프랑스에 두려 했다. 물론 교황을 맘대로 주무르려는 의도다. 결국 1309년, 아비뇽에 교황청이 만들어졌다. 이때부터 약 70년간 교황은 로마로 돌아가지 못한다. 이 사건을 '아비뇽 유수'라고 부른다.

필리프 4세의 다음 목표는 성전 기사단. 이 기사단은 십자군 전쟁이 터진 후 빠른 속도로 성장한, 일종의 기독교 특공대였다. 성전 기사단은 땅과 돈을 많이 기부 받아 부자 중의 알부자였다.

교황 클레멘스 5세가 결국 무릎을 꿇었다. 1312년, 교황은 성전 기사단을 해체하고, 지도자들을 화형에 처했다. 그들이 갖고 있던 땅과 돈은 모두 필리프 4세가 차지했다. 교황도 꺾고, 영토도 넓히고, 돈까지! 이제 필리프 4세는 프랑스 역사상 가장 강력한 왕이 됐다.

이제 유럽에서도 중앙 집권제 출현?

강력한 왕권을 추구했던 필리프 4세였지만, 그는 시대의 흐름에 따라 더 이상 봉건제가 버틸 수 없을 것이라는 점을 잘 알고 있었다. 아직까지는 비록 성직자와 귀족의 권력이 강하지만, 얼마 지나지 않아 상황이 바뀔 거라고 예측했던 것이다. 그런 그가 주목한 이들이 바로 도시와 상인들이었다. 이 무렵 여러 도시들이 빠른 속도로 성장하고 있었다.

필리프 4세는 도시의 상인들과 손을 잡았다. 그들을 관료로 임명하고 많은 권한을 주었다. 삼부회를 연 것도 이런 이유에서였다. 이 새로운 세력은 왕에게 충성을 맹세했다. 그렇게 하는 것이 곧 그들 자신이 성장할 수 있는 방법이었기 때문이다.

이 무렵 프랑스의 정치 형태는 이전과 많이 달라져 있었다. 모든 것이 왕을 중심으로 돌아갔다. 왕의 권력이 그리 강하지 못했던 유럽 역사에서 처음으로 중앙 집권제의 초보적인 모습이 나타난 것이다.

[4] **백 년 전쟁** 특집　　　　　제26호 · 1300년 ~ 1350년

영국-프랑스, 백 년 전쟁 돌입

프랑스 왕위 놓고 서로 "내가 후계자다" 주장

　프랑스와 영국이 결국 대대적인 전쟁에 돌입했다. 바로 백 년 전쟁.

　프랑스는 제후국인 영국을 이참에 혼쭐내겠다는 기세. 영국도 프랑스가 다시는 주군 행세를 하지 못하도록 실력을 보여 주겠다는 각오다.

　강력한 왕 필리프 4세는 1314년에 세상을 떠났다. 그 후 루이 10세, 장 1세, 필리프 5세, 샤를 4세가 차례대로 프랑스 왕에 올랐다. 1328년, 샤를 4세가 후계자를 남기지 않고 죽었다. 카페 왕조의 맥이 끊긴 것이다. 왕실이 초비상이 되었다.

　급히 가장 가까운 혈통을 찾았다. 바로 샤를 4세의 사촌형으로, 발루아 가문의 필리프 6세였다. 그가 왕에 올랐다. 이때부터 프랑스에는 발루아 왕조 시대가 시작되었다.

　그런데 영국의 왕 에드워드 3세가 발끈했다. 에드워드 3세는 샤를 4세의 여동생인 이사벨이 낳은 아들. 에드워드 3세는 이 친척 관계를 제시하며 "내가 더 가까운 혈통이다. 그러니 내가 프랑스 왕이 돼야 한다"고 주장했다.

　프랑스의 왕과 귀족들은 "제후국의 왕 주제에 감히 프랑스 왕을 넘봐?"라며 콧방귀를 뀌었다. 그렇잖아도 두 나라는 서로 감정이 좋지 않았는데, 이번엔 금방이라도 전쟁을 벌일 것 같은 분위기가 되었다.

　갈등은 점점 커졌다. 필리프 6세는 영국으로부터 벗어나려는 스코틀랜드를 지원했다. 이에 맞서 에드워드 3세는 플랑드르와 연합해 맞섰다. 그러자 필리프 6세는 다시 가스코뉴 지방을 몰수했다.

　가스코뉴 지방은 프랑스 안에 있는 영국 왕실의 땅. 화가 난 에드워드 3세가 1337년, 프랑스에 선전 포고를 했다. 이렇게 해서 두 나라는 무려 100여 년간 전쟁을 치르게 된다. 백 년 전쟁이 시작된 것이다.

백 년 전쟁의 무대가 된 영국, 프랑스, 플랑드르 지방

플랑드르, 산업 발전

　플랑드르는 북프랑스, 벨기에, 네덜란드 세 나라에 걸쳐 있는 지역. 이 무렵에는 프랑스의 제후가 통치하고 있었다. 그래서 플랑드르 백국이라 부른다.

　이곳에서는 모직물 산업이 빠른 속도로 발전하고 있었다. 플랑드르는 모직물 산업의 원료인 양털을 주로 영국 지방으로부터 공급받았다. 따라서 경제적으로는 프랑스보다 영국과 더 가까울 수밖에 없었다. 물론 프랑스가 자기네를 지배하는 것에 대해서 반대했다. 영국도 이 지역을 프랑스가 지배하는 것을 반대했다.

　이 갈등이 영국과 프랑스의 백 년 전쟁에 큰 영향을 미쳤다고 전문가들은 진단하고 있다.

영국, 프랑스와의 전투마다 대승

크레시 전투에서는 프랑스 기사 30%가 사망

수많은 전투가 벌어졌다. 백 년 전쟁의 초반에는 영국이 대체로 우세했다. 기자가 전쟁터를 누비며 취재했다. 대표적인 전투만 소개한다.

▽**슬로이스 해전** = 1340년 7월 치러진 본격적인 첫 전투로, 플랑드르 앞바다(슬로이스)에서 벌어졌다. 영국 왕 에드워드 3세가 직접 참전했다.

프랑스 함대는 약 190척. 영국은 이보다 적었다. 처음에는 프랑스가 우세했지만 곧 전세가 역전되었다. 여기에 플랑드르가 50척의 함대를 보냈다. 든든한 지원군을 얻은 영국 함대가 총공격한 끝에 대승을 거두었다.

이 전투의 승리로 영국은 도버 해협 일대를 장악했다. 바다로 나아갈 수 없게 된 프랑스는 그 후 모든 전투를 육지, 즉 프랑스 영토 안에서 치러야 했다.

▽**크레시 전투** = 1345년, 영국군이 노르망디 해안에 상륙했다. 이어 1346년 8월에 프랑스 북부 크레시에서 대형 전투가 벌어졌다. 이 전투는 에드워드 3세와 필리프 6세가 모두 참전했다. 프랑스군은 약 3만~4만 명이었고, 영국군은 1만 2,000명 정도. 프랑스 진영에는 철갑옷을 입은 귀족과 기사들이 많았다. 반면 영국 진영에는 큰 활을 다루는 평민 궁병이 많았다.

예상 밖의 결과였다. 용맹한 기사들이 중장거리 활에 픽픽 쓰러졌다. 묵직한 갑옷 때문에 도망가지도 못했다. 평민 병사들이 기사들을 제압했다. 이 전투에서 프랑스 귀족과 기사의 30%가 목숨을 잃었다. 물론 영국의 대승!

▽**칼레 포위전** = 영국군의 사기는 하늘을 찌를 정도. 내친 김에 인근의 칼레로 진격했다. 칼레 성의 주민들은 저항했다. 그러나 오래 버티지는 못했다. 1347년, 칼레가 영국군에 함락되었다.

영국의 전승 행진은 앞으로 얼마나 더 계속될까? 많은 사람들의 관심이 여기에 쏠리고 있다.

크레시 전투를 묘사한 그림

[광고]

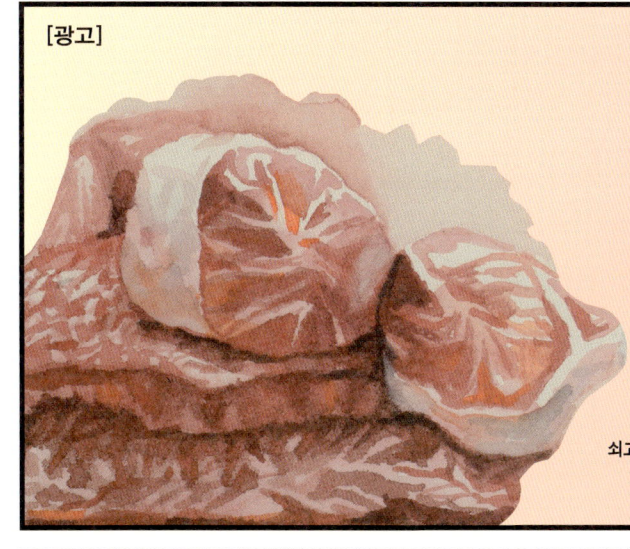

고려 한우 시식 대회

고려 역사상 처음으로 우리 한우 시식회를 갖습니다.
육질과 마블링이 최고인 한우! 지금 맛보세요.

쇠고기 역사 몽골의 간섭 이후 처음으로 소를 잡아 식용으로 썼다. 그 전에는 불교의 영향 때문에 쇠고기를 거의 먹지 않았다. 불교에서 소는 신성한 동물로 여겨지기 때문이다.

'죽음의 병', 전 세계 확산

1347년, 유럽 첫 발생… 전 세계 초토화

세계가 전염병의 공포에 휩싸였다. 인류 역사상 이런 적은 없었다. 사람들이 무더기로 죽어 가고 있다. 사람들은 괴기한 병이라 하여 '괴질'이라 부른다.

이 병에 걸리면 피부가 검게 변했다가 대부분 죽는다. 그래서 나중에는 이 병을 흑사병(黑死病) 또는 페스트라 불렀다. 흑사병 공포가 특히 심한 유럽과 소아시아, 서아시아 상황을 긴급 점검한다.

▽**발생** = 1347년 크림 반도. 킵차크 칸 국의 군대와 크림 공화국 사이에 전투가 벌어졌다. 도시 밖에 있던 킵차크 군인들은 흑사병에 걸린 병사의 시체를 투석기에 실어 성 안으로 쏘았다. 최초의 세균전이었던 셈이다. 도시에는 곧 흑사병이 확산되었다. 흑사병은 주변 도시에 빠른 속도로 번져 나갔다.

같은 해 이탈리아 반도 시칠리아의 항구. 배에서 내리는 상인들의 얼굴빛이 이상했다. 흑사병에 걸린 환자들이었다. 얼마 지나지 않아 그 상인들은 모두 사망했다. 그들과 접촉했던 사람들도 모두 죽어 갔다. 이탈리아 전역으로 흑사병이 퍼지기 시작했다.

▽**유럽 확산** = 시칠리아의 메시나 항구를 통해 유입된 흑사병은 1년 사이에 제노바와 베니스까지 번졌다. 그러나 원인을 알 수 없으니 치료법도 없었다. 속수무책으로 사망자가 늘어났다.

1348년, 흑사병은 북쪽 프랑스와 영국으로 번졌다. 서쪽으로는 스페인과 포르투갈까지 확산되었다. 독일도 예외가 아니었다. 1350년에는 가장 북쪽에 있는 스칸디나비아 반도에도 흑사병 환자가 나타났다.

동유럽도 상황은 마찬가지. 이미 콘스탄티노플에는 1347년부터 흑사병 환자가 발생했다. 다만 아직 러시아까지는 이 병이 확산되지 않았다. 서유럽에서도 벨기에 지역만 유일하게 흑사병이 유행하지 않았다. 그러나 이 몇몇 지역만 빼고는 유럽 전체가 1347년 이후 3년 만에 흑사병 유행 지역이 되고 말았다.

▽**소·서아시아 확산** = 크림 반도는 흑해와 접해 있다. 흑해 남쪽은 소아시아로 불리는 터키. 당연히 이곳도 안전지대가 될 수 없었다.

크림 반도에 흑사병이 집단 발병하고 콘스탄티노플로까지 확산된 1347년, 소아시아에도 흑사병 환자가 무더기로 발생했다. 흑해와 접한 다른 도시에서도 환자가 속출했다.

1348년에는 흑사병이 더욱 남쪽으로 내려갔다. 서아시아의 중요 도시들에서 흑사병 사망자가 나타났다. 시리아, 레바논, 팔레스타인 등 여러 곳에서 큰 피해를 입었다.

그 다음 해에는 아라비아 반도 메카에서도 흑사병이 발생했다. 소아시아와 서아시아에서도 흑사병 공포가 확산되고 있는 것이다.

흑사병 상황을 묘사한 피테르 브뢰헬의 〈죽음의 승리〉

1300년 ~ 1350년 • 제26호   흑사병 공포 특집 [7]

'대유행 병' 어떻게 퍼졌을까?

동서 교류가 원인? 중앙아시아 통해 유럽 확산?

유럽
아시아

수많은 인류의 목숨을 앗아 가는 전염병을 '대유행 병'이라고 한다. 14세기 중반에 발생한 흑사병이 최초의 대유행 병. 이 병은 어떻게 생겨나서 어떻게 전파된 것일까?

여러 이론이 있지만, 중앙아시아를 통해 서방 세계로 전파됐다는 이론이 가장 유력하다. 궁금증을 정리한다.

▽**흑사병은 어떤 병?** = 야생 들쥐나 다람쥐가 옮긴다. 이런 동물의 몸에 있던 벼룩이 사람에 달라붙어 피를 빨면 병에 걸린다. 사람이 이 병에 걸리면 고열이나 현기증, 구토 증세가 나타난다. 그리고 피부가 검게 변하면서 사망한다. 병에 걸린 사람이 재채기를 하면 다른 사람에게 전염된다. 훗날(20세기 초) 플레밍이 페니실린을 발명한 뒤에야 비로소 치료가 가능해진다.

▽**동서 교류 때문에 발생?** = 1334년 중국 동북부 허베이 지방에서 흑사병이 유행했다. 전체 주민의 90% 정도가 사망. 다행히 이때 전 세계로 확산되지는 않았다. 그러나 몽골 군대와 상인이 비단길을 통해 전 세계로 뻗어나가고 있어 전염 우려가 컸다.

일찍 병을 겪은 몽골인들은 면역력이 생겼을 수도 있다. 그러나 면역력이 없는 유럽 사람들은 속수무책일 수밖에 없다.

이탈리아 북부는 이 무렵 가장 무역이 발달한 곳. 동방을 오가는 상인들이 넘쳐났다. 더불어 배에 타고 있는 페스트 들쥐도 유럽에 상륙했다. 쥐들은 도시 이곳저곳을 다니며 병을 퍼뜨렸다. 만약 동서 교류가 활발하지 않았더라면 흑사병 유행이 이토록 커지지 않았을지도 모른다.

▽**나쁜 환경 때문에 발생?** = 이 무렵 서방 세계에는 천재지변이 많이 발생했다. 농사도 망쳤다. 그것도 대흉년이었다. 제대로 먹지 못한 탓에 사람들은 건강 상태가 좋지 않았다. 먹을 것을 구하기 위해 도시로 사람들이 몰렸다. 도시의 위생 상태는 엉망이었다. 쥐가 들끓고 있었다. 이러니 사람들은 병균에 쉽게 노출되었다. 만약 사람들의 주거 환경이 깨끗했더라면? 어쩌면 흑사병이 유행하는 것을 막을 수 있었을지도 모른다.

유럽, 5,000만 명 사망

유럽에서만 1347년부터 1350년까지 4년간 전체 인구의 30~50%가 흑사병으로 목숨을 잃었다. 정확한 사망자는 추정할 수조차 없다. 4년 동안 사망한 사람이 최소 2,500만 명에서 최대 5,000만 명이 넘을 것으로 어림짐작할 뿐이다.

30~50%라는 사망자 수치는 평균치일 뿐이다. 어떤 지역은 희생자가 더 많았다. 이탈리아 북부와 프랑스 남부, 스페인 지역에서는 인구의 80% 정도가 사망한 것으로 알려졌다. 독일 북부와 영국은 그나마 희생이 덜해 사망 비율은 20% 정도다.

피해가 얼마나 심했으면 영국과 프랑스가 죽기 살기로 싸우던 백 년 전쟁까지 잠시 중단했겠는가?

[8] 흑사병 공포 **특집** 제26호 • 1300년 ~ 1350년

"지구에 종말이 온 건가요?"

참혹한 흑사병 현장 르포… 마녀사냥도 시작

이루 말로 다 할 수 없을 정도로 참혹하다. 검게 변한 아들과 딸의 시신을 묻는 아버지, 부모의 시신 앞에서 울고 있는 아이들, 시신 썩는 냄새가 진동하는 집, 거리에 아무렇게나 널부러져 있는 병자들, 주민이 모두 죽어 까마귀들만 득실대는 마을……

흑사병이 휩쓸고 간 곳은 지옥의 광경 그대로다. 과연 신이 있기는 한 것일까? 신이 있다면 왜 인간에게 이토록 큰 고통을 주는 것일까? 이러다 지구에 종말이 오는 건 아닐까?

아직까지도 전염병의 원인을 밝혀내지 못하고 있다. 그러니 원인에 대해 갖은 추측들이 난무하고 있다. 공기를 통해 이 병이 전염된다는 주장도 나오고 있다. 이 때문에 기침만 해도 모두 흑사병 환자로 보고, 가까이하지 않으려 한다. 심지어 아직 살아 있는데도 가까이 가면 병이 옮을까 봐 산 사람을 땅에 묻는 사례도 나오고 있다.

치료법 개발은 아예 꿈도 꾸지 못하고 있다. 독실한 기독교도들은 인간이 신을 믿지 않고 있기 때문에 흑사병이 나돌고 있다고 주장한다. 신이 인간을 심판한다는 것. 한 성직자는 "하느님이 흑사병을 통해 인간을 심판하고 있다. 죄를 씻어야 한다"고 설교했다.

이런 기독교도들은 죄를 씻기 위해 채찍으로 피가 날 때까지 자신의 몸을 때리는 '고행'을 하고 있다. 그러나 이와 같은 처절한 고행도 병을 고치는 데는 아무런 도움이 되지 않았다. 흑사병은 여전히 유럽을 넘어 전 세계로 퍼지고 있다.

'못된 인간'이 병의 원인?

탐욕스런 정치인들과 일부 성직자들은 '못된 인간'이 흑사병을 옮긴다고 주장하고 있다. 못된 인간은 유대인, 거지, 외국인 등을 가리킨다.

전문가들은 "권력자들이 자기들한테 쏟아지는 비난을 다른 곳으로 돌리려고 얄은 수작을 부리고 있다"고 반박했다. 힘없는 사람들을 희생양으로 삼으려는 비열한 음모라는 것.

그러나 병에 대한 공포는 너무 컸다. 권력자들의 수작과 음모가 먹혀 들어갔다. 유럽 사람들은 평소에도 유대인들이 돈만 밝힌다며 싫어했다. 그런데 그들이 병의 주범이라니, 더 이상 참을 필요가 없었다. 사람들은 못된 인간들에게 테러를 가하기 시작했다. 그들을 붙잡아 화형에 처했다.

마녀사냥도 시작되는 분위기다. 아무 죄 없는 사람을 잡아다 "네가 사악한 마법으로 병을 퍼뜨렸다"며 죽였다. "난 아니다"라고 아무리 말해도 소용이 없었다. 사람들의 광기(狂氣)가 극에 달한 것이다.

1300년 ~ 1350년 • 제26호   정치 [9]

"고려의 왕은 허수아비"

원 황실이 임명… 맘에 안 들면 수시로 바꿔

원나라의 지배를 받기 시작한 고려의 정치가 엉망이다. 고려의 왕은 원 황실이 임명했다. 맘에 들지 않으면 왕을 바꾸어 버리기도 했다. 고려의 왕이 제대로 된 왕 노릇도 못하고 있는 것이다.

25대 충렬왕의 부인(왕후) 제국대장공주가 1297년에 세상을 떠났다. 물론 제국대장공주는 원 황실의 여성. 원에 있던 세자가 급히 귀국했다. 세자는 어머니가 권력 다툼에 희생되었다고 생각했다. 아버지 충렬왕의 후궁을 포함해 40여 명을 죽였다.

두려움에 사로잡힌 충렬왕은 1298년, 세자에게 왕위를 넘겨주었다. 이렇게 왕위에 오른 왕이 26대 충선왕이다.

충선왕은 나름대로 고려를 뜯어고치기 위한 개혁을 시작했다. 원나라에 의지하는 권문세족의 권력을 제한하려는 의도였다. 그들이 백성에게서 빼앗은 토지도 나누어 주고, 세금 제도도 고치려 했다. 그러나 이 개혁은 이루어지지 못했다. 왕후인 계국대장공주와 권문세족이 충선왕을 끌어내렸기 때문이다.

왜 왕후가 남편을 버린 것일까? 이유가 있다. 그녀는 원 황실 여성. 충선왕은 고려인 후궁을 더 좋아했다. 질투 때문에 눈이 먼 왕후가 원 황실에 모함해 7개월 만에 충선왕을 끌어내렸던 것이다. 그 자리에는 이미 은퇴한 충렬왕을 다시 앉혔다.

왕에 오르는 것도, 그만두는 것도 마음대로 못하는 왕. 이런 왕이 무슨 정치를 할 수 있을까? 충렬왕은 사냥이나 즐기고 잔치나 벌이면서 흥청망청 시간을 보냈다.

1308년, 충렬왕이 세상을 떠나자 충선왕이 다시 왕에 올랐다. 또 개혁에 돌입했을까? 처음에만 그랬다. 하지만 곧 권문세족의 거센 반발에 부딪혔다. 이후 충선왕은 원에 머물기를 원했다. 고려로 돌아오라는 충신들의 요청도 무시했다. 결국 1313년에 충선왕은 왕에서 쫓겨났다.

그 후 충선왕은 원 황실에 의해 유배를 가기도 한다. 한 나라의 국왕이라곤 믿기지 않을 만큼 굴욕적인 삶이었다. 충선왕은 1325년, 원나라에서 생을 마감했다.

그 뒤를 이은 충숙왕과 충혜왕도 한때 왕의 자리에서 쫓겨났다가 복귀했다. 정말 고려 정치가 말이 아니다.

고려 음식이 달라졌다

고려가 원의 지배를 받으면서 몽골의 영향을 받은 것이 옷차림새, 말투, 언어 같은 풍습만이 아니었다. 몽골의 간섭이 계속되면서 고려 민중들 사이에 몽골 음식이 크게 유행하기 시작했다.

우선 눈에 뜨이는 게 쇠고기다. 그 전까지 고려에서는 불교가 신성하게 여기는 소를 별로 잡지 않았다. 쇠고기뿐 아니라 돼지나 양 같은 짐승도 별로 잡아먹지 않았다. 살생을 금하는 불교 계율 때문.

이런 음식 풍습이 달라진 것이다. 이밖에도 곰탕이나 설렁탕, 만두도 이때부터 고려에 유행했다. 한국의 대표적인 술로 여겨지는 소주도 이 무렵 처음 만들어진 것으로 알려지고 있다. 후추, 식초, 설탕 등 여러 양념들도 이때 전파되었다.

[10] 정치　　　　　　　　　　　　　　　제26호 • 1300년 ~ 1350년

"왕 비켜라, 권문세족 납신다"

친원파 권문세족, 고려 장악… 횡포 극에 달해

고려의 정치, 경제가 모두 귀족들에게 휘둘리고 있다. 왕은 그야말로 허수아비. 친원파 권문세족이 최고의 실세로 떠올랐다. 그들은 개혁을 시도하는 왕도 끌어내릴 정도로 강했다. 권문세족은 과거 시험도 치르지 않았다. 자기들끼리 관직을 독차지한 것이다. 이러니 고려 정치가 권문세족에 의해 좌우될 수밖에 없었다.

대표적인 인물이 기철이다. 그는 여동생을 원나라에 보냈다. 여동생은 황후에 올랐다. 고려의 왕이 원 황제의 사위인데, 기철은 원 황제의 매형이 된 것이다. 그러니 기철의 권력은 왕을 능가했다. 기철은 다른 친원파 권문세족과 함께 온갖 횡포를 저질렀다.

땅을 빼앗는 것은 기본이었다. 농민을 노비로 부리는 것도 예사였다. 그런 농민을 시켜 황무지를 개간하게 한 뒤 빼앗는 일도 다반사였다. 이런 식으로 권문세족들은 토지를 늘려 대농장을 만들었다. 기철처럼 최고의 권문세족은 끝이 보이지 않을 정도로 넓은 농장을 소유했다. 몇 개의 산과 강을 넘어야 다른 사람의 땅에 이르렀다. 고려의 경제까지 권문세족이 좌지우지하게 된 것이다.

반면 백성들의 고통은 더 커질 수밖에 없었다. 손바닥 크기의 땅마저도 모두 권문세족에게 빼앗겼다. 땅을 잃은 농민들은 살 곳을 찾아 여기저기 떠돌아다녔다. 유랑민 신세로 떨어진 것이다. 그나마 유랑민 신세를 벗어난 농민은 권문세족의 농장에서 일했다. 노비 아닌 노비다.

정치와 경제를 모두 장악한 권문세족은 이런 백성들의 고통에 전혀 신경 쓰지 않았다. 그들이 눈치 보는 곳은 딱 하나. 바로 원나라 황실이었다. 이런 나라가 과연 얼마나 갈 수 있을까? 전문가들은 "고려가 친원파 권문세족을 제거하지 않는다면 더 이상 발전 가능성이 없다"고 말한다. 과연 고려에서 대대적인 개혁이 일어날 수 있을까?

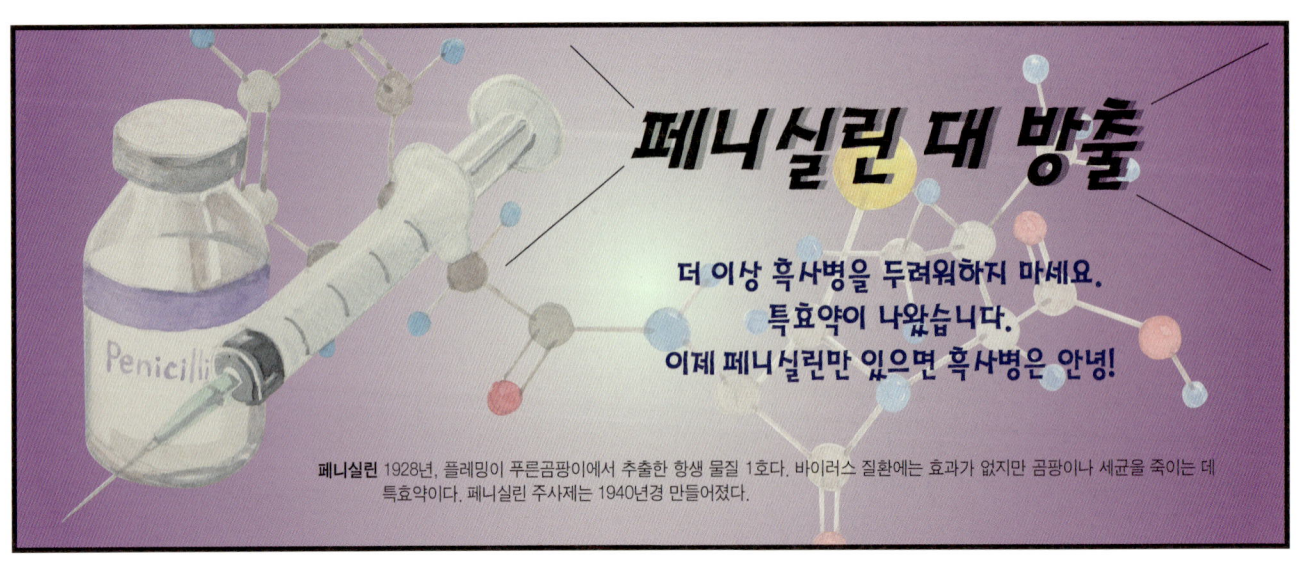

페니실린 대 방출

더 이상 흑사병을 두려워하지 마세요.
특효약이 나왔습니다.
이제 페니실린만 있으면 흑사병은 안녕!

페니실린 1928년, 플레밍이 푸른곰팡이에서 추출한 항생 물질 1호다. 바이러스 질환에는 효과가 없지만 곰팡이나 세균을 죽이는 데 특효약이다. 페니실린 주사제는 1940년경 만들어졌다.

고려, 노래에 빠지다

사대부는 경기체가, 민중은 속요… 삶의 애환 담아

"이 혼탁하고 어지러운 세상, 노래나 실컷 하다가 가지."

고려 후기로 접어들면서 사대부들이 노래에 흠뻑 빠져 지내고 있다. 내용을 들어 보면 외세에 저항하거나 나라를 구하겠다는 것이 아니다. 단지 경치를 노래하고, 자신들의 기상을 표현하는 내용이 대부분이다. 사대부들이 왜 갑자기 이러한 노래에 빠져든 것일까? 전문가들은 현실을 부정하고 싶은 어지러운 마음을 노래에 담아 표현하는 것이라고 분석하고 있다.

이와 함께 일반 민중들 사이에도 노래가 유행하고 있다. 민중들이 즐겨 부르는 노래는 사대부들이 즐기는 노래와는 사뭇 다르다. 이 노래들을 통틀어 고려 가요라고 한다. 조금 더 자세히 들여다보자.

▽**경기체가 유행** = 1330년, 사대부 안축이 강원도에서 벼슬을 지냈다가 돌아오는 길. 영랑호와 낙산사, 정선 등 관동 지방의 비경을 감상하며 노래를 만들었다. 바로 「관동별곡」. 총 9장으로 되어 있다.

안축은 고향인 죽계(오늘날의 경북 영주군 순흥)의 경치도 찬양하며 노래를 불렀다. 총 5개의 장으로 되어 있는 「죽계별곡」이다. 이처럼 사대부들이 부른 노래를 경기체가라고 불렀다. 13세기 초반 무신 정권 시대에도 「한림별곡」이 만들어진 바 있다.

▽**속요 유행** = 경기체가와 달리 일반 민중이 즐겨 부르던 노래를 속요라고 했다. 누가, 언제 만들었는지는 정확하지 않지만 많은 민중들로부터 사랑받고 있다.

이런 노래 가운데 대표적인 작품으로는 「청산별곡」, 「서경별곡」, 「가시리」, 「만전춘」, 「쌍화점」이 있다. 애틋한 사랑이나 이별, 삶의 애환을 담은 작품이 많다. 이 때문에 훗날(조선 시대) 유학자들은 "속요가 천하다"며 무시했다. 이 속요는 조선 시대에 문자로 기록돼 오늘날까지 전한다.

"일찍 시집가!"

고려에서 일찍 시집가려는 처녀들이 부쩍 늘고 있다. 모두 원나라 때문이다.

원나라는 1274년, 고려에 결혼도감이란 기관을 설치해 결혼하지 않은 처녀들을 뽑아 갔다. 이 기관은 곧 폐지됐지만 원나라는 계속해서 고려 처녀를 끌고 갔다. 이런 처녀를 '공녀'라고 했다.

부모들은 곱게 키운 딸이 원나라로 끌려갈까 봐 걱정이 이만저만이 아니었다. 그래서 생각해 낸 것이 조혼(早婚)이다. 일찍 결혼시켜 유부녀를 만들면 끌려가지 않기 때문이다. 고려에서 조혼 풍습이 생겨난 것은 이때부터다.

[12] 국제   제26호 • 1300년 ~ 1350년

일본과 원나라 모두 휘청!

 아시아

가마쿠라 바쿠후 멸망, 원나라는 대 혼란

몽골과 일본은 운명 공동체일까?

두 차례의 전쟁 후 양쪽 모두 급격하게 기울기 시작했다. 상태가 더 안 좋은 쪽은 일본. 일본 가마쿠라 바쿠후가 결국 무너졌다. 원나라는 멸망 위기에까지 몰리지는 않았지만 아주 혼란스러웠다.

▽**가마쿠라 정권 몰락** = 몽골의 공격을 막아냈다는 승리의 기쁨은 잠시. 곧 일본에 혼란이 찾아왔다. 전투가 일본 내에서 치러졌기 때문이다. 승리했지만 아무런 이득이 없는 것. 오히려 전투를 치르기 위해 병사와 돈을 댄 영주들의 불만만 커졌다.

그러나 힘든 것은 바쿠후도 마찬가지였다. 바쿠후는 영주들에게 아무런 경제적 도움을 주지 못했다. 이에 영주들은 "그렇다면 우리가 알아서 해결하겠다!"고 선언했다. 다른 영주의 영토를 빼앗으려는 것이다. 이때부터 영주들의 전쟁이 시작되었다.

바쿠후에 대한 반란도 일어났다. 결국 1333년, 가마쿠라 정권은 아시카가 다카우지의 반란으로 멸망하고 말았다. 아시카가 다카우지는 3년 후인 1336년, 새로 무로마치에 바쿠후를 세우고 쇼군에 올랐다. 이제 무로마치 바쿠후의 시대가 시작된 것이다.

▽**원, 멸망하나** = 몽골 제국의 5대 대 칸 쿠빌라이는 원나라의 초대 황제 세조. 원의 2대 황제는 그의 손자인 성종으로, 1307년에 사망했다.

1333년, 11대 황제 혜종(순제)이 등극했다. 26년 사이에 무려 8명의 황제가 바뀐 셈. 황제 1명당 평균 통치 기간이 4년도 안 되었다. 물론 이유는 권력 다툼.

나라가 어수선하니 백성의 생활은 더 힘들 수밖에 없다. 마침 전염병까지 나돌았다. 흑사병이 유행한 것도 이 무렵이다. 핍박받던 한족들이 반란을 일으키기 시작했다. 원나라가 이대로 멸망하는 것일까?

 아시아

오스만 제국, 약진하다

1308년, 소아시아 일대를 장악하고 있던 룸 셀주크 왕조가 역사의 뒤안길로 사라졌다. 이를 계기로 오스만 제국이 본격적으로 영토를 확장하며 정복 전쟁을 시작했다.

1326년, 2대 술탄에 오른 오르한 1세는 동로마 제국을 마음대로 주무르기 시작했다. 동로마 황제의 권력 다툼에 끼어들어 오스만 제국에 우호적인 인물을 황제로 올리기도 했다. 그 황제의 딸은 자신의 부인으로 맞아들였다. 이제 동로마 제국은 더 이상 오스만 제국에게 두려운 상대가 아니었다. 오르한 1세는 발칸 반도로 진격하기 위해 나아가며 수차례 전투를 치렀다.

전문가들은 "오스만 제국이 유럽으로 진격할 날이 얼마 남지 않았다"고 진단하고 있다.

아프리카의 '황금 폭격'

말리의 만사 무사, 메카 순례하며 황금 펑펑

"황금의 나라가 아프리카 서부에 있다?"
"아프리카의 황금이 세계 경제를 뒤흔들고 있다."

이런 소문이 서아시아와 유럽에 빠른 속도로 퍼지고 있다. 전혀 근거 없는 이야기가 아니다. 대서양 연안에서 니제르 강 중류(오늘날의 나이지리아)에 이르는 말리 제국에서 황금이 무더기로 유통되면서 세계 경제가 롤러코스터를 타고 있기 때문이다. 말리 자체가 부자란 뜻이다.

이 무렵 아프리카 북부의 최고 강자는 맘루크 왕조. 그러나 아프리카 서부에서만큼은 말리 제국을 따라갈 수 없었다. 아프리카 서부에서도 유럽의 봉건제와 비슷한 제도가 있었다. 말리는 가나 왕국의 봉건 제후국. 그러던 말리 제국이 14세기 무렵 가나 왕국을 제압하고 1인자가 된 것이다.

말리 제국의 전성기는 14세기 전반, 만사 무사(왕)가 통치한 20여 년이다. 왕은 아프리카에서 구하기 힘든 소금 광산을 여러 개 갖고 있었고, 노예를 많이 수출했다. 황금도 주요 거래 품목이었다. 만사 무사는 막대한 양의 황금을 가지고 있었다.

만사 무사는 독실한 이슬람 신도. 따라서 이슬람교의 5행 중 하나인 성지 순례를 위해 1324년 무렵 메카로 향했다. 당시 행렬은 전 세계적으로 큰 화제를 모았다.

만사 무사는 우선 아내만 800명이었다. 수행 노예는 이보다 더 많은 1,200명. 사람이 많으니 돈도 많이 필요할 것이다. 만사 무사는 황금을 수레에 실었다. 황금만 총 11톤이었다.

왕은 가는 곳마다 황금을 뿌렸다. 가난한 사람들에게는 먹을 것을 사라고 황금을 주었고, 성직자에게는 이슬람 사원을 지으라고 황금을 주었다. 왕이 순례를 끝내고 돌아올 때 남은 황금은 거의 없었다.

이처럼 짧은 시간에 황금이 무더기로 유통되자, 서아시아, 아프리카, 유럽의 금값이 일시적으로 폭락하기도 했다. 만사 무사의 여행이 남긴 결과였다.

"노예 무역 꽤 짭짤하네."

아프리카에서 노예 무역이 활발하게 이뤄지고 있다. 황금의 제국으로 알려진 말리 또한 노예 무역으로 꽤 많은 돈을 벌고 있다.

말리 제국을 포함해 이 지역의 나라들은 사하라 사막 남쪽에서 흑인을 잡아들였다. 이어 그 흑인들을 다른 나라의 소금 광산이나 금광에 내다 팔았다. 때로는 지중해 연안의 유럽 국가들에 노예를 팔기도 했다.

다만 아직까지 아주 대규모로 노예 무역이 이루어지지는 않고 있다. 그러나 전문가들은 "나중에 유럽 국가들이 노예 무역에 눈독을 들이면 마구 흑인들을 잡아다 내다 팔 것이다. 그 전에 대비책을 세워야 한다"고 말하고 있다.

[14] 문화  제26호 • 1300년 ~ 1350년

"동방의 모든 것, 책에 담다"

마르코 폴로의 24년 여행담 담은 『동방견문록』 출간

마르코 폴로

14세기 초 유럽에서 출간된 한 여행 서적이 파문을 일으키고 있다. 바로 『동방견문록』이다. 마르코 폴로가 24년간 동방에서 생활한 경험을 담은 책이다. 이 책은 13세기 동아시아와 중앙아시아, 서아시아의 생활상이 자세히 담겨 있는 중요한 자료로 평가받고 있다.

마르코 폴로는 1271년, 상인인 아버지와 삼촌을 따라 동방 여행을 시작했다. 원래는 바닷길을 이용해 중국으로 갈 계획이었다. 그러나 이 계획을 포기하고 육지로 가기로 했다.

무척 긴 여행이었다. 파미르 고원, 타림 분지, 타클라마칸 사막을 지났다. 원 세조(쿠빌라이 칸)의 여름 궁전이 있는 상도(오늘날의 돌룬노르)에 도착한 것은 1274년~1275년 무렵. 세조는 마르코 폴로를 총애했다. 벼슬도 주었다. 마르코 폴로는 중국 전역을 돌아다니며 여행한 뒤 그 결과를 세조에게 보고했다.

어느덧 중국에 머무른 지 17년이 되었다. 마르코 폴로는 고향으로 돌아가고 싶었다. 마침 기회가 생겼다. 1270년, 원 황실의 공주가 일 칸 국의 칸에게 시집가는데, 수행단의 일원으로 참여하게 된 것이다.

일행은 자바와 말레이 반도, 스리랑카를 거쳐 이란 호르무즈에 도착했다. 모든 일을 끝낸 마르코 폴로는 1295년, 베네치아로 돌아왔다. 당시 이탈리아는 어수선했다. 베네치아와 제노바가 전쟁을 벌이고 있었다. 이 전쟁에 마르코 폴로도 참전했다. 그러나 곧 제노바의 포로가 되어 감옥에 갇혔다.

1298년, 마르코 폴로는 제노바 감옥에서 프랑스인 루스티첼로를 만났다. 마르코 폴로는 그에게 동방 여행에 대해 장황하게 설명했다. 루스티첼로는 2년 동안 마르코 폴로의 이야기를 받아 적었다.

루스티첼로는 14세기 초반 그 이야기를 책으로 펴냈다. 제목은 『세계의 기술(記述)』. 그러나 당시만 해도 이 책이 널리 퍼지지는 못했다. 아직 대량 인쇄 기술이 발명되지 않았기 때문이다. 그 후 이 원본은 사라지고, 이탈리아어로 된 사본이 나돌았다. 오늘날 우리에게 익숙한 『동방견문록』은 이 자료를 원본으로 해 훗날 만들어진 것이다.

『동방견문록』 속의 삽화

마르코 폴로의 항변 "내가 사기꾼이라고?"

『동방견문록』의 내용에 대해 어떤 사람들은 "과장이 심하다"고 비난하기도 한다. 가령 실크로드 횡단 도중의 모험담은 사실보다는 소설에 가깝다는 것. 이에 대해 마르코 폴로는 "모두 사실이다"라고 잘라 말한다. 심지어 그는 1324년에 세상을 떠날 때 "내가 보고 경험한 것의 절반도 이야기하지 못했다"고 아쉬워했다.

이 책을 쓴 루스티첼로는 서문에 '이 세상의 모든 사람들과 모든 곳의 특이한 풍습을 알고 싶다면 이 책을 읽어라'라고 썼다. 이 때문에 특히 동방 지역으로 모험을 떠나려는 사람들은 이 책에 큰 관심을 보이고 있다.

단테, 근대 앞당긴 서사시 『신곡』 완성

단테

1320년 무렵 중세 유럽의 시인 단테가 서사시 『신곡』을 완성했다.

『신곡』은 저승 세계 여행기로, 일종의 판타지 소설이라 볼 수 있다. 총 3부작으로 되어 있다.

1부는 「지옥」편, 2부는 「연옥」편, 3부는 「저승」편이다. 연옥은 죽은 사람이 천국에 가기 전에 죄를 씻는 임시 공간을 말한다. 주인공은 단테 자신. 그가 베르길리우스, 베아트리체와 함께 저승 세계를 여행한다. 여행 과정에서 수많은 역사적 인물을 만난다.

이 책은 기독교 가치관을 바탕에 깔고 있다. 그래서 이슬람교 창시자 무함마드는 지옥에 떨어진 것으로 묘사했다. 훌륭한 철학자(플라톤)와 문학가(호메로스)도 기독교를 믿지 않으면 천국에 가지 못했다.

특히 지옥에 대한 묘사가 섬세하다. 살아 있을 때 서로 증오했던 사람들은 지옥에서도 끝없이 싸운다. 싸우기 좋아하는 사람들은 피가 흐르는 강에 빠진다. 먹는 것만 밝힌 사람들은 더러운 것을 먹어야 한다.

『신곡』은 기독교 가치관에 투철한 중세 유럽 문학의 대표작으로 손꼽는다. 그러나 단테는 피렌체 공화국 건설에도 참여한 혁명적 인물. 작품 곳곳에 인간이 스스로 미래를 개척해야 한다는 암시도 엿보인다. 이 때문에 이 작품이 근대 세계를 앞당기는 데도 기여했다는 평가를 받고 있다.

『신곡』 1부 「지옥」편의 한 페이지

명복을 빕니다

▽**에드워드 1세** = 앙주(플랜태저넷) 왕조의 왕으로, 1307년에 세상을 떠났다. 왕자 시절, 시몽 몽포르가 이끄는 귀족의 반란 때 왕과 함께 포로가 되기도 했다. 그러나 곧 그 반란을 진압하고 왕권을 되찾았다.

많은 법을 만들어 '잉글랜드의 유스티니아누스'라는 별명을 얻었다. 그는 또 1295년, 도시 대표가 참여하는 모범 의회를 처음으로 출범시키기도 했다.

잉글랜드, 웨일스, 스코틀랜드로 나뉘어 있는 영국 전체를 통일하기 위해 전쟁을 하기도 했다. 웨일스 정복에는 성공했다. 스코틀랜드도 거의 정복했지만 반란이 일어나 실패하고 말았다. 에드워드 1세 왕은 그 반란을 진압하던 중 사망했다.

▽**오스만 1세** = 오스만 제국을 창건한 인물로, 1326년에 세상을 떠났다. 그는 투르크족 일파의 부족장 아들로 태어났다. 그가 태어났을 때만 해도 그 부족의 세력은 미약했다.

1288년, 오스만 1세가 족장으로 선출되었다. 그는 룸 셀주크 왕조로부터 독립하는 데 성공했다. 이어 동로마 제국의 영토를 공격해 빼앗은 뒤 1299년에 오스만 제국을 창건했다.

1308년, 룸 셀주크 왕조가 멸망하자 오스만 1세는 급격하게 세력을 뻗어나갔다. 그러다가 아나톨리아 지방의 한 도시를 공격하던 중 사망했다.

병사들을 규합하는 오스만 1세를 묘사한 그림

[16] 엔터테인먼트   제26호 • 1300년 ~ 1350년

통 역사 가로세로 퍼즐

☞ 정답은 258페이지에

〈가로 퍼즐〉

1. 사대부들이 즐겨 부른 고려 가요. 「관동별곡」이 대표적이다.
4. 백 년 전쟁에서 영국이 프랑스 기사 군대를 크게 이긴 전투. ○○○ 전투
7. 아프리카 말리의 왕. 메카 순례 때 엄청난 양의 금을 유통시켰다.
9. 죄 없는 여성을 마녀로 모는 행위
12. 중국 원나라에 다녀온 뒤 『동방견문록』을 쓴 인물
15. 고려-원의 일본 원정 때 불어 닥친 태풍을 일컫는 말

〈세로 퍼즐〉

2. 몽골에 공녀로 갔다가 황후가 된 고려 여성
3. 기사단의 일종. 필리프 4세의 공격으로 1312년 해체했다.
4. 유럽에서 흑사병이 가장 먼저 창궐한 반도
5. 흑사병이 가장 먼저 전파된 이탈리아 지역
6. 일연이 지은 역사서. 야사가 많이 들어 있다.
8. 1336년, 아시카가 다카우지가 세운 바쿠후
10. 14세기, 전 세계를 휩쓴 대 유행병
11. 모직물 산업의 중심지. 영어로는 플랜더스
13. 1088년, 이탈리아에 들어선 세계 최초의 대학. ○○○ 대학
14. 몽골 간섭기 고려에 전파된 것으로, 안에 고기를 넣은 음식
16. 길드의 교육 시스템. 철저한 상명하복이 원칙이다.

[사설]

히스테리우스 편집장

인간의 존엄성 지켜라

인류 역사상 최악의 전염병이 전 세계를 휩쓸고 있다. 특히 유럽에서의 피해가 심각하다. 최초 발병 이후 4년 만에 유럽 인구의 30~50%가 이 병으로 사망했으니 말이다.

14세기의 과학 수준으로는 이 흑사병의 원인을 밝혀내지 못한다(흑사병이 들쥐의 벼룩에서 비롯되었다는 것은 훗날에야 밝혀진다. 페니실린을 발명함으로써 이 병도 박멸한다).

병의 원인을 모르기에 공포는 더 클 것이다. 그렇지만 무섭다고 해서 다른 사람을 박해하는 것은 옳지 못하다. 마녀사냥을 하거나 유대인을 집단 테러하는 것은 아주 야만적인 행위다. 일부 정치인과 성직자들이 책임을 이들에게 떠넘기려 하는 수작도 중단해야 한다.

당장 병에서 벗어나지 못한다고 해도 인간의 존엄성만큼은 지켜야 한다. 야만적인 행위를 즉각 모두 중단하라.

몽골 음식 어떻게 봐야 하나

고려 서민들이 몽골 음식을 즐기고 있는 듯하다. 이를테면 쇠고기나 곰탕, 설렁탕 같은 게 대표적이다. 서민들의 술인 소주도 사랑을 받고 있다.

우리 민족의 전통 음식을 잃어버려서는 안 된다. 하지만 새로운 문화를 무조건 거부하는 것도 옳은 행동은 아니다. 사실 몽골의 음식 문화는 어떤 면에서 우리 음식 문화를 풍성하게 해 주고 있다. 무엇보다 백성들이 고기를 먹음으로써 단백질 섭취를 늘릴 수 있게 되었다. 또 후추와 같은 향신료를 사용하면서 음식을 더욱 신선하게 보관하는 것도 가능해졌다.

이제 과제는 이 음식 문화를 더욱 발전시키는 것이다. 우리 전통 음식 문화를 포기하지 않으면서, 동시에 새로운 음식 문화를 받아들여야 한다. 고려 민중의 지혜가 필요하다.

전문가 칼럼

『동방견문록』이 남긴 것

새치기 하지(사회학자)

유럽 모험가들 사이에 『동방견문록』이 큰 화제가 되고 있다. 그동안 베일에 싸여 있던 동방 세계의 진기한 모습들이 고스란히 드러났기 때문이다.

물론 이 책의 내용이 과장돼 있다고 비판하는 사람들도 있다. 하지만 대부분의 모험가들은 "그래도 이 책을 통해 동방 세계의 진면목을 알게 됐다. 우리는 이 책을 동방 모험의 교본으로 삼을 것이다"라고 말하고 있다.

사실 이 무렵 동방 세계는 '황금의 나라'로 여겨지고 있었다. 무엇보다 동방에서 나는 후추와 같은 향료가 유럽에서 큰돈에 거래되고 있었다. 그러니 모험가들은 동방 세계로 가는 길만 잘 찾는다면 큰 부자가 될 수 있다고 생각하게 되었다. 이런 '일확천금의 욕망'에 불을 지핀 게 바로 『동방견문록』이었던 것이다.

이 책의 영향은 15세기에 특히 커질 것이다. 그때가 되면 많은 유럽의 탐험가들이 우르르 동방 세계로 모험을 떠날 것이다.

역사 연표

아시아	아프리카	유럽	아메리카	
				1300년

1308년
룸 셀주크 왕조 멸망

1307년
프랑스 필리프 4세, 삼부회 소집

1309년
프랑스 필리프 4세에 의해 아비뇽 유수 시작

1312년
말리 제국의 왕에 만사 무사 등극

1320년

1320년
단테, 「신곡」 발표

1326년
오스만 제국, 오스만 1세에 이어 오르한 1세가 2대 술탄에 등극

1333년
일본, 가마쿠라 바쿠후 몰락

1336년
일본, 무로마치 바쿠후 건설

1337년
영국과 프랑스, 백 년 전쟁 돌입

1340년

1347년
유럽, 흑사병 창궐

1350년

역사 리뷰

과거 역사에서 몽골과 같은 강대국에 힘이 집중될 때, 세계가 평화로운 이유는 무엇인가?

몽골의 전성기 때 그 어떤 나라도 몽골 제국을 꺾을 수 없었다. 아시아의 거의 대부분과 동유럽의 일부가 모두 몽골 제국의 땅이 되었다. 특히 동서 교류의 통로인 실크로드를 비롯해 여러 무역 길을 모두 몽골 제국이 장악했다. 차가타이, 킵차크 등 여러 칸국이 이 땅을 지배했지만 모두 몽골 혈통이어서 서로의 무역을 방해하지 않았다.

그 전에는 무서운 유목 민족이 중요한 교역 통로를 차지하고 있었다. 그렇기 때문에 동서 교류가 원활하게 이루어지지 못할 때가 많았다. 하지만 몽골 제국이 그 모든 영역을 지배하고 있어서 그 누구도 감히 무역을 방해할 수 없었다. 몽골의 강력함으로 인해 세계에 평화가 찾아온 셈이다. 이 시기를 '팍스 몽골리카'라 부른다. '몽골에서 비롯된 평화'란 뜻이다.

중세 유럽 사람들에게 조국이란 어떤 의미였을까?

중세 유럽이 막바지로 치달으면서 여러 변화가 나타났다. 그중 하나가 '조국'의 개념이 생긴 것이다. 그 전에는 조국과 국민이란 개념이 거의 없었다. 봉건제에 따라 국가 간의 서열이 정해졌지만, 그 또한 제후와 왕들의 서열일 뿐이었다. 일반 백성은 현재 자신이 사는 곳이 조국이었고, 영주가 왕이나 마찬가지였다.

십자군 전쟁에 패하면서 봉건제가 무너지기 시작했다. 왕과 황제는 제후에게 땅을 나누어 주지 않고, 제후들은 그 땅을 직접 통치하려 했다. 상공업이 발달하면서 일부 지역에서는 자유롭게 생각하고 행동하는 상인과 지식인이 권력을 잡았다. 그리고 백 년 전쟁이 길어지면서 프랑스와 영국인들은 "내 조국을 위하여!" 싸우기 시작했다. 비로소 조국의 개념이 생긴 것이다.

통 역사 신문 **제27호**

1350년 ~ 1390년

 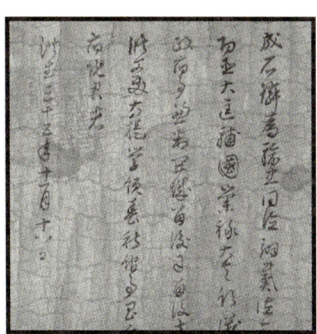  

통 역사 신문

따뜻한 솜이불 판매!
국내 최초 면 대량 생산 성공!
이제 겨울에도 추위를 이기세요.

제27호　　　　　　　　　　　　　　　　　　1350년 ~ 1390년

● 한반도

고려, 최악 위기 맞다

이성계, 위화도 회군 단행… 모든 권력 장악

고려가 강력한 개혁을 추진했다. 하지만 귀족들의 반발에 부딪혀 성공하지는 못했다. 홍건적과 왜구의 노략질은 더 심해졌다. 많은 민중이 고통을 겪었다.

최영과 이성계가 적들을 진압하는 데 큰 활약을 펼쳤다. 이와 함께 신진 사대부가 등장해 고려의 개혁을 추진하기 시작했다.

최영과 이성계는 요동 정벌을 놓고 대립하기 시작했다. 고려의 왕은 최영의 손을 들어 주었다. 하지만 이성계는 이를 따르지 않았다. 요동 정벌을 떠났다가 위화도에서 군대를 돌려 개경으로 진격한 것이다. 이 반란에 성공하면서 모든 권력을 이성계가 장악했다. 고려가 최악의 위기를 맞고 있다. ▷ 7·8·9면에 관련 기사

● 아시아
● 유럽

오스만 제국 "유럽 나와라!"

소아시아의 신생국 오스만 제국이 유럽 공략에 나섰다. 유럽 국가들은 초긴장 상태. 몽골에 이어 아시아 군대가 또 다시 유럽을 강타하고 있는 것이다.

오스만 제국의 술탄 무라드(무라트) 1세는 1362년에 발칸 반도의 아드리아노플을 정복했다. 이곳을 제2의 수도로 삼고 유럽 공략의 기지로 활용했다. 1389년에 벌어진 제1차 코소보 전투에서는 유럽의 기독교 연합군을 대파했다. 이로써 발칸 반도의 거의 대부분 영역을 차지하게 되었다.

오스만 제국이 이토록 강력해질 수 있었던 것은 예니체리라는 막강한 전투 부대가 있었기 때문이다. 예니체리의 활약에 많은 사람들의 관심이 쏠리고 있다. ▷ 2·3면에 관련 기사

● 유럽

유럽, 근대로 다가서나

영국과 프랑스를 비롯해 유럽이 아주 혼란스럽다. 우선 백 년 전쟁이 끝날 줄을 모른다. 1356년에 치러진 푸아티에 전투에서도 영국이 대승을 거두었다. 이 와중에 영국과 프랑스, 두 나라 모두에서 민중들의 반란이 일어났다. 대표적인 것이 프랑스 자크리의 난과 영국 와트 타일러의 난이다. 두 반란은 발생한 지 오래지 않아 진압되었다.

다행히 1360년대에 접어들어 흑사병은 조금씩 잦아드는 분위기다. 흑사병 이후 장원 경제가 무너지면서 농민들이 도시로 몰려들기 시작했다. 근대 유럽이 성큼 다가오고 있다. ▷ 4·5·6면에 관련 기사

105

[2] 오스만 제국 탄생 특집

오스만, 초스피드 성장

 아시아

전투 부대 예니체리 창설… 제도 정비도 끝내

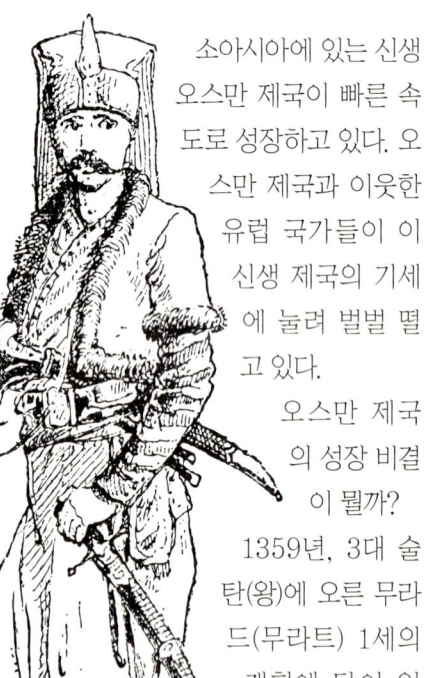

1800년대에 그린 예니체리 병사의 모습

소아시아에 있는 신생 오스만 제국이 빠른 속도로 성장하고 있다. 오스만 제국과 이웃한 유럽 국가들이 이 신생 제국의 기세에 눌려 벌벌 떨고 있다.

오스만 제국의 성장 비결이 뭘까?

1359년, 3대 술탄(왕)에 오른 무라드(무라트) 1세의 개혁에 답이 있다. 그는 나라의 법과 제도를 정비했다. 제국으로 성장할 수 있는 발판을 완성한 셈이다. 훗날 사람들은 그를 '제왕'이라고 말한다.

무라드 1세를 예니체리 군단 훈련장에서 만났다. 그는 흡족한 표정을 짓고 있었다. 왜 그럴까?

"예니체리는 1364년에 내가 만든 술탄 경호 부대이자 정예 전투 부대다. 한자로 풀어 쓰면 '신군(新軍)', 새로운 병사란 뜻이다. 모두 20세 이하의 유럽 소년들로 구성되었다. 이들은 전쟁 때 사로잡은 포로들이었다. 이슬람교를 믿지도 않았다. 그런 아이들이 저렇게 믿음직한 전투원이 된 것이다. 어찌 흡족하지 않겠는가?"

이 소년들은 먼저 일반 가정으로 보내졌다. 이슬람 문화와 언어를 배우기 위해서다. 그 다음에는 군사 훈련장으로 보내졌다. 최소한 5~6년 이상 군사 훈련을 받았다. 훈련 과정을 모두 마치면 비로소 예니체리 부대에 소속된다. 평소에는 수도를 경비하다가 전쟁이 터지면 전쟁터로 나간다. 전투력은 최강. 훗날 동로마 제국을 멸망시킬 때도 활약이 대단했다.

무라드 1세는 "어떤 기독교도들은 종교를 바꾸면서까지 자식을 예니체리 군단에 넣고 싶어 한다"고 자랑했다. 사실 예니체리가 되면 결혼이 금지된다. 부대 밖으로 나가 살 수도 없고, 장사를 할 수도 없다. 규율이 아주 엄격하다. 그 대신 일반 병사보다 몇 배나 많은 월급을 받았다. 바로 이 점 때문에 인기가 높다.

무라드 1세는 이밖에도 정치 분야에 재상, 군대 분야에 총사령관을 각각 임명하는 등 조직도 재정비했다. '샤리아'라 불리는 이슬람 법을 정비한 인물도 무라드 1세다. 훈련장을 떠나며 무라드 1세가 말했다.

"모든 준비가 끝났다. 이제 제국의 날개를 펼 것이다. 유럽을 향해 진격할 것이다."

 아시아

술탄으로 인정받다

1383년, 무라드 1세가 칼리프로부터 공식적으로 술탄 칭호를 하사받았다. 오스만 제국은 연일 축제 분위기에 들떠 있다. 술탄이라는 칭호는 이슬람 세계에서 왕을 가리키는 용어다. 무라드 1세가 술탄에 오르면서 오스만 제국의 위상이 높아졌다.

칼리프는 아바스 제국의 통치자. 이슬람 세계 전체의 정신적 지도자를 가리킨다. 그러나 일 칸 국에게 아바스 제국이 멸망한 후 칼리프의 친척이 아프리카 맘루크 왕조로 달아나 칼리프에 오른 바 있다.

그 후로도 이슬람 왕국은 칼리프로부터 술탄 칭호를 받아야 번듯한 왕국 대접을 받았다. 술탄 칭호를 받지 못하면 그저 작은 지역의 지배자일 뿐이다. 쉽게 말해 오스만 제국은 3대 왕에 이르러 이슬람 세계의 공식 왕국으로 인정받은 셈이다.

제1차 코소보 전투에서 대승

발칸 넘어 동로마로… "공물 내놓아라!"

1354년, 무라드 1세는 먼저 유럽으로 가는 발판인 다르다넬스 해협을 차지했다. 이어 군대를 유럽으로 진격시켰다. 유럽의 문을 본격적으로 두들기기 시작한 것이다. 1362년에 첫 성과가 나왔다. 동로마 제국의 영토였던 트라키아 지방의 아드리아노플을 정복했다. 원래 오스만 제국의 수도는 부르사. 무라드 1세는 아드리아노플을 제2의 수도로 삼았다.

유럽이 깜짝 놀랐다. 오스만 제국은 더 뻗어 나갔다. 발칸 반도에 있던 여러 왕국이 무릎을 꿇었다. 무라드 1세는 이 왕국의 대부분을 오스만 제국의 영토에 포함시켜 버렸다. 완전히 정복하지 못한 왕국에 대해서는 공물을 받았다.

이 왕국들은 원래 모두 동로마 제국의 제후국. 그러나 동로마는 항의할 수도 없었다. 오스만 제국이 너무 강했기 때문이다. 오히려 오스만 제국으로부터 공물을 바치라는 협박에 시달려야 했다.

이런 상황에서 1389년, 오늘날 유고슬라비아의 남부에 있는 코소보에서 전투가 벌어졌다. 오스만 군대에 맞선 나라는 세르비아. 세르비아는 유럽의 여러 나라로부터 군사를 지원받았다. 일종의 기독교 연합군이 구성된 셈이다.

유럽 국가들로서는 이 전쟁에서 꼭 이겨야 했다. 패하면 발칸 반도의 거의 전 지역이 오스만 제국에 넘어가기 때문이다. 반면 오스만 제국은 이 전쟁에서 이겨야 유럽 한복판으로 뻗어 나갈 수 있었다. 양쪽 모두 승리해야 하는 전투인 것이다.

결과는 오스만 제국의 대승이었다. 무라드 1세는 환호성을 내질렀다. 이로써 사실상 발칸 반도가 오스만 제국의 영토가 되었다. 오스만 제국이 대놓고 동로마에 공물을 요구한 것도 이때부터다. 동로마의 체면이 완전 구겨졌다.

1389년, 무라드 1세가 차지한 영토

오스만 주춤

오스만 제국의 상승세가 주춤해졌다. 원인은 내부에 있었다. 무라드 1세가 제1차 코소보 전투 도중 세르비아 귀족에게 암살당했기 때문이다.

뒤이어 술탄의 자리를 놓고 내분이 터졌다. 무라드 1세의 아들들이 서로 죽고 죽이는 전쟁을 벌인 끝에 바예지드 1세가 4대 술탄이 되었다.

술탄 바예지드 1세도 아버지의 뒤를 이어 유럽에 대한 공격을 계속했다. 그러나 유럽 한복판으로 치고 들어가지는 못했다. 기세가 꺾인 걸까? 전문가들은 "아니다. 머지않아 오스만 제국의 유럽 공략이 결실을 맺을 것이다"라고 말한다.

[4] 중세에서 근대로 특집

흑사병 주춤, 백 년 전쟁 재개

1356년, 푸아티에 전투 영국 대승… 프랑스 왕 붙잡아

에드워드 3세(왼쪽)와 흑태자 에드워드(오른쪽)

흑사병의 유행으로 잠시 중단되었던 백 년 전쟁. 그 지긋지긋한 전쟁이 다시 시작되었다.

1355년, 영국 왕 에드워드 3세의 아들 에드워드가 프랑스 남부를 공격했다. 이 에드워드는 늘 검은 갑옷을 입었다. 그래서 별명이 흑태자다. 흑태자는 용맹을 떨치며 프랑스 남부에서 서서히 북쪽으로 진격했다.

1356년, 흑태자의 군대가 루아르 강 주변의 투르에 도착했다. 때마침 폭우가 쏟아졌다. 영국 군대가 잠시 주춤하는 사이에 프랑스 군대가 들이닥쳤다. 전투가 시작되었다. 이 전투가 푸아티에 전투다.

흑태자는 크레시 전투에서 영국군이 썼던 전략을 또 다시 썼다. 긴 활을 가진 궁수가 먼저 공격했다. 접전. 이번에도 프랑스의 기사들이 픽픽 쓰러졌다. 그러나 병력은 프랑스가 우세했다. 곧 영국의 화살이 동이 나고 말았다. 작전상 후퇴할 수밖에 없었다.

프랑스는 영국의 전략을 알아차리지 못했다. 후퇴하는 영국군을 몰아붙였다. 상황이 영국의 작전대로 돌아가고 있었다. 곧이어 숨어 있던 영국의 기병들이 튀어나와 프랑스군을 닥치는 대로 죽였다. 결국 전투는 영국의 대승으로 끝났다.

이 푸아티에 전투에서 프랑스 군대를 이끈 총사령관은 프랑스의 왕, 장 2세. 6년 전, 필리프 6세의 뒤를 이어 왕에 오른 인물이다. 이 장 2세가 영국 군대에 사로잡혔다. 프랑스로서는 최악의 굴욕이었다.

장 2세는 프랑스로 돌아가기 위해 몸값을 준비해야 했다. 무려 프랑스 1년 수익의 2배에 이르는 거금이 필요했다. 그러나 장 2세는 끝내 이 돈을 마련하지 못했다. 결국 영국에서 사망했다. 왕을 포로 상태에서 죽게 했으니, 프랑스로서는 또 한 번의 굴욕을 당한 셈이다.

어쨌든 이 전쟁 이후 두 나라는 휴전에 합의했다. 단, 프랑스는 푸아티에, 아키텐 등 여러 영토를 영국에게 넘겨 주어야 했고, "다시는 이 땅에 대해 프랑스가 소유권을 주장하지 않겠다!"고 맹세해야 했다.

장 2세

휴전 협정은 필요 없다?

장 2세의 뒤를 이어 1364년에 샤를 5세가 프랑스 왕에 올랐다. 샤를 5세는 아키텐에 있는 귀족들을 선동해 영국에 대한 반란을 일으키도록 부추겼다. 영국 왕 에드워드 3세는 화가 머리끝까지 치밀었다. 결국 휴전 협정은 깨지고 전쟁이 재개되었다.

이 전쟁은 모처럼 프랑스의 승리로 끝났다. 다시 전투가 벌어졌다. 이번에도 프랑스가 이겼다. 프랑스는 푸아티에 전투 이후 빼앗겼던 영토를 거의 모두 되찾았다. 다시 휴전 협정이 체결되었다.

1377년, 영국 왕 에드워드 3세가 죽자 리처드 2세가 왕이 되었다. 3년 후 프랑스에서도 샤를 5세가 사망하고 샤를 6세가 왕에 올랐다. 공교롭게도 리처드 2세와 샤를 6세는 모두 미성년자. 덕분에 한동안 다시 전쟁이 중단된다.

"민중이여, 봉건제 타도하자!"

프랑스–영국 농민 반란 잇달아… 정치 개혁 불가피

성직자이자 농민 반란 지도자 존 볼(말 탄 이)이 와트 타일러(왼쪽의 빨간 옷)를 격려하는 장면을 묘사한 그림

백 년 전쟁이 언제 끝날까? 민중들은 고통스럽다.

전쟁이 없을 때도 영주에게 바칠 세금을 마련하느라 등골이 휘었다. 그런데 흑사병이 들이닥쳤다. 사망자가 속출했다. 게다가 농사도 엉망. 대흉년이 겹쳐 굶어죽는 사람도 늘어났다. 이런 마당에 전쟁이라니……. 프랑스와 영국 모두에서 분노한 농민들이 잇달아 반란을 일으켰다.

▽**자크리의 난** = 푸아티에 전투에서 프랑스가 패했다. 특히 프랑스 농민에게 그 후유증이 컸다. 그 결과, 1358년에 프랑스에서 농민 반란인 자크리의 난이 일어났다. 자크리는 농민을 뜻하는 단어다.

이 무렵 프랑스 농촌은 최악의 상황이었다. 흑사병이 쓸고 간 데다, 흉년으로 곡식 한 톨조차 구하기 힘들었다. 마침 전쟁에서도 패배. 더 이상 추락할 데 없는 농민들은 도둑이나 강도, 거지가 되고 말았다.

이 반란은 곧 인근 지역으로 확대되었다. 그러나 아직 농민의 힘은 약했다. 결국 약 한 달 만에 2만여 명의 농민이 학살된 뒤 진압되고 말았다.

▽**와트 타일러의 난** = 전쟁을 하려면 많은 돈이 필요하다. 영국 정부는 세금을 걷었으면서도 더 무거운 세금을 부과했다. 농민들은 이런 세금은 내지 말자며 반대 운동을 벌였다.

1381년, 와트 타일러가 마침내 반란을 일으켰다. 이 반란은 곧 영국 전역으로 퍼져 나갔다. 농민들은 정부 관료와 영주들의 집을 습격했다. 집문서와 땅문서를 불살랐다.

반란군의 기세는 강했다. 곧 수도인 런던까지 진출했다. 리처드 2세 왕이 직접 반란군과 만날 수밖에 없었다. 왕은 농노제를 폐지하고 사람에게 매기는 세금(인두세)을 없애겠다고 약속했다.

협상 과정에서 와트 타일러가 피살되었다. 지도자가 사라지니 반란군은 쉽게 무너졌다. 자크리의 난과 마찬가지로 이 반란도 실패했다. 다행히 농노제와 인두세는 다시 부활하지 않았다.

교황이 2명?

1309년에 시작되어 70여 년에 걸쳐 이어져 온 아비뇽 유수가 1377년에 드디어 끝났다. 이 해에 교황에 선출된 그레고리우스 11세가 로마로 복귀했기 때문이다. 그러나 그레고리우스 11세는 불과 1년 만에 세상을 떠나고 말았다. 이어서 우르바누스 6세가 새로운 교황에 올랐다.

다시 싸움이 시작되었다. 프랑스 추기경들은 따로 클레멘스 7세를 교황으로 선출했다. 클레멘스 7세는 아비뇽에서 교황 업무를 보았다. 교황이 2명이 된 것이다. 아비뇽 유수에 이어, 또 다시 교회에 위기가 닥쳤다.

로마와 프랑스에 각각 교황이 존재한 이 시기를 '공동 교황 시대'라고 한다. 1417년까지 30여 년간 계속되었다. 신성 로마 제국과 영국은 로마의 교황을, 프랑스와 스코틀랜드는 프랑스의 교황을 밀었다. 정치와 종교가 마구 뒤엉킨 것이다.

[6] 중세에서 근대로 특집

제27호 • 1350년 ~ 1390년

"하늘이시여, 감사합니다!"

유럽

흑사병 주춤… 근대 유럽 '성큼'

유럽 전역을 공포로 몰았던 흑사병이 잦아드는 분위기다. 물론 완전히 사라진 것은 아니다.

1351년 이후 러시아에도 환자가 발생하기 시작했다. 이집트를 다녀간 예멘의 왕은 자기 나라에 흑사병을 퍼뜨렸다. 유럽에서 떨어진 몽골과 중국에서도 흑사병이 유행해 많은 사람이 죽었다.

유럽에서도 1350년대까지는 여전히 흑사병이 나돌았다. 그러다가 1360년대 들어 눈에 띄게 흑사병의 기세가 꺾이기 시작했다. 비로소 유럽 사람들은 안도의 한숨을 쉬고 있다. 흑사병은 그 후로도 17세기까지 여러 번 유행한다. 그때마다 많은 사람이 죽었다.

치명적인 전염병이 돌고 난 후의 유럽은 어떻게 달라졌을까? 전문가들은 "중세 유럽 경제의 핵심인 장원이 몰락했으며, 도시가 발달하는 계기가 되었다"고 진단한다. 이게 무슨 뜻일까?

흑사병이 돌자 많은 농민이 죽었다. 그 결과 장원에서 일할 사람이 크게 줄어들었다. 장원의 농지는 황무지로 변했다. 다시 농지로 살리려면 남아 있는 사람이 그 많은 일을 다 해야 한다. 그런데도 임금은 더 줄었다. 이렇게 힘들게 살 바에야……. 이런 생각을 하며 많은 농민들이 장원을 떠나기 시작했다. 여러 장원이 폐허로 변했다.

이 무렵 경제 도시들이 많이 생겨나고 있었다. 농민들은 그런 도시에 정착했다. 도시라고 해서 노동자에게 임금을 아주 많이 준 것은 아니었다. 그래도 생계를 유지하기에는 농촌보다 나았다. 농민들이 도시민이 되면서 도시는 더 발전했다.

전문가들은 "흑사병이 크게 유행하면서 중세 봉건제와 장원제가 모두 무너지고 있다. 이제 유럽 경제의 중심은 도시로 바뀌었다"고 분석하고 있다. 근대 유럽이 성큼 다가오고 있다.

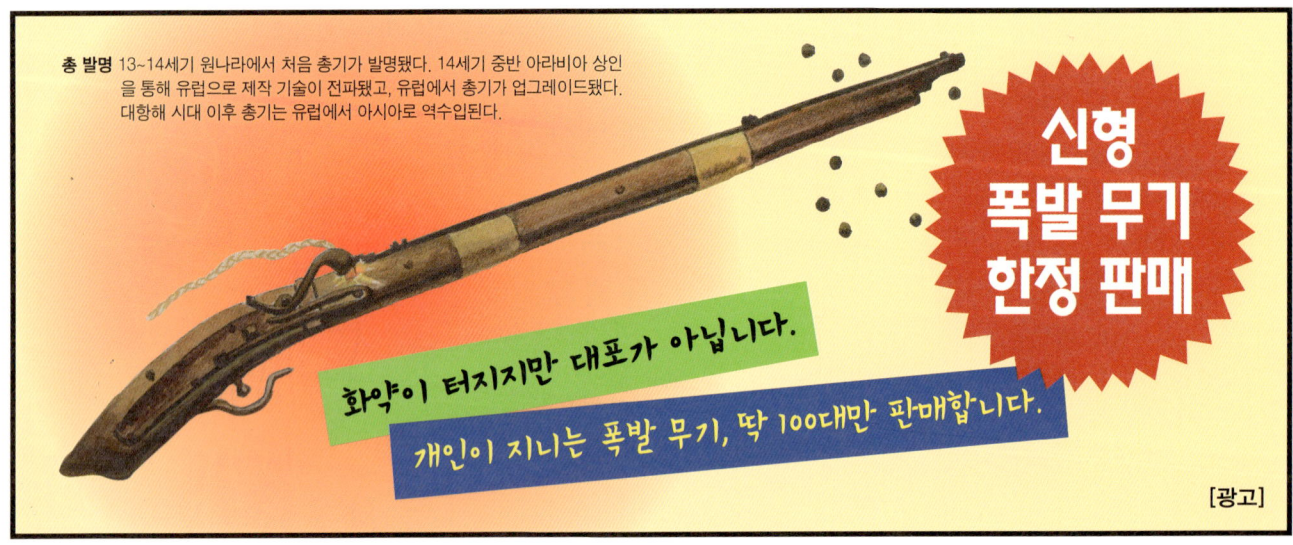

총 발명 13~14세기 원나라에서 처음 총기가 발명됐다. 14세기 중반 아라비아 상인을 통해 유럽으로 제작 기술이 전파됐고, 유럽에서 총기가 업그레이드됐다. 대항해 시대 이후 총기는 유럽에서 아시아로 역수입된다.

화약이 터지지만 대포가 아닙니다.
개인이 지니는 폭발 무기, 딱 100대만 판매합니다.

신형 폭발 무기 한정 판매

[광고]

고려, 부활의 노래를 부르다

공민왕 개혁 시작… 친원파 없애고 영토 회복

"친원파를 몰아내고, 강력한 고려를 다시 세우리라!"

1351년, 고려 31대 왕에 오른 공민왕의 선언이다. 그는 당장 변발과 몽골 복장부터 금지시켰다. 고려에 개혁 돌풍이 휘몰아치기 시작했다.

공민왕은 신하들에게 정책이 어떻게 집행되고 있는지 보고하도록 했다. 신하들과 정치 토론(서연)도 벌였다. 부패한 관료들은 모두 감옥에 처넣었다. 친원파 권문세족은 초긴장했다. 그들은 똘똘 뭉쳐 공민왕을 압박했다. 권문세족인 조일신의 반란이 이어졌다. 아직 힘이 약한 공민왕은 한 걸음 물러설 수밖에 없었다.

얼마 후 공민왕이 반격에 나섰다. 조일신과 측근을 모두 제거했다. 공민왕이 승리한 것이다. 힘을 얻은 공민왕이 마침내 친원파의 1인자 기철을 공격했다. 그는 원나라 황후의 동생. 이를 믿고 오만방자하기가 이를 데 없었다. 1356년, 공민왕은 기철 파벌을 모조리 제거했다.

친원파의 기세가 마침내 꺾였다. 공민왕은 칭제(稱帝)를 선언했다. 이 말은 "고려는 황제의 나라다!"는 뜻. 공민왕은 원나라가 일본 정벌 때 설치한 뒤 폐지하지 않은 정동행성을 없앴다. 100년 넘게 화주(오늘날의 평안남도 영흥군)에 떡 하니 버티고 있던 원나라의 쌍성총관부를 몰아내기도 했다.

공민왕은 또 최영 장군을 요동 지방으로 보냈다. 최영 장군은 원나라 군대를 몰아내고 요동 지방의 일부를 장악했다. 비록 전부는 아니지만, 우리 민족의 옛 땅을 회복한 것이다.

국경을 어지럽히는 왜적과 홍건적, 여진족도 모두 제압했다. 이 무렵 최고의 장수였던 이성계와 최영은 거의 모든 전투에서 승리를 거두었다.

1365년, 공민왕의 왕후인 노국대장공주가 세상을 떠났다. 공민왕은 큰 슬픔에 잠겼다. 그러더니 갑자기 불교에 빠지기 시작했다. 개혁이 중단되는 것일까?

홍건적 격퇴

1359년부터 홍건적이 고려 국경을 넘어 약탈을 일삼기 시작했다. 여러 개의 고을이 홍건적의 수중에 들어갔다. 처음에는 고려의 열세. 그러나 곧 고려는 전열을 가다듬고 반격에 나섰다. 곧 빼앗긴 고을을 모두 되찾고 홍건적을 압록강 바깥으로 쫓아냈다.

그러나 홍건적은 쉽게 물러서지 않았다. 1361년, 또 다시 10만 군대가 고려를 침략했다. 이번에도 위기. 공민왕이 급히 경북 안동으로 피신을 가야 할 정도였다. 고려가 반격에 나섰다. 마침내 적장을 죽였다. 홍건적은 서둘러 압록강 밖으로 달아났다.

여러 차례의 전투를 치르면서 최영과 이성계가 민중의 영웅으로 떠올랐다. 또한 홍건적이 세운 명나라에 대항하기 위해 다시 친원 정책이 시작되었다.

한반도를 둘러싼 국제 정세가 어지럽게 돌아가고 있다.

[8] 정치   제27호 • 1350년 ~ 1390년

완성하지 못한 개혁

 한반도

신돈, 2차 개혁 추진… 안타깝게 실패로 끝나

고려의 개혁 2탄이 시작되었다. 공민왕이 승려 신돈에게 개혁의 지휘봉을 넘겨준 것이다. 옛 땅을 되찾기 위한 노력도 계속했다.

▽**신돈의 개혁** = 1366년, 신돈은 전민변정도감을 설치했다. 개혁을 총지휘하는 사령탑. 일종의 특별수사본부와 비슷하다. 신돈은 친원파 권문세족으로부터 토지를 빼앗아 원래 주인에게 돌려주었다. 빚을 졌거나 협박에 의해 노비가 된 사람들도 원래대로 평민으로 돌려놓았다.

신흥 사대부들을 위해 학문 기능도 되살렸다. 그 전부터 있었지만 아무런 기능을 하지 못하던 성균관을 부활시켰다. 그러나 신돈의 개혁은 얼마 지나지 않아 실패하고 말았다. 그의 개혁에 기득권을 잃어버릴 것을 두려워한 대신들이 방해했기 때문이다. 결국 1371년에 신돈은 유배를 떠났다가 살해되고 말았다. 1374년에는 공민왕도 피살되었다. 고려의 개혁은 물거품이 되었다.

▽**영토 회복** = 이 와중에도 고구려의 옛 영토를 회복하기 위한 전투는 계속되었다. 마침 명나라가 탄생해 원나라를 무너뜨린 시점이라 성과가 컸다.

1370년, 이성계가 동녕부를 공격했다. 동녕부는 원래 서경(평양)에 있던 몽골의 기관이다. 그러나 이즈음에는 랴오둥(요동) 지방에 있었다. 이성계는 랴오닝(요령)을 공격해 오로산성을 점령했다. 이윽고 붙잡혀 있던 고려인을 데리고 귀국했다. 요동 정벌의 첫 신호탄이었다.

원나라가 목마장으로 만들어 버린 제주도도 완전히 되찾았다. 1374년, 최영이 제주도를 공격했다. 그곳에 있던 몽골 군대가 마지막까지 저항했지만 곧 진압되었다.

고려는 비록 정치 개혁에는 성공하지 못했지만 영토 회복에서는 큰 성과를 내고 있었다. 고려의 기상이 과연 살아날까?

 한반도

고려, 왜구도 격퇴

홍건적에 이어 한반도 중부와 남부에서는 왜구가 극성을 부렸다. 1350년대부터 왜구의 약탈이 본격화되었다. 이어 1360년대에는 문화재를 훔쳐 가고 수도인 개성까지 쳐들어오는 등 심각한 사회 문제로까지 떠올랐다.

이에 따라 공민왕은 1374년부터 수군을 강화하기 시작했다. 그러나 왜구의 행패는 조금도 줄어들지 않았다.

공민왕의 뒤를 이은 우왕은 왜구에 대응하기 위해 1377년에 화통도감을 설치했다. 최무선이 건의해 만들어진 화통도감은 화약과 화포를 만들었다. 이런 노력이 성과를 냈다. 1380년, 충남 진포에 왜구가 쳐들어왔을 때 배 500척을 전멸시킨 것이다.

왜구 토벌에는 이성계의 공이 매우 컸다. 덕분에 이성계는 최영과 더불어 고려 조정을 쥐락펴락 하는 강력한 권력자로 떠올랐다.

"군대를 돌려 개경으로!"

이성계 위화도 회군… 고려 무너지나

공민왕에 이어 우왕이 통치하던 1388년, 명나라가 서신을 보내왔다.

"우리가 원을 이었으니 쌍성총관부 자리에 철령위를 설치해 다스리겠노라."

이 무렵 고려의 1인자는 최영이었다. 그는 명나라를 손보기 위해서라도 즉각 요동 지방을 쳐야 한다고 주장했다. 그러자 이성계가 반대하고 나섰다. 기자가 그 이유를 물었다.

"첫째, 작은 고려가 덩치가 큰 명을 쳐서는 안 된다. 둘째, 농번기에 전투를 하는 것은 옳지 않다. 셋째, 전쟁하는 틈을 타 왜구가 침략할 수 있다. 넷째, 장마철이니 전염병이 돌고 활의 아교가 녹아 무기가 제대로 작동하지 않는다."

이 네 가지 이유에 대해 우왕은 어떤 결정을 내렸을까? "최영의 뜻대로 하라!"

우왕은 요동 정벌 총사령관(팔도 도통사)에 최영을 임명했다. 이성계는 우군도통사, 조민수는 좌군도통사에 임명했다. 일종의 현장 사령관과 비슷하다.

이성계의 표정이 밝지 않았다. 그러나 왕명을 거역할 수는 없는 법. 그의 군대가 곧 평양을 출발해 압록강 하류에 있는 섬 위화도에 도착했다. 이성계와 조민수가 비밀리에 만나는 모습을 기자가 포착했다.

그들은 한참 얘기를 주고받았다. 그러더니 갑자기 군대를 돌려 수도 개경으로 진격하기 시작했다. 예상치 못했던 상황이 터졌다. 이 사건이 바로 '위화도 회군'이다.

놀란 최영과 우왕은 평양에서 개경으로 급히 돌아갔다. 그곳에서 이성계 군대와 싸웠지만 패했다. 이성계는 우왕을 강화도로 보내 버리고 최영을 제거했다.

이성계는 우왕을 폐위한 후 아홉 살의 어린 왕을 앉혔다. 바로 고려 33대 왕 창왕이다. 하지만 창왕은 곧 왕위에서 쫓겨났다. 그리고 1년 만에 반란을 일으킨 혐의로 우왕과 함께 강화도에서 죽음을 맞았다. 이제 모든 권력은 이성계 일파가 장악했다.

신진 사대부 부상

이성계의 반란이 성공하자 그의 주변 인물들에 대해서도 세인의 관심이 쏠리고 있다. 이성계의 측근 중에 대표적인 두 사람을 꼽으라면 정도전과 정몽주를 들 수 있다. 사람들은 이들을 신진 사대부라고 불렀다.

정도전과 정몽주는 "이성계는 권문세족 출신 무인인 최영과 겨룬 신흥 무인의 대표이고, 우리는 유학으로 무장한 사대부의 대표다!"라고 말했다. 쉽게 말해 신흥 무인과 신진 사대부가 새로운 정치를 이루기 위해 힘을 합쳤다는 얘기다.

또한 이성계는 "최영이 청렴한 인물이기는 하지만 낡은 세력을 상징하는 인물이기도 했다. 때문에 그를 제거할 수밖에 없었다"고 말했다.

정도전과 정몽주는 "이제 유학을 바탕으로 한 새로운 정치를 추진하겠다"고 말하기도 했다.

[10] 사회  제27호 · 1350년 ~ 1390년

고려, 의복 혁명 일어나다

목화 재배-면직물 생산… 헐벗은 겨울에서 해방

"이제야 겨울을 따뜻하게 지낼 수 있게 됐어요. 모두 면으로 옷을 만들 수 있게 된 덕분입니다."

고려 민중의 의(衣) 생활에 큰 발전이 이루어졌다. 목화에서 추출한 실로 면직물을 만들고, 다시 이 천으로 옷을 만들어 입으면서 추위를 피하게 된 것이다. 이를 가능하게 한 인물은 문익점. 그가 한반도에 목화 재배를 정착시켰기 때문이다.

문익점은 1363년 원나라에 사신으로 파견되었다. 그는 귀국할 때 목화 씨앗을 가지고 왔다. 소문에 따르면 붓두껍에 목화씨를 숨겨 입국했다고 한다. 그러나 이 이야기는 사실이 아닌 것으로 보인다. 훗날『조선왕조실록』에서는 "길가에 있는 목화 나무에서 10여 개의 씨앗을 따 주머니에 넣어 가져왔다"라고 기록했다.

1364년, 문익점은 고향 진주로 내려갔다. 그곳에서 장인 정천익과 함께 목화 나무 재배를 시작했다. 모두 실패했다. 다행히 정천익이 심은 씨앗 하나가 살아남았다. 둘은 이 나무 한 그루를 정성껏 키웠다. 목화 나무가 늘어났고, 많은 씨앗을 얻을 수 있었다.

문익점은 이후 원나라로부터 씨아와 물레 기술을 전수받았다. 씨아는 목화 솜에서 씨앗만 빼내는 도구, 물레는 이 솜에서 실을 뽑아내는 도구다. 이 실로 천을 만드는 기술도 터득했다.

이 기술은 곧 나라 전역으로 퍼졌다. 민중들은 그 전까지 구멍이 숭숭 뚫린 베옷만 입었다. 여름에야 시원할 수 있지만 겨울에는 추위 때문에 죽을 맛이었다. 물론 그 안에 짚이나 짐승 털을 덧댔지만 추위를 막을 수는 없었다. 그런 민중에게 무명천(면직물, 면포)은 구세주였다. 이제 백성들은 더 이상 헐벗지 않아도 되는 것이다.

면직물, 삼국 시대 때 이미 생산?

문익점이 한반도에 가장 먼저 목화를 들여온 게 아니라는 주장이 나오고 있다. 백제의 부여 유적지에서 면직물이 발견되었기 때문이다.

그러나 백제에서는 면직물을 대량으로 생산하지 못했다. 그 때문에 일반 백성이 면으로 된 옷을 입을 기회는 거의 없었다. 결국 문익점이 한반도에서 가장 먼저 의복 혁명을 일으킨 인물이란 사실은 변하지 않는다.

왜 백제에서는 면직물 혁명이 일어나지 못했을까? 당시 국내에 들어온 목화 종자가 우리 토양에 적합하지 않았을 것이란 추측이 많다. 그래서 나무들이 잘 자라지 못했다는 것. 실을 만들고, 다시 천을 만드는 방적 기술이 떨어졌다는 점도 면직물 혁명이 일어나지 못한 이유 중 하나다.

원나라 추락, 명나라 서다

중국 한족 왕조 복원… 몽골족은 다시 몽골 고원으로

원나라가 결국 멸망했다. 몽골족은 조상들이 살던 몽골 고원으로 쫓겨났다. 그곳에 북원을 세웠지만 별 활약을 하지는 못했다. 이 북원은 1635년에 멸망한다.

새로이 중국 대륙을 장악한 나라는 명나라다. 한족 출신의 주원장이 세운 나라. 명나라 건국 전후의 역사를 살펴보았다.

▽**홍건적의 난** = 원나라 말기, 중국 전역에서 반란이 일어났다. 농민들은 더 이상 잃을 게 없었다. 먹을 것도 남아 있지 않은데 전염병까지 돌았으니, 그럴 수밖에.

대표적인 반란이 홍건적의 난이다. 1351년부터 반란은 거의 전쟁 수준으로 발전했다. 홍건적의 대부분은 미륵불이 나타나 세상을 구할 거라 믿는 한족 백련교도였다. 머리에 붉은 두건(홍건)을 둘렀기 때문에 홍건적이라 불렀다. 주원장은 바로 이 홍건적 장수 중 한 명이었다.

홍건적의 목표는 원나라 타도. 그러나 자기들끼리 권력 다툼을 벌이기도 했다. 어차피 1인자는 한 명일 수밖에 없기 때문이다. 주원장도 이 싸움에 뛰어들었다. 얼마 지나지 않아 그는 강남 지역을 완전히 장악했다.

▽**명나라 건국** = 1368년, 난징에 주원장이 새 나라를 세웠다. 이 나라가 명나라다. 주원장은 명 태조 홍무제에 올랐다.

아직 원나라가 남아 있는 상황이었다. 홍무제는 바로 군대를 북쪽으로 진격시켰다. 기세에 눌린 원의 군대는 별 대응을 하지 못했다. 원 황제 혜종(순제)은 수도 베이징을 버리고 몽골 고원으로 달아났다. 이로써 명나라가 다시 중국을 통일했다. 더불어 정복 왕조에 내주었던 중국 땅도 되찾았다.

홍무제는 이어 대대적인 개혁을 단행했다. 몽골식의 기구를 모두 폐지하고, 강력한 중앙 집권 체제를 구축한 것이다.

명 태조 주원장

티무르 제국 건설

1369년, 차가타이 칸 국에서 군사 정변이 일어났다. 정변을 일으킨 인물은 동 차가타이 칸 국의 장군 티무르. 정권을 인수한 티무르는 곧 차가타이 칸 국의 나머지 영토 대부분을 접수했다. 티무르가 세운 이 나라를 티무르 제국이라고 한다. 1370년에는 사마르칸트에 도읍을 정했다.

이 무렵 중국에서는 명나라가 들어섰다. 중국의 몽골족은 멀리 쫓겨났다. 바그다드에 세워졌던 일 칸 국은 일찌감치 이슬람 왕국으로 변신했고, 몇 개의 나라로 쪼개진 상태. 따라서 티무르 제국이 사실상 몽골족의 대표 주자가 되었다.

티무르는 호라즘 왕국을 정복했다. 오래지 않아 일 칸 국에서 쪼개진 몇몇 왕국도 정복했다. 전문가들은 "티무르의 활약은 지금부터다"라고 말하고 있다.

티무르의 동상

[12] 국제

제27호 • 1350년 ~ 1390년

중미 아즈텍 제국 등장

남미 잉카 문명과 함께 아메리카 2대 문명

아즈텍 문명의 피라미드 유적

1372년, 중앙아메리카에 거대한 문명 제국이 탄생했다. 오늘날의 멕시코 지역에서 아즈텍 제국이 탄생한 것이다. 바로 이 해에 아카마피츠틀리가 아즈텍 제국의 초대 황제에 올랐다.

이 무렵 남아메리카 서해안 지대는 잉카 제국의 시대였다. 중미와 남미 모두에 거대한 제국이 발전하고 있었던 것이다. 물론 구대륙(유럽과 아시아) 사람들은 이러한 사실을 전혀 모르고 있었다.

사실 멕시코 일대에서는 예로부터 여러 민족이 싸움을 벌여 왔다. 그 가운데 아즈텍족은 13세기 이후부터 세력을 키웠다. 1325년, 아즈텍족은 멕시코 고원 텍스코코 호수 안에 있는 섬을 발견했다. 전설에 따르면 독사를 물고 날아가던 독수리가 내려앉은 곳. 아즈텍족은 섬 주변을 모두 흙으로 메웠다. 그러고는 섬 안에 수도를 세웠다. 이 도시가 테노치티틀란이다. 오늘날 멕시코 수도인 멕시코시티가 이 근처에 있다. 테노치티틀란에 자리 잡은 아즈텍족은 스스로를 멕시칸이라 불렀다. 멕시코의 이름이 여기에서 비롯되었다.

아즈텍 제국이 본격적으로 커지기 시작한 것은 1372년에 아카마피츠틀리가 황제에 오른 후부터다. 물론 당장은 제국이라 부르기에는 힘이 약했다. 말이 황제이지, 아직까지는 작은 나라의 왕에 불과했다.

세력을 키우려면 우선 주변의 강국들부터 다독여야 했다. 때문에 텍스코코와 같은 강대국과 동맹을 맺었다. 반면 약한 나라들은 하나씩 흡수하기 시작했다. 그 결과, 아즈텍 제국은 14세기 중반이 될 무렵 번듯한 왕국으로 성장했다. 이제야 비로소 제국의 싹이 보이기 시작한 것이다.

전문가들은 "아즈텍 왕국이 머지않아 중미 최대의 제국으로 성장할 것이다"라고 전망하고 있다.

아즈텍 문명의 황금 마스크

일본 남북조 시대

14세기 중반 일본은 무로마치 바쿠후 시대. 초대 쇼군 아시카가 다카우지는 천황을 멀리 유배 보냈다. 천황이 바쿠후 제도를 폐지하려는 반란을 시도했기 때문이다.

그러나 천황도 그냥 당하지만은 않았다. 나라(지금의 도쿄) 지역으로 달아나 새로운 조정을 꾸렸다. 이렇게 해서 북쪽에는 바쿠후, 남쪽에는 천황의 조정이 각각 존재하는 남북조 시대가 시작되었다.

그러나 천황의 조정이 바쿠후보다는 약했다. 60년을 버텼지만 결국 1392년에 조정은 바쿠후에 항복하게 된다. 이로써 일본의 남북조 시대도 끝이 난다.

아시카가 다카우지

한자 동맹 첫 의회 열리다

독일 뤼베크에서… 국가 못잖은 경제 동맹 성장

한자 동맹의 주요 도시들

국가에 못지않은 강력한 경제 공동체가 유럽 북부에서 탄생했다. 이 공동체가 바로 '한자 동맹(Hanseatic League)'이다.

1356년, 독일 북부 할슈타인 주에 있는 항구 도시 뤼베크에서 한자 동맹의 첫 의회가 열렸다. 한자 동맹에 소속된 도시들이 대거 참석했다. 경제 도시들이 연합해 국제 의회를 가진 것은 처음이다. 한자 동맹에 대해 집중 취재했다.

▽**탄생** = 1159년, 작센 공국이 뤼베크와 그 일대를 정복했다. 그 후 뤼베크는 발트해와 북해 무역상들의 중심지로 성장했다. 이곳의 상인들은 다른 집단에게 이익을 빼앗기지 않고 해적들과 싸우며 국가의 간섭에도 저항하기 위해 길드를 만들었다. 이 길드가 바로 한자 동맹. 동맹의 중심은 뤼베크였다.

▽**성장** = 한자 동맹은 여러 상업 도시들의 길드. 처음에는 뤼베크를 비롯한 몇 개 도시로 시작했지만 힘이 강해지자 동맹에 참여하는 도시들이 늘었다. 14세기 들어 동맹에 가입한 도시는 약 70~80개. 영국 런던, 러시아 노브고로드, 노르웨이 베르겐에도 지점(상관)이 있을 만큼 동맹의 세력은 성장했다.

▽**독점** = 유럽 북부의 도시들이 대거 참여한 한자 동맹은 이 일대 무역을 독점했다. 무역 품목도 다양했다. 생선이나 곡물, 벌꿀 같은 식료품에서부터 모직물과 양모 같은 섬유, 목재와 같은 원료도 취급했다. 거의 모든 물품 거래에서 독점권을 확보한 것.

▽**국가?** = 1356년, 첫 의회를 연 다음에는 거의 국가와 비슷한 수준으로 발전했다. 자체적으로 법을 만들고 군대도 육성했다. 그러자 인근의 덴마크가 위기감을 느꼈다. 1368년, 덴마크가 한자 동맹을 공격했다. 그러자 동맹은 즉각 군대를 보내 덴마크 군대를 격파했다. 그 후 한동안 한자 동맹이 덴마크를 지배하기도 했다.

▽**쇠퇴** = 15세기 이후 유럽 국가들이 정부 주도로 무역을 시작하자 한자 동맹은 약해지기 시작했다. 1669년, 마지막 의회가 열리고 문을 닫았다.

[광고]

태양신 제사 공고

**우리 백성을 굽어 살피는 신께 감사를!
아즈텍 피라미드에서 한 달 후 시행합니다!**

중미 피라미드 마야와 아즈텍 문명의 중심지였던 멕시코에 400여 개 이상 남아 있는 계단식 피라미드를 말한다. 이집트 피라미드는 왕의 무덤이었지만, 중앙아메리카의 피라미드는 신에 제사를 지내는 제단이었다.

고려, 금속 활자로 불서 찍다

1377년 『직지심체요절』… 현존하는 최고 금속 활자본

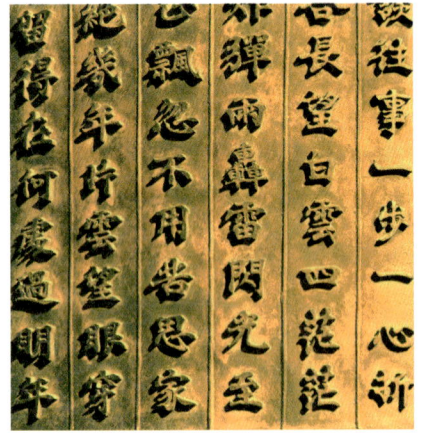
금속 활자

1377년, 고려의 승려 백운이 불교 서적을 금속 활자로 찍었다. 이 책이 『직지심체요절』이다. 줄여서 『직지』라고 부른다.

『직지심체요절』은 21세기 현재까지 존재하는 금속 활자본 가운데 세계에서 가장 오래된 것이다. 금속 활자본은 금속 활자로 찍은 책이란 뜻. 서양에서 가장 오래된 금속 활자본은 1452년~1453년에 독일의 구텐베르크가 만든 『구텐베르크 성서』다. 그런데 고려에서 그보다 75년 이상 앞서 금속 활자본이 만들어진 것이다.

사실 그 전에도 고려에서 금속 활자본이 만들어졌다. 바로 1234년에 만들어진 『상정고금예문』. 그러나 이 책은 현재 전하지 않는다. 기록상으로만 세계 최초인 셈. 그러나 『직지심체요절』은 현재 존재하는 금속 활자본으로 세계 최초다. 고려의 금속 활자 인쇄 기술이 얼마나 발달했는지 알 수 있다.

『직지심체요절』은 불가에서 오래전부터 전해져 내려오던 이야기를 엮은 책. 어떤 사람들은 『직지심경』이라고도 하는데, 이것은 틀린 말이다. '경'은 부처님의 말씀을 기록한 책에만 붙일 수 있다. 따라서 길더라도 『직지심체요절』이라 부르든지, 아니면 줄여서 『직지』라고 해야 한다.

이 책은 두 권으로 만들어졌다. 그러나 21세기 현재까지 전해지는 것은 2권뿐이다. 1권은 전해지지 않고 있다.

『직지심체요절』은 1972년에 프랑스 파리 국립도서관에서 발견되었다. 훗날(개화기) 프랑스 군대가 조선에서 약탈해 갔기 때문이다. 이 책을 발견한 인물은 프랑스에서 활동하던 역사학자 박병선 박사다. 그의 노력으로 『직지심체요절』이 빛을 보게 됐던 것이다. 『직지심체요절』은 2001년, 유네스코에 세계기록문화유산으로 등재되었다.

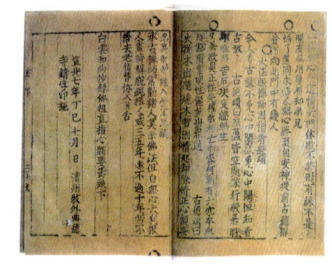
직지심체요절

『데카메론』 완성

보카치오

이탈리아의 작가 보카치오가 1351년에 『데카메론』을 완성했다. 이 작품은 단테의 『신곡』과 더불어 중세 유럽 말기의 대표 문학으로 손꼽힌다.

『데카메론』의 배경은 1348년. 흑사병으로 유럽 전체가 흉흉하던 시절이다. 병을 피해 피렌체 교외의 한 별장으로 신사 3명과 숙녀 7명이 모인다. 이들은 쨍쨍한 더위를 피해 나무 그늘에 앉아 여러 이야기를 나눈다.

이야기의 주제는 사랑, 지혜, 풍자 등 아주 다양하다. 중세 시대의 삶이 드러나는 이야기도 많고, 근대 세계를 지향하는 이야기도 섞여 있다.

이 때문에 『데카메론』을 '근대 소설의 선구자'라고 부른다. 작품성이 뛰어나서 『신곡(神曲)』을 인용해 '인곡(人曲)'이라고도 부른다.

이븐바투타, 세계를 일주하다

이집트에 도착한 이븐바투타를 묘사한 그림

이슬람 여행가인 이븐바투타가 처음으로 세계를 일주했다. 1356년, 이븐바투타는 여행 경험을 책으로 출간했다. 이 책의 제목은 『도시들의 진기함, 여행의 경이 등에 대해 보는 사람들에게 주는 선물』.

이븐바투타는 아프리카 북부 모로코 출신이다. 1325년, 모로코를 떠나 이집트를 거쳐 메카로 향했다. 메카 일대를 여행한 뒤 1332년에 중국으로 향했다. 터키와 이라크, 러시아 남부, 중앙아시아, 인도를 거쳤다. 베이징에 도착한 해는 1345년. 이븐바투타는 중국 일대를 여행하고 1349년에 귀향했다.

이후로도 여행은 계속되었다. 1351년부터는 이베리아 반도의 그라나다 왕국에서 시작해 아프리카의 사하라 사막과 니제르 강 일대를 여행했다.

무려 30여 년에 걸친 여행. 그가 이동한 거리만 총 12만 km다. 그가 남긴 책은 14세기 이슬람 세계의 풍속을 보여주는 중요한 자료로 평가받고 있다.

이슬람 성지 순례자들을 그린 13세기의 그림

명복을 빕니다

▽**아시카가 다카우지** = 일본 무로마치 바쿠후(막부)를 연 초대 쇼군으로, 1358년에 세상을 떠났다. 그는 배신에 배신을 거듭해 난세의 영웅이란 평가를 듣고 있다.

원래 그는 가마쿠라 바쿠후의 쇼군을 주군으로 모신 장수(고케닌)였다. 가마쿠라 바쿠후 말기, 고다이고 천황이 반란을 일으키자 진압하라는 명령을 받았다. 그러나 도중에 마음이 바뀌었다. 아시카가 다카우지는 천황의 편에 서서 가마쿠라 바쿠후를 무너뜨렸다.

천황은 그에게 1등 공신 칭호를 내렸다. 그러나 그는 곧 천황도 배신했다. 천황과의 싸움. 결국 천황을 멀리 쫓아내고 새로운 고묘 천황을 앉혔다. 그러고는 고묘 천황으로부터 쇼군 칭호를 받았다. 이렇게 해서 무로마치 바쿠후가 탄생한 것이다.

▽**흑태자 에드워드** = 영국 왕 에드워드 3세의 장남으로, 1376년에 세상을 떠났다. 늘 검은 갑옷을 입어 '흑태자'란 별명이 붙었다.

백 년 전쟁에서 맹활약을 펼쳤다. 백 년 전쟁 초반 일어난 크레시 전투와 칼레 전투에서 전투를 지휘해 대승을 거두었다. 또 푸아티에 전투에서는 승리를 넘어 프랑스 왕 장 2세를 사로잡기도 했다.

1362년, 프랑스 남부의 아퀴텐과 가스코뉴 지방을 아버지로부터 받았다. 에드워드는 그 후 이 지역을 8년간 통치했다. 귀족들이 그의 통치에 반발해 반란을 일으키자 모두 진압했다. 그러나 병이 악화돼 영국 왕에 오르지 못하고 죽음을 맞았다.

[16] 엔터테인먼트  제27호 • 1350년 ~ 1390년

〈가로 퍼즐〉

1. 1381년, 높은 세금에 반대해 난을 일으킨 영국의 인물
3. 교황청이 설치되었던 프랑스 지역. ○○○ 유수
5. 오스만 제국의 기틀을 구축한 3대 술탄. ○○○ 1세
8. 이성계가 요동 정벌 중 군대를 돌린 지역. ○○○ 회군
9. 1358년, 프랑스에서 일어난 농민 반란. ○○○의 난
12. 투르크족 노예 출신이 인도 델리에 세운 왕조
14. 아프리카 서부의 황금 제국. 만사 무사의 나라
16. 고구려 이후 중국과 줄곧 다툼을 벌였던 지역. 중국식 발음은 랴오둥
18. 최충헌의 노비로, 반란을 일으키려다 실패했다.

〈세로 퍼즐〉

2. 고려의 승려로 『삼국유사』를 지었다.
3. 1372년, 멕시코 일대에 들어선 제국. ○○○ 제국
4. 몽골의 후손으로, 자신의 이름을 딴 제국을 세웠다.
6. 백 년 전쟁에서 맹활약한 영국의 왕자. 별명은 흑태자다.
7. 고려의 신돈이 개혁을 위해 설치한 특별 기관
8. 종교 개혁가로 성서를 처음 영어로 번역했다. 존 ○○○○
10. 유럽 북부의 경제 공동체. 1356년 첫 의회를 열었다.
11. 고려 후기 개혁을 주도한 왕. 쌍성총관부를 탈환했다.
13. 오스만 제국의 특별 부대. 동유럽의 소년들로 구성됐다.
15. 고려 가요 가운데 평민들이 즐겨 부른 노래
17. 원나라 말기 반란을 일으킨 무리

☞ 정답은 258페이지에

[사설]

통통통 기자

고려, 개혁 실패 아쉽다

공민왕의 개혁이 실패하고 말았다. 고려가 부활할 수 있는 마지막 기회를 놓친 것 같아 안타깝다.

요동 정벌을 할 것이냐 말 것이냐를 두고도 고려 지배층은 분열했다. 만약 개혁이 성공했다면 고려가 이렇게 분열하지는 않았을 것이다. 더불어 왕이 몰락하지도 않았을 것이다.

개혁 실패의 결과는 어떤가? 이성계는 왕명을 어기고 위화도에서 군대를 돌려 수도를 공격하는 반란을 일으켰다. 이 반란이 성공함으로써 고려 조정의 앞날도 불투명해졌다. 고려의 국왕이 살아남을지도 의문이다. 이처럼 개혁의 실패는 큰 위기로 연결된다. 이제 많은 고려 대신들이 이성계 일파에 줄서기를 하고 있다. 그래야 부귀영화를 계속 누릴 수 있기 때문일 것이다. 고려가 이대로 멸망할지, 참으로 걱정이다.

흑사병이 남긴 것

전 세계적으로 창궐했던 흑사병이 서서히 사라지고 있다. 정말 다행스러운 일이 아닐 수 없다. 만약 이 전염병이 16세기까지 이어졌다면 유럽 인구의 거의 대부분이 죽음을 맞았을지도 모른다.

이번 흑사병 참사에 대처하는 유럽 지배층의 태도는 정말 한심하다 못해 안타깝기까지 했다. 사회의 지도층인 정치인이나 성직자 모두 질병의 원인이 무엇인지를 정확히 밝혀내려는 노력을 하지 않았을 뿐만 아니라, 민심의 불만을 엉뚱한 방향으로 돌려 백성들 사이에 학살이 자행되도록 했다. 높으신 분들의 처분만 기다리던 일반 백성들은 두려움에 휩싸여 이성을 잃고 말았다.

이제 일반 백성이 반격에 나섰다. 그들은 장원을 박차고 도시로, 도시로 몰려들기 시작했다. 도시의 인구가 늘어나고 산업은 더욱 발전했다. 유럽이 바뀌고 있는 것이다. 더 이상 장원 경제는 유지되지 못할 것 같다. 흑사병은 유럽 전체를 공포에 떨게 했지만 결과적으로 역사의 물줄기를 바꾼 셈이다.

전문가 칼럼

티무르, 몽골의 부활?

박학자(역사학자)

중앙아시아에 새롭게 티무르 제국이 들어섰다. 이 제국의 이름은 국가를 세운 인물인 티무르의 이름을 따서 지었다. 이 신생 제국에 대해 많은 사람들이 과거 몽골 제국의 영광을 재현할 것이라고 생각하고 있다. 적어도 티무르 제국이 크게 성장할 것이라는 예측만큼은 틀리지 않을 것 같다.

그런데 한 가지 논란거리가 있다. 과연 이 제국이 몽골을 이어받은 것인지에 대해서 문제를 제기하는 사람들이 많기 때문이다. 티무르는 자신을 칭기즈 칸의 후손이라고 주장하지만, 실제로는 칭기즈 칸의 혈통이 아니라는 주장이 여기저기서 제기되고 있는 것이다.

이 점에 대해서 한 전문가는, 티무르가 칭기즈 칸의 먼 핏줄인 차가타이 가문의 공주와 결혼한 사실이 후세의 사람들에게 과장되어 퍼진 것인지도 모른다는 의견을 제시했다. 아직 아무도 정확한 진실을 알 수 없다. 어쩌면 이러한 소문에는 티무르 제국이 과거 몽골 제국의 영광을 재현하기를 바라는 사람들의 바람이 담겨 있는지도 모른다.

첫 영어판 성서 경매

영어로 만들어진 첫 성서를 경매에 붙입니다.
이제 성서를 영어로 읽으세요.

위클리프 성서 1383년 무렵 영국의 성직자 겸 학자인 존 위클리프가 처음 영어로 번역한 성서. 그 전까지는 라틴어 등 고대 언어로 돼 있는 성경이 대부분이었다. 훗날 종교 개혁을 이끄는 마르틴 루터는 1552년에 성서를 독일어로 번역한다.

역사 연표

아시아	아프리카	유럽	아메리카	
				1350년
1351년 고려 31대 왕에 공민왕 등극 **1356년** 고려 공민왕, 친원파 제거 **1359년** 무라드 1세, 오스만 3대 술탄에 등극	**1356년** 이슬람 이븐바투타, 세계 일주 후 여행기 간행	**1351년** 보카치오, 『데카메론』 완성 **1356년** 푸아티에 전투에서 영국이 프랑스에 승리 한자 동맹 의회 개최 **1358년** 프랑스에서 자크리의 난 발발	–	
				1360년
1362년 오스만 제국의 무라드 1세, 발칸 반도의 아드리아노플 점령 **1368년** 홍건적의 주원장이 명나라 건설 **1369년** 티무르가 티무르 제국 건설	–	**1360년** 흑사병 주춤	–	
				1370년
1370년 고려 장수 이성계가 랴오둥의 동녕부 공격 **1371년** 고려 개혁론자 신돈 피살 **1374년** 고려 공민왕 피살 **1377년** 고려, 금속 활자본 『직지』 간행	–	**1377년** 아비뇽 유수 종료	**1372년** 중미에 아즈텍 제국 탄생	
				1380년
1388년 고려 장수 이성계, 위화도 회군 단행 **1389년** 오스만 제국, 유럽 연합군 격파하고 발칸 반도 대부분을 차지	–	**1381년** 영국에서 와트 타일러의 난 발발	–	
				1390년

통 역사 신문 제28호

1390년 ~ 1430년

 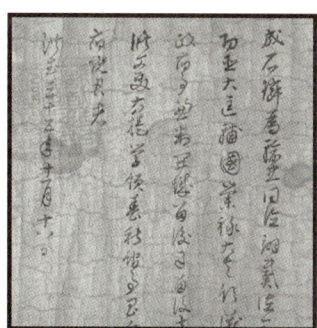  

통 역사 신문

제28호 | 1390년 ~ 1430년

메디치 은행으로 오십시오.
당신의 소중한 재산을 지켜 드립니다.
★급전 필요한 분도 대환영!!

조선 건국!

이성계, 조선 1대 왕 태조에 등극

1392년, 이성계가 고려의 마지막 왕 공양왕을 몰아내고 왕에 올랐다. 이성계는 새로이 조선의 건국을 선포했다. 그 자신은 조선의 첫 국왕인 태조에 올랐다.

조선의 출발은 살짝 불안했다. 왕의 자리를 놓고 왕자들이 혈투를 벌였다. 1400년, 이방원이 태종에 오름으로써 혼란이 끝났다.

1418년, 4대 국왕 세종이 등극했다. 세종대왕은 조선 역사상 가장 훌륭한 왕이었다. 조선이 최고의 평화기를 누릴 것으로 보인다. ▷ 6·7·8·9면에 관련 기사

명, 대항해 개막

명나라의 환관 정화가 1405년에 남해 원정을 시작했다. 총 62척의 함대가 중국을 떠나 인도양으로 항해를 떠났다. 정화는 인도 캘커타까지 항해한 후 2년 만에 1차 항해를 마치고 귀국했다.

이 원정대는 총 7회에 걸쳐 원정을 떠났다. 4차 원정 때 인도를 넘어 페르시아 만에 도착했다. 5차 원정 때는 이보다 더 먼 아프리카까지 진출했다. 아프리카의 이색적인 동물들을 중국에 소개한 것도 이때다.

이 사건으로 중국과 세계가 술렁거리고 있다. 이 남해 원정은 세계 역사상 처음 등장한 대항해라고 할 수 있다. 유럽의 포르투갈 함대보다 최소한 수십여 년은 앞선 기록이다.

그러나 정화의 남해 원정을 지지했던 황제 영락제가 1424년에 세상을 떠나자 남해 원정이 중단될 위기에 놓였다. 유학자들이 "이익도 나지 않는 항해를 왜 계속 하느냐?"며 반발하고 있기 때문이다.

한편 포르투갈의 '항해왕' 엔리케 왕자도 서서히 아프리카 서해안 일대를 탐사하기 시작했다. ▷ 2·3·4·5면에 관련 기사

유럽 기독교계 '술렁'

아비뇽 유수가 끝난 후부터 시작됐던 공동 교황 시대는 다행히 끝이 났다. 1414년, 독일 콘스탄츠 공의회의 결정에 따라 1명의 교황만 선출한 것이다.

그러나 교회의 개혁을 주장했던 영국의 존 위클리프를 이단으로 규정한 점, 프라하 대학 총장을 지낸 성직자 얀 후스를 이단으로 몰아붙이며 화형에 처한 점은 큰 비판을 받고 있다. 이 사태를 지켜본 양심 있는 성직자들은 "종교가 타락했다. 대대적인 개혁이 필요하다"고 주장하고 있다. ▷ 14면에 관련 기사

127

[2] **남해 원정** 특집 제28호 • 1390년 ~ 1430년

명, 시작이 불안하다

개국 공신 제거… 삼촌은 조카 내쫓고 황제 등극

명 태조 홍무제가 평생 동지로 지냈던 개국 공신들을 거의 모두 제거했다. 자신이 죽고 아들과 손자가 황제에 오른 후 개국 공신들이 권력을 빼앗을지도 모른다는 두려움에서다.

이처럼 홍무제는 독재자였다. 황실 권력을 강화하는 데만 몰두했다. 몽골 제국이 그랬던 것처럼 세계로 뻗어 나갈 계획은 없었다. 특히 바닷길 개척 같은 것은 아예 생각하지도 않았다.

명의 출발은 이처럼 위태로웠다. 심지어 황제를 이을 아들이 갑자기 죽어버리자 어린 손자가 황제 자리를 물려받아야 하는 상황에 처했다. 홍무제는 손자가 편하게 황제 노릇을 하도록 하기 위해 더 많은 신하를 죽였다. 그리고는 1398년, 죽음을 맞았다.

이 손자가 2대 황제 건문제가 되었다. 20명이 넘는 삼촌들이 황제 자리를 넘보기 시작했다. 1399년, 제후국 연나라의 왕으로 있는 야심 많은 삼촌이 반란을 일으켰다. 이 사건을 '정난의 변'이라고 한다. 전투는 무려 3년간 계속되었다.

1402년, 마침내 반란군이 수도 난징을 점령했다. 조카 황제는 홀연히 사라졌다. 승려가 되었다는 소문이 나돌았다. 며칠 뒤에는 불에 타 죽었다는 소문도 나돌았다. 그 후 건문제는 다시는 세상에 모습을 나타내지 않았다.

반란을 일으킨 삼촌이 곧 3대 황제가 되었다. 이 황제가 바로 영락제다. 명나라 초기의 혼란을 끝낸 황제. 또한 명나라의 이름을 세계에 알린 황제다.

영락제는 대대적인 정복 전쟁을 벌였다. 그가 통치한 22년간 명나라의 영토는 크게 넓어졌다. 우선 1406년에는 오늘날의 베트남과 티베트까지 모두 정복했다. 얼마 후에는 고비 사막으로 출격해 남아 있는 몽골 세력을 제압했다. 몽골족이 오이라트로 도망가자 그들을 추격했다.

이제 몽골족은 더 이상 명을 위협할 수 없었다. 1411년, 영락제는 수도를 베이징으로 옮겼다. 북쪽으로 진격해 남은 이민족을 모두 토벌하려는 의도였다.

영락제

[광고]

신문고를 울리세요!

억울한 백성은 한양 궁궐에 있는 북을 울리시오.

왕이 직접 소원을 들어 줄 것이외다.

신문고 조선 태종이 1402년에 실시한 것으로, 북을 울리면 억울함을 해결해 주는 제도다. 다만 주변 시선 때문에 일반 평민이 이 북을 울리기는 쉽지 않았다는 지적이 있다. 있으나 마나 한 제도였다는 것.

1390년 ~ 1430년 • 제28호   남해 원정 특집 [3]

남해 원정, 드디어 시작

총 62척에 27,800여 명의 선원 탑승… 인도로 출발!

'넘실대는 바다 저 너머에는 어떤 세계가 있을까?'

영락제가 통치하는 명나라가 바다 건너 미지의 세계를 향한 모험을 시작했다. 아시아를 넘어 아프리카까지 가는 여정. 인류 역사상 처음으로 시도되는 대항해다. 기자가 이 역사적 순간을 동행 취재했다.

이 항해를 지휘한 인물은 정화 사령관. 그는 서역 사람으로, 이슬람교도였다. 원나라 시절 제후를 지냈던 가문 출신인 것으로 알려졌다. 명 태조 홍무제가 원나라와 전투를 벌일 때 사로잡혀 거세된 뒤 아들(영락제)에게 넘겨졌다. 그에게 출항 소감을 물었다.

"아주 설렙니다. 영락제는 나를 오른팔로 여기고 있습니다. 환관이 오를 수 있는 가장 높은 벼슬(태감)을 내렸을 정도죠. 그러니 기꺼이 충성해야 하지 않겠습니까?"

이 항해를 왜 하는 것일까? 정화는 "명나라의 위엄을 전 세계에 알리는 게 첫째 목적이고, 서역과 교류를 늘리는 게 둘째 목적이다"라고 말했다. 그러나 이 밖에도 세계의 희귀하고 진귀한 물건을 수집하려는 목적도 있는 것으로 알려졌다.

정화 사령관은 이 항해를 '남해 원정'이라 부른다고 했다. 어디까지 항해할 계획일까?

"글쎄요. 갈 수 있는 곳까지는 가 볼 작정입니다. 가는 곳마다 조공도 받고, 명나라에 충성 서약을 하도록 할 예정입니다."

1405년 6월, 마침내 출항의 날이 다가왔다. 쑤저우(소주) 항에서 출항을 기다리는 배만 62척. 이 가운데 정화가 탈 사령탑 함선은 길이 137m, 폭 56m에 이르는 초대형 선박이다. 훗날 서양 함대들이 신대륙으로 항해를 할 때 사용한 배보다 최소한 3배는 더 크다.

총 27,800여 명의 선원이 탑승을 끝냈다. 이어 정화의 목소리가 우렁차게 울려 퍼졌다.

"가자, 바다로! 가자, 인도로!"

화교, 등장하다

정화의 남해 원정 때 동행했던 수많은 중국인들이 동남아시아의 여러 섬에 상륙했다. 그들 가운데 일부는 본국인 중국으로 돌아가기를 포기했다. 그냥 그곳에 눌러 살기로 한 것이다. 왜 고향을 버리고 타지에 정착한 걸까? 그중 한 사람에게 이유를 물었다.

"무역을 하려면 조정으로부터 허가장을 받아야 합니다. 우리 같은 사람은 그 허가장을 받기가 하늘의 별따기예요. 그러니 차라리 이곳에서 조정의 눈을 피해 무역을 하려고 합니다."

물론 아직까지 이런 사람이 아주 많지는 않다. 그러나 앞으로 원정이 여러 차례 거듭될수록 동남아시아에 둥지를 트는 중국인이 늘어날 것으로 보인다. 훗날 이 사람들을 '화교'라 부른다. 화교들은 곧 자기들끼리 똘똘 뭉쳐 동남아시아 경제를 쥐고 흔들기 시작한다.

[4] **남해 원정** 특집　　　　　제28호 • 1390년 ~ 1430년

정화, 세계 절반을 돌다

28년간 7회 원정… 아프리카까지 항해

정화의 조각상

망망대해가 아득히 먼 곳까지 펼쳐져 있었다. 바다는 정말로 끝이 없었다. 어느덧 1407년, 중국을 떠난 지 벌써 2년이 지났다. 많은 선원들이 지쳐 있었다. 그래도 명의 위엄을 전 세계에 떨친다는 사명감 때문인지 의욕이 충만했다. 정화 사령관도 피곤해 보이지만, 지휘봉을 손에서 놓지 않았다.

그들은 2년 사이에 동남아시아의 여러 나라에 들렀다. 참파, 수마트라, 팔렘방, 말라카, 실론을 거쳤다. 육지에 상륙하면 그곳의 왕을 만나 명나라에 조공을 바치라고 요구했다. 반발하는 나라도 있었지만 대부분 목적을 이루었다. 정화는 "이보다 더 뿌듯할 수 있겠는가?"라며 웃음을 지었다.

함대는 인도 캘커타까지 항해한 뒤 9월에 귀국했다. 이로써 제1차 남해 원정은 성공적으로 끝이 났다. 항해 보고를 받은 황제는 호탕하게 웃었다. 정화가 가지고 온 진기한 물건에도 큰 관심을 보였다.

몇 달 후 황제의 명에 따라 정화가 제2차 남해 원정을 시작했다. 이번에도 목적지는 인도 캘커타. 다만 항로를 달리 잡았다. 타이와 자바 섬을 거쳐 갔고, 돌아올 때는 스리랑카에 기념비도 세웠다. 1409년 여름, 정화의 2차 남해 원정단은 중국으로 무사히 귀환했다.

1409년 겨울에 제3차 원정을 시작했다. 같은 항로에 같은 목적지. 그러나 이번 남해 원정은 참으로 힘겨웠다. 스리랑카의 한 섬에서 원주민의 공격을 받은 것이다. 정화는 치열한 전투 끝에 그 섬의 왕과 가족을 붙잡아 1411년에 귀국했다.

숨 가쁜 세 차례의 원정. 자신감을 얻었다. 1413년, 정화는 4차 원정을 시작했다. 이번 항해는 상당히 길게 이어졌다. 인도를 넘어 페르시아 만까지 갔기 때문이다. 호르무즈와 아라비아 반도 남단에 있는 아덴에 도착했다.

귀국길에 수마트라에 들렀다. 마침 그 지역에서 반란이 일어났다. 명나라가 은혜를 베푼다는 식으로 정화의 군대가 반란을 진압했다. 1415년에 정화는 다시 귀국했다.

2년 뒤 5차 원정이 시작되었다. 이번에도 목적지는 아덴. 그러나 중간에 함대를 나누어 일부를 아프리카로 보내기도 했다. 그 함대는 아프리카 동쪽에 있는 말린디 왕국까지 진출했다. 돌아올 때는 사자나 얼룩말, 코뿔소와 같은 동물들을 배에 실었다. 소말리아에서는 기린도 가져왔다. 각종 진귀한 동물을 실은 함대는 1419년에 귀국했다.

1421년에 여섯 번째 원정이 단행되었다. 항로는 다르지 않았다. 그 후 한동안 원정은 중단되었다. 1424년, 정화의 남해 원정을 전폭 지지했던 영락제가 죽었기 때문이다.

정화의 7차 남해 원정은 시간이 많이 지난 1431년에야 다시 이루어진다. 이때 정화의 원정대는 이슬람의 성지인 메카에 이르렀다. 원정대는 2년이 지난 1433년에 중국으로 귀환했다. 그러나 그것이 마지막이었다. 정화의 남해 원정은 7차를 끝으로 중단된다.

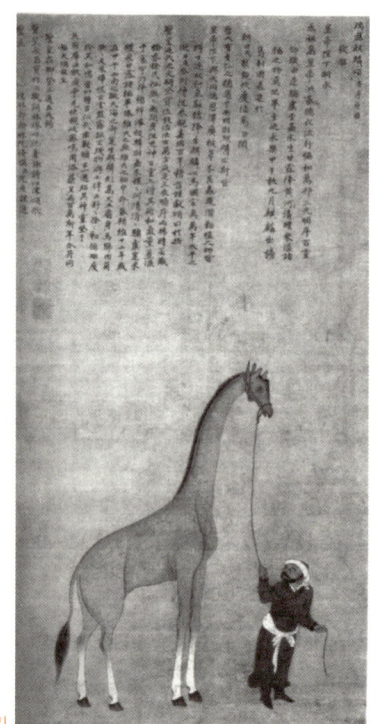

정화가 중국으로 들여온 기린

중국, 해외 탐험 중단하다

유학자들 "돈만 들어가고 이익은 없다" 반대

영락제와 정화를 묘사한 그림

정화의 남해 원정이 왜 중단됐을까? 무엇보다 영락제가 세상을 떠났기 때문이다. 그의 뒤를 이어 장남이 4대 황제 홍희제에 올랐다. 강력한 황제가 사라졌으니 불만이 터져 나오기 시작했다.

이 무렵 유학자들은 "원정의 이익이 별로 없다. 막대한 돈만 들어가니 그만두는 게 옳다"고 투덜대고 있었다. 사실 태조 홍무제도 외국과의 접촉을 크게 반기지 않았다. 유독 영락제만 남해 원정을 좋아했던 것이다. 유학자들의 항의가 심해지자 결국 홍희제는 남해 원정을 중단시켰다. 심지어 외국 배가 중국에 오는 것도 막았다. 정화 사령관은 더 이상 바다로 나가지 못했다.

1년 후 홍희제의 장남이 5대 황제 선덕제가 되었다. 선덕제의 입장은 아버지와 할아버지의 중간. 다만 그동안 원정에 들인 공이 사라지는 것은 안타까워했다. 결국 1431년, 정화에게 원정을 지시한다. 이게 마지막 원정이었다. 정화는 항해 도중 호르무즈 근처에서 세상을 떠났다. 물론 해외 원정도 더 이상 이루어지지 않았다. 유학자들은 항해 기록마저 모두 폐기해 버렸다.

뜻있는 지식인들은 땅을 치며 안타까워하고 있다. 명나라가 세계로 뻗어 나갈 수 있는 기회를 스스로 버렸다는 것. 한 학자는 "유럽에서도 서서히 항해 움직임이 감지되고 있다. 그런데 우리는 다 닦아 놓은 해상 항로를 버리고 있다. 이게 말이 되느냐?"며 분통을 터뜨렸다.

21세기 현재, 중국인들은 정화의 남해 원정을 무척 자랑스러워한다. 동서양 역사를 통틀어 바다로 뻗어 나간 첫 나라가 중국이라는 사실에 자부심을 느끼는 것이다.

유럽 포르투갈도 대항해 시작

포르투갈의 왕자 엔리케가 본격적인 항해 준비를 마쳤다. 중국에 이어 서양에서도 바다를 통해 세계로 뻗어 나가려는 것이다.

엔리케는 1415년에 기독교를 전파할 목적으로 탐험대를 만들었다. 전설 속에 존재하는 기독교 낙원을 찾겠다는 목적도 있었다. 이 탐험대는 3년 후부터 본격적인 아프리카 서해안 탐사에 나섰다.

엔리케는 항해왕이란 별명을 얻을 만큼 바다에 관심이 많았다. 모험 정신도 투철했다. 그가 항해에 나선 또 한 가지 이유는 바로 아시아로 가는 항로를 발견하기 위해서였다. 이 항로를 발견하면 아시아의 향신료를 독점 수입해 판매할 수 있기 때문이다. 요컨대 종교적인 목적과 경제적인 목적이 분명한 항해였다.

1422년, 엔리케는 에아네스란 인물에게 함대를 이끌고 아프리카 남단으로 항해하도록 명령했다. 비로소 대항해 시대가 시작된 것이다.

포르투갈의 엔리케 왕자

[6] **조선 개국** 특집

제28호 • 1390년 ~ 1430년

역성혁명 성공… 조선 건설

1392년 이성계 일파, 공양왕 끌어내리고 태조 등극

한반도에 새 시대가 열렸다. 휘청거리던 고려가 끝내 멸망하고, 1392년에 조선의 이 씨 왕조가 들어섰다. 긴박한 건국 현장을 밀착 취재했다.

1389년, 공양왕이 고려 34대 국왕에 올랐다. 엄밀하게 말하면 이성계가 그를 왕에 임명했다. 이때 이미 이성계는 건국의 꿈을 품고 있었다. 정도전, 조준과 같은 사대부들이 그를 지지했다.

그러나 모두가 이들과 함께 하는 것은 아니었다. 대표적인 인물이 정몽주. 그도 고려 개혁에는 동의했다. 그러나 새 왕조를 여는 역성혁명(易姓革命)에는 결사반대했다. 정몽주는 사대부뿐 아니라 민중에게도 존경을 받는 충신. 이성계 일파로서는 어떻게든 설득해 같은 편으로 끌어들여야 했다.

그러나 정몽주는 꿈쩍하지 않았다. 이성계의 아들 이방원이 다시 설득에 나섰다. 이어진 둘만의 술자리. 이방원이 먼저 「하여가」를 읊었다.

"이런들 어떠하리, 저런들 어떠하리. 만수산 드렁칡이 얽혀진들 어떠하리. 우리도 이같이 얽혀서 백 년까지 누리리라."

그러자 정몽주는 「단심가」로 이에 화답했다.

"이 몸이 죽고 죽어, 일백 번 고쳐 죽어. 백골이 진토되어 넋이라도 있고 없고. 님 향한 일편단심이야 가실 줄이 있으랴."

절대 고려 국왕을 배신할 수 없다는 메시지. 결국 이방원은 정몽주를 선죽교에서 죽여 버렸다. 새 왕조 건국에 가장 큰 걸림돌을 제거한 것이다. 이어 새 왕조 건설의 속도가 빨라졌다.

1392년, 이성계 일파가 공양왕을 원주로 유배 보냈다. 그리고 곧 왕과 왕자들을 모두 제거했다. 새로운 왕을 임명하지 않았다. 역성혁명의 성공. 혁명의 주역들은 이성계를 왕으로 추대했다. 이렇게 조선이 건국되었다. 이성계는 초대 국왕인 태조가 되었다.

두문불출!

조선이 건국되었지만 일부 고려 충신들은 "죽으면 죽었지, 조선에 충성하지 않겠다!"고 선언했다. 특히 맹호성, 성사제, 조의생 등 72명의 고려 신하들은 경기도에 있는 한 골짜기로 들어가 나오기를 거부했다.

이성계는 그 충신들에게 조선에 협조할 것을 요구했다. 그러나 그들은 끝까지 조선의 신하가 되지 않겠다고 버텼다. 결국 이성계는 그들이 머물고 있는 곳에 불을 질렀다. 목숨만큼 중요한 게 없으니, 불을 지르면 그곳에서 그들이 나오지 않겠느냐는 생각이었다.

그러나 그들은 끝까지 나오지 않았다. 결국 모두 불에 타 죽고 말았다. 이곳의 이름은 두문동. 이 사건을 두문불출(杜門不出)이라고 한다. 집 안에 틀어박혀 바깥출입을 전혀 하지 않을 때 이 표현을 쓴다.

"잔인하지만 훌륭한 왕"

3대 태종, 반란으로 왕 등극… 조선 기틀 세워

조선 출범 6년 만에 큰 난이 터졌다. 왕자들이 서로 죽고 죽이는 전투를 벌였다. 태조의 마음은 시커멓게 타들어 갔다.

태조는 8명의 아들 가운데 둘째 부인(신덕왕후 강 씨)이 낳은 막내아들 이방석을 특히 아껴서 그를 세자로 책봉했다. 그러자 첫째 부인(신의왕후 한 씨)의 다섯째 아들 이방원이 반란을 일으켰다. 제1차 왕자의 난이다. 이방원은 신덕왕후의 두 아들(이방번, 이방석)을 귀양 보낸 다음 죽여 버렸다.

인생무상을 느낀 태조는 1398년에 둘째 아들 이방과(정종)에게 왕위를 물려주고 은퇴했다. 2년 후 넷째 아들 이방간과 이방원이 격돌했다. 제2차 왕자의 난이다. 이방원의 승리. 정종은 왕위를 넘겨주고 물러났다. 이방원은 3대 태종에 올랐다.

태종은 강력한 개혁으로 조선의 기틀을 다졌다. 우선 개국 공신이 각자 거느리는 개인 군대인 사병(私兵)을 폐지했다. 병력은 모두 국가가 관리했다. 또 의정부를 강화했다. 그 밑에는 이, 호, 예, 병, 형, 공 등 6조를 두었다. 의정부의 우두머리는 영의정, 좌의정, 우의정 등 삼정승을 두었다.

오늘날의 주민등록증과 같은 호패 제도도 도입했다. 16세 이상의 양인(양반과 농민)이 발급 대상. 이 제도를 시행함으로써 전국 어느 곳에 어떤 사람들이 얼마나 살고 있는지를 알 수 있게 되었다.

백성을 위해 세금 제도도 개혁했다. 억울한 백성의 사연을 듣는 신문고 제도도 도입했다. 전문가들은 "태종이 반란을 통해 왕에 오르긴 했지만 사실상 조선을 창건했다고 할 정도로 많은 것을 정비했다"고 평가하고 있다.

"태종은 사대부를 배신했다!"

조선 개국 공신 정도전이 1차 왕자의 난 때 이방원에게 피살되었다. 정도전이 사대부의 세상을 건설하려 했기 때문이다. 기자가 입수한 정도전의 공책에서도 그의 이념을 엿볼 수 있다.

"한나라를 세운 인물이 유방이라고? 아니다. 참모인 장량이 세웠다. 조선도 마찬가지다. 태조가 세운 게 아니다. 바로 내가 세웠다. 왜 이 나라를 세웠는가? 제대로 된 유교 사회를 만들기 위해서다. 그 역할을 누가 하는가? 바로 사대부다. 사대부가 왕을 견제하고, 왕은 사대부와 토론해야 한다."

"이방원이 사대부를 배신했다. 그는 독재자가 되려 한다. 사대부와 권력을 나눌 의향이 이방원에게는 없다. 그러니 그를 왕으로 삼아서는 안 된다. 그를 막아야 한다."

정도전의 고민이 어땠는지 알 수 있다.

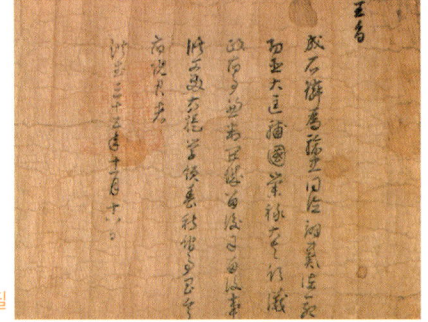

태종의 어필

[8] **조선 개국** 특집

제28호 • 1390년 ~ 1430년

세종, 조선의 왕에 오르다

조선 역사상 최고의 왕… 대마도 정벌―집현전 설치

세종대왕 동상

1418년, 태종의 셋째 아들 충녕대군이 왕에 올랐다. 조선의 4대 국왕 세종이다.

세종은 조선 역사상 가장 훌륭한 왕으로 손꼽힌다. 정말 그랬다. 세종은 왕에 오르자마자 눈부신 활약을 보이기 시작했다.

▽**대마도 정벌** = 1419년, 세종은 이종무에게 대마도(쓰시마 섬)를 정벌하라는 왕명을 내렸다. 잠잠하던 왜구가 다시 한반도 해안 지대를 약탈했기 때문이다. 왜구의 기지인 대마도를 쳐서 본때를 보여 주려는 의도였다.

이종무는 227척의 병선을 끌고 대마도로 향했다. 병사는 17,000여 명. 이들은 보름 동안 대마도를 집중 공격했다. 대마도의 왕이 결국 항복했다. 군사령관인 이종무는 그동안 잡혀간 조선인을 데리고 귀국했다. 이어 1420년에는 대마도를 경상도의 행정 구역으로 편입시켰다.

세종은 왜구들에게 당근 정책을 쓰기도 했다. 1426년, 제포(진해), 부산포(부산)에 이어 염포(울산)를 개방한 것이다. 이 삼포를 개방하자 왜구의 노략질도 줄었다. 조선과 교류하면서 숨통이 트였던 것이다.

▽**집현전 설치** = 1420년, 세종이 집현전을 만들었다. 집현전은 학문과 정책을 담당하는 기관. 정1품의 고위직을 포함해 총 20명의 학사를 두었다. 학사는 집현전에서 근무하는 관리들을 가리키는 호칭이다. 학문을 좋아하는 세종은 학사들을 항상 우대했다.

집현전에서는 자주 경연(經筵)이 열렸다. 왕과 신하가 함께 정책이나 유학을 토론하는 것을 경연이라 부른다. 학사들은 또 세자를 직접 교육시키기도 했다. 이를 서연(書筵)이라고 했다.

학사들은 또 백성들의 생활에 도움을 줄 수 있는 책도 많이 만들었다. 『고려사』, 『동국정운』과 같은 역사서도 펴냈다. 이 밖에도 셀 수 없이 많은 책을 집현전에서 출간했다. 조선의 문화적 위상이 한층 높아졌다.

"우리 땅엔 우리 농법"

1429년, 세종대왕의 명에 따라 출간된 『농사직설』이 큰 인기를 얻고 있다.

『농사직설』은 농사법을 쉽게 설명한 책이다. 주로 곡식 재배에 관한 내용이 많다. 가장 특이한 점은, 우리 땅과 우리 풍토에 맞는 농법을 처음으로 다루었다는 데 있다. 가령 한반도의 어느 지역에는 어떤 곡식을 재배하는 게 가장 좋다는 식이다. 이 책이 나오기 전까지는 중국의 책을 주로 참고했다. 때문에 지금껏 우리 농민들은 중국의 지역 환경에 맞는 농사법에 익숙해져 있었다.

세종은 이 책을 지방 관리 및 중앙의 2품 이상 고위직에게 주어 읽도록 했다. 관리들이 농사법에 대해 알고 있어야 백성을 제대로 이끌 수 있다는 뜻에서였다. 세종대왕은 민생도 두루 살핀 어진 왕이었다.

조선 신분 제도 확립

양인-천인 2원화… 양반만 상류층

"우리 집은 천해요. 아버지가 무당이거든요. 그러니 난 공부를 할 수도 없어요. 설령 공부를 해도 과거 시험을 볼 수 없죠."

한 무당의 아들이 기자에게 한 말이다. 조선 시대에는 이처럼 신분이 확실하게 구분돼 있어 상류층으로 가는 게 사실상 불가능했다. 무당은 천인에 해당한다.

조선 시대 초반 백성들은 크게 양인과 천인으로 나뉘었다. 원칙대로라면 천인만 아니면 누구나 과거에 응시할 수 있다. 과연 그럴까? 양인에 속하는 한 농민의 이야기를 들어 보았다.

"높으신 분들이야 우리도 과거 시험을 볼 수 있다고 하지만, 그게 가당키나 합니까? 1년 내내 일해도 세금 내기 벅찬데, 어느 시간에 공부를 해요?"

양인은 크게 양반과 중인, 상민으로 분류된다. 양반은 문관인 동반, 무관인 서반을 합쳐 부르는 말. 중인은 양반의 밑에서 이런저런 일을 담당하는 사람들을 가리킨다. 지방 관아의 향리 같은 사람이 대표적이다.

상민은 일반 평민을 가리킨다. 농민, 상인, 수공업자가 여기에 해당한다. 이 안에서도 서열이 존재했다. 대체로 농민이 가장 높고, 그 다음이 상인과 수공업자다. 상민도 과거 시험에 응시할 수 있었다. 그 대신 세금을 낼 의무가 있었다. 이 의무를 이행하느라 등골이 휘어질 정도. 그러니 실제로는 과거 시험에 응시한다는 게 사실상 불가능했다.

천인은 보통 천민이라고 불렀다. 노비가 대표적이다. 관청에 속한 노비는 공노비, 개인이 소유한 노비는 사노비라 불렀다. 이 밖에도 무당, 백정, 광대도 천인에 해당한다. 상민과 달리 노비는 공부할 수 없었다. 상민과 노비가 결혼해 낳은 아이는 자동적으로 천인이 되었다.

전국 행정 구역, 8도로 확정

태종이 한반도 전체를 총 8개 도로 나누었다. 8도는 경기도, 강원도, 충청도, 전라도, 경상도, 황해도, 함경도, 평안도다. 각 도에는 조정에서 파견한 관찰사가 있어 그 지역을 관리했다. 관찰사는 자신이 임명된 도에서는 작은 왕이나 다름없었다. 관찰사는 오늘날로 치면 도지사에 해당한다.

도 아래에 부와 목, 군, 현을 두었다. 부에는 부윤, 목에는 목사, 군에는 군수, 현에는 현령을 두었다. 이들을 통틀어 '지방 수령'이라 불렀다. 또는 백성을 다스린다는 뜻에서 목민관이라고도 했다. 고려 시대까지 있던 천민 구역인 향과 소, 부곡은 폐지되었다.

[10] **백 년 전쟁** 특집

제28호 • 1390년 ~ 1430년

백 년 전쟁 언제 끝나나

 유럽

휴전-전쟁 반복… 아쟁쿠르 전투에서 영국 대승

영국과 프랑스의 백 년 전쟁은 아직도 끝나지 않았다. 그래도 오랜 기간 휴전이 이어지고 있다. 두 나라 모두 내부 문제 때문에 전쟁을 할 처지가 못 됐던 것이다.

가령 영국 왕 리처드 2세는 의회와 싸우고 있었다. 리처드 2세는 와트 타일러의 난 때 반란군 지도자와 면담한 뒤 처형해 버린 인물. 독재에 가까운 통치 스타일 때문에 의회가 무척 싫어했다. 결국 리처드 2세 왕은 쫓겨난 뒤 암살당했다.

1399년, 새로이 랭커스터 가문의 헨리 4세가 왕에 올랐다. 가문이 바뀌었기에 왕조도 앙주 왕조에서 랭커스터 왕조로 교체되었다. 헨리 4세는 의회와 사이좋게 지냈다. 그러니 통치도 무난했다. 1413년, 헨리 4세의 아들이 왕위를 이어받았다. 바로 헨리 5세. 그는 프랑스와의 전쟁을 끝내고 싶어 했다.

프랑스도 혼란하기는 마찬가지였다. 1380년에 왕에 오른 샤를 6세는 1422년까지 무려 42년을 통치했다. 그러나 그에게는 치명적인 약점이 있었다. 정신 질환을 앓고 있었던 것이다. 이런 왕의 권력이 강할 리 없었다. 아닌 게 아니라 귀족들이 주도권 다툼을 벌이기 시작했다.

귀족들은 부르고뉴파와 아르마냐크파로 분열돼 전쟁을 벌였다. 프랑스 내전이 시작된 것이다. 영국이 이런 기회를 놓칠 리 없었다. 1415년, 영국 왕 헨리 5세가 군대를 이끌고 프랑스 노르망디 해안에 상륙했다. 영국군은 이어 북프랑스로 진격, 아쟁쿠르란 곳에서 프랑스 군대와 격돌했다.

병사의 수는 프랑스가 훨씬 많았다. 그러나 영국군이 더 용맹했다. 영국이 대승을 거두었다. 영국은 북프랑스의 여러 도시를 접수했다. 결국 프랑스가 백기를 들었다.

1420년, 두 나라는 트루아 조약을 맺었다. 이 조약에 따라 샤를 6세의 딸이 헨리 5세와 결혼했다. 더불어 영국 왕 헨리 5세는 병을 앓고 있는 샤를 6세가 사망하면 프랑스 왕에 오르기로 합의했다. 프랑스가 대 굴욕을 당한 셈이다.

헨리 5세

 유럽

호엔촐레른 가문, 베를린 점령

호엔촐레른 성

호엔촐레른 가문이 1410년, 베를린을 차지했다. 베를린은 독일 브란덴부르크 지방의 중심 도시. 호엔촐레른 가문은 5년 후인 1415년, 브란덴부르크 제후가 된다. 브란덴부르크 제후는 신성 로마 제국 황제를 뽑는 7선제후 중 하나. 상당히 강력한 제후인 셈이다.

이 무렵 신성 로마 제국의 황제는 합스부르크 왕조에서 배출하고 있었다. 브란덴부르크 제후는 아직 황제 자리를 넘보지 못하고 있다. 그래도 전문가들은 호엔촐레른 가문이 독일 왕조로 이어질 것으로 보고 있다. 베를린 또한 독일의 중심지가 될 것이란 분석이 많다.

이 무렵에는 독일이란 개념이 없었다. 호엔촐레른 가문이 통치한 브란덴부르크는 1701년 프로이센 왕국으로 승격된다. 이 프로이센이 오늘날 독일의 직접적인 조상이다.

잔 다르크, 프랑스 구하다

오를레앙 전투에서 영국에 대승… 프랑스 전세 역전

잔 다르크

1422년, 프랑스 왕 샤를 6세가 사망했다. 같은 해에 영국 왕 헨리 5세도 사망했다. 나이 두 살에 영국 왕에 오른 헨리 6세. 영국 귀족들은 "트루아 조약에 따라 헨리 6세가 영국과 프랑스의 왕에 올랐다"고 선포했다.

프랑스 부르고뉴파는 환영했지만 아르마냐크파는 발끈했다. 아르마냐크파 귀족들은 샤를 6세의 아들인 샤를 7세를 중심으로 영국에 저항했다. 그들의 거점은 프랑스 중남부의 오를레앙. 샤를 7세도 질세라 "내가 프랑스의 왕이다"라고 선언했다.

프랑스의 왕이 2명인 상황. 그러나 아직 그 누구도 합법적인 왕은 아니었다. 프랑스 왕이 되려면 랭스 대성당에서 대관식을 치러야 한다. 샤를 7세가 대관식을 노렸다. 하지만 그곳으로 갈 수는 없었다. 1428년, 영국 군대가 오를레앙을 포위했기 때문이다.

1년을 버텼다. 프랑스로서는 더 이상 희망이 없어 보였다. 바로 이때 한 여성이 등장했다. 바로 잔 다르크!

어느 날 그녀가 샤를 7세를 찾아왔다. 자신에게 병사를 주면 영국군을 물리치겠다고 했다. 처음에는 아무도 그녀의 말을 믿지 않았다. 그녀는 농촌에서 태어나 농촌에서 자란 평범한 처녀. 그러나 하늘로부터 "프랑스를 구하라"는 신의 음성을 들었다고 했다.

잔 다르크가 거느린 병사의 수는 많지 않았다. 그러나 잔 다르크는 정말로 영국 군대를 몰아냈다. 기적이었다. 이 전투가 바로 오를레앙 전투다. 오를레앙 전투에서 승리함으로써 프랑스의 사기는 다시 하늘을 찌른다. 전세를 완전히 역전시킨 것이다.

이어 샤를 7세는 랭스 대성당에서 대관식을 치렀다. 이제 합법적인 프랑스의 왕이 되었다. 그러나 1430년, 잔 다르크는 전투 도중 부르고뉴파에게 사로잡힌 후 영국으로 넘겨졌다.

대포 위력 "대단하네!"

오를레앙 전투에서 프랑스가 역전승을 거둔 것은 대포 때문이란 평가가 나오고 있다.

이 전쟁 이전까지 프랑스는 주로 기사 위주의 군대로 전투에 임했다. 이 전투에서부터 전략을 대폭 수정한 것이다. 고성능 대포는 영국 진영을 아수라장으로 만들었다. 반면 영국 군대는 백 년 전쟁 초기와 크게 다르지 않았다. 긴 활을 쓰는 병사들 위주로 군대가 짜여 있는 것. 화력에서 프랑스가 앞서기 시작한 셈이다.

어떤 전문가는 "물론 잔 다르크가 지휘를 잘했겠지만, 어쩌면 이 대포 때문에 프랑스 군대가 영국에 승리했을지도 모른다"고 말했다. 심지어 "잔 다르크가 대포 전문가였다는 기록도 있다"는 주장까지 제기되고 있다.

전문가들은 "프랑스가 고성능 군대를 쓰기 시작했으니, 앞으로는 프랑스가 계속 우세할 것이다"라고 전망했다.

[12] 국제 제28호 • 1390년 ~ 1430년

티무르 제국↑, 오스만 제국↓

세계

앙카라 전투 티무르 대승… 오스만 혼란

티무르에 의해 갇힌 바예지드 1세를 묘사한 그림

티무르 제국이 본격적으로 팽창하고 있다. 오스만 제국도 유럽의 문을 계속 두들기고 있다. 두 이슬람 제국의 약진이 계속되고 있다. 그러나 두 명의 강자가 동시에 존재할 수는 없다. 만약 두 나라가 격돌한다면 어떻게 될까? 그 역사를 처음부터 짚어본다.

1400년 무렵 티무르 제국은 무섭게 성장하고 있었다. 중앙아시아는 물론 서아시아의 여러 지역을 정복했다. 티무르는 직접 군대를 이끌고 인도로도 진격했다. 델리에 있는 여러 왕국도 정복했다. 티무르는 약 10만 명의 인도인을 학살하고, 엄청난 양의 재물을 챙긴 뒤 귀환했다.

그 다음, 눈을 서쪽으로 돌려 소아시아 아나톨리아 근처까지 진출했다. 그곳은 오스만 제국의 영토였다. 티무르는 땅을 내놓으라고 했다. 오스만 제국이 거부했다. 그렇다면 싸울 수밖에. 오스만 제국 술탄 바예지드 1세도 유럽 공략을 잠시 중단하고 티무르 제국과의 전쟁에 대비했다.

1402년, 터키 앙카라에서 두 제국이 격돌했다. 바로 앙카라 전투다. 이 전투에서 누가 진정한 강자인지 판가름 났다. 티무르가 크게 이겼다. 바예지드 1세는 티무르 군대에 생포되었다. 그는 티무르 제국의 감옥에서 목숨을 잃었다.

티무르는 오스만 제국의 영토를 쪼개 바예지드 1세의 아들들에게 나누어 주었다. 물론 모든 정치에 간섭했다. 오스만 제국이 큰 위기를 맞은 것이다.

1405년, 티무르가 중국의 명나라를 정벌하려고 군대를 일으켰다. 그러나 원정 도중 사망하고 말았다. 덕분에 오스만 제국은 위기에서 탈출할 수 있었다.

바예지드 1세의 아들 중 한 명인 메메드(메흐메드) 1세가 1413년에 분할되어 있던 오스만 제국을 다시 통일했다. 이어 그의 아들로, 술탄에 오른 무라드 2세가 오스만 제국을 과거처럼 강력한 제국으로 만들었다. 반대로 티무르를 잃은 티무르 제국은 약해지기 시작했다. 두 나라의 운명이 뒤바뀐 것이다.

[광고]

오를레앙 축제 공고

5월이 다가왔습니다.
프랑스 국민이여,
승리를 기념해 잔치를 벌입시다.

오를레앙 축제 잔 다르크가 등장해 프랑스에 대승을 안겨 준 오를레앙 전투를 기념해 매년 5월에 축제가 열린다. 프랑스 혁명 때 잠시 중단된 적이 있지만 그 후 다시 시작돼 현재에도 열리고 있다.

피렌체에서는 은행업이 대성황

메디치 가문 주도… 유럽 10여 개 은행 지점 세워

이탈리아 피렌체에서 은행업이 크게 번성하고 있다. 곳곳에 지점을 둔 대규모 은행도 등장했다. 이런 은행업 열풍을 부른 주역은 바로 메디치 가문이다.

피렌체의 메디치 가문은 14세기 초반부터 두각을 나타내기 시작했다. 당시 메디치 가문은 직물 교역으로 큰돈을 벌었다. 그러나 정말로 거부가 될 수 있었던 비결은 따로 있었다. 바로 은행업이다.

14세기 후반 피렌체는 공화국 시대였다. 메디치 가문은 귀족에 저항하고 평민을 지지했다. 많은 피렌체 시민들이 메디치 가문을 존경했다. 메디치 가문의 1인자 조반니 디 비치는 피렌체 은행조합의 대표가 되었다. 이때부터 메디치 가문은 승승장구했다.

특히 그의 장남인 코시모 메디치의 활약이 컸다. 코시모 메디치는 유럽 전역에 은행의 지점을 열었다. 밀라노와 피사를 비롯해 스위스 제네바, 프랑스의 리옹과 아비뇽, 영국 런던 등 10여 개 도시에 지점이 생겼다.

이들 은행의 지점은 돈 거래를 주로 했지만, 때로는 직접 상품을 거래하기도 했다. 대표적인 상품이 직물과 향신료, 설탕 같은 것들. 이윤이 많이 남는 상품들이었다.

메디치 가문의 활약으로 피렌체는 자금의 중심지로 떠올랐다. 여러 나라에서 메디치 가문의 은행을 이용했다. 왕들이 자신의 개인 돈을 메디치 가문에 맡겨 불려 달라고 요청하기도 했다. 메디치 가문의 은행은 교황청의 돈도 관리했다.

코시모 메디치는 정치에 나서지 않았다. 그러나 피렌체에서 그는 사실상 왕과 다름없는 권력을 누리고 있다는 평가가 많다. 어떤 사람을 공직에 앉힐 것인지도 그가 결정했다. 전문가들은 "경제가 정치를 좌우하는 시대가 다가오는 것 같다"고 평가하고 있다.

메디치 가문의 저택

유럽 후추 값 폭등

유럽에서 후추 가격이 폭등하고 있다. 후추를 찾는 사람은 많은데, 시장에서 파는 후추의 양은 턱없이 적기 때문이다.

유럽에 후추를 공급한 사람들은 지중해 상인들이었다. 그런데 15세기 들어 오스만 제국이 발칸 반도 지역을 장악했다. 힘이 세진 오스만 제국은 후추 무역을 방해했다. 이 때문에 지중해 상인들이 후추를 많이 들여오지 못한 것이다.

포르투갈의 엔리케 왕자가 항해를 준비한 것도 후추가 부족해진 이 상황과 무관하지 않다. 바닷길을 개척해 직접 아시아로 가서 후추를 구하면 큰돈을 벌 수 있기 때문이다. 전문가들은 "앞으로 많은 모험가들이 후추를 찾아 항해를 할 것이다"고 전망하고 있다.

"단일 교황 시대 열었지만…"

콘스탄츠 공의회, 종교 개혁가 위클리프-후스 처벌

콘스탄츠 공의회에서 공격을 당하는 얀 후스

로마에 교황이 있는데, 프랑스에도 교황이 있다. 벌써 수십 년째다. 가톨릭의 위기.

1414년, 독일 콘스탄츠에서 교회의 위기를 극복하기 위한 종교회의가 열렸다. 제16회 콘스탄츠 공의회다. 수백 명의 성직자가 참석해 1417년까지 만 3년간 계속되었다. 공의회 결과를 살펴보자.

▽**단일 교황 선출** = 공의회의 가장 큰 목표는 교회를 통합하는 것. 공의회는 2명의 교황을 끈질기게 설득했다. 그 결과, 로마 교황과 프랑스 교황이 모두 물러났다. 이어 마르티노 5세가 새 교황에 추대되었다. 새 교황은 이듬해 로마에 교황청을 꾸렸다. 이로써 다시 단일 교황 시대가 열렸다.

▽**위클리프 이단 선언** = 2명의 교황이 권력을 다투기 시작한 1378년. 영국 신학자 존 위클리프는 교회를 강하게 비판했다. 교황청이 돈과 권력을 너무 밝힌다는 것. 교황이 정치에 간섭하는 것도 반대했다.

존 위클리프는 "구원은 성서에 있다"고 주장했다. 성서를 들고 가난한 민중에게로 뛰어들었다. 그렇게 열정적으로 살다 1384년에 세상을 떠났다. 그러나 공의회는 그를 이단으로 규정하고, 가톨릭을 모독했다며 그의 책을 모두 불태웠다. 그의 시신도 강물에 던져 버렸다.

▽**후스 처형** = 보헤미아 출신으로 프라하 대학 총장을 지낸 얀 후스. 그는 위클리프의 종교 개혁을 지지했다. 위클리프가 죽은 후에도 성직자들이 자리를 사고파는 것을 비판했다. 또 교회가 면죄부 장사를 하는 것도 비판했다.

바로 이런 점 때문에 로마 교회는 일찌감치 후스를 파문했다. 그러나 후스는 개혁을 이어 나갔다. 여전히 위험한 인물. 이 공의회는 후스에게 "참회하라"고 요구했다. 후스는 거절했다. 결국 1415년, 공의회는 후스를 화형에 처했다. 또 한 명의 종교 개혁가가 사라진 것이다.

면죄부 본격 판매

교회들이 잇달아 면죄부를 발행하고 있다. 교회들은 "돈을 주고 면죄부를 사면 자신이 지은 죄를 용서받을 수 있다"고 선전하고 있다. 특히 독일 지역에서 면죄부가 많이 판매되고 있다. 영국, 프랑스에서는 왕의 권한이 강해지고 중앙 집권제가 서서히 정착하고 있었다. 이 때문에 교회 세력은 약해졌다.

그러나 독일에서는 강력한 왕이 등장하지 않았다. 게다가 독일은 여러 공국들이 연합한 나라. 아직도 교회의 세력이 강했다. 교회는 유력한 귀족 가문과 힘을 합쳐 면죄부를 팔아 돈을 벌었다.

양심적인 성직자들은 일제히 "교회가 면죄부 장사를 하며 타락하고 있다. 이러다가 큰일이 터지고 말 것이다"고 경고하고 있다.

최해산, 화살 자동 발사기 화차 발명

"이야말로 세계를 놀라게 할 첨단 무기가 아닌가?"

1409년, 조선 시대의 무신 최해산이 화차를 발명하는 데 성공했다. 발사 시험을 지켜본 왕들은 놀라움을 금치 못했다.

화차에는 수십 개의 화살을 동시에 탑재할 수 있도록 수많은 구멍이 있다. 수레에 바퀴를 달아 손쉽게 다른 곳으로 이동시킬 수도 있다. 물론 화살을 발사할 때에는 화약을 쓴다. 이런 점 때문에 이 무기를 화차(火車)라고 부른 것이다.

화차에 사용하는 화살에는 청동 날개가 달려 있다. 따라서 발사될 경우 파괴력이 일반 화살보다 더욱 크다.

이 화차를 개발한 최해산은 최무선의 아들이다. 아버지 최무선으로부터 화약 제조 비법을 전수받아 화차를 만든 것이다.

화차는 왕들로부터도 인정을 받았다. 화차를 만든 바로 그해에는 태종이 발사 시험에 참석했다. 발사 시험은 그 후로도 가끔씩 열렸다. 세종 때인 1424년에도 광연루에서 발사 시험이 열렸다. 물론 이 자리에도 세종이 참석했다.

훗날 일본을 비롯해 유럽의 여러 나라에서도 화차를 벤치마킹한 무기가 나왔다. 화차는 자동 무기의 탄생을 알린 첫 작품이기 때문이다.

명복을 빕니다

▽**최무선** = 고려 시대의 무기 발명가이며 무신으로, 1395년에 세상을 떠났다. 우리 역사에서 처음으로 화약을 본격적으로 연구한 인물이다.

최무선은 화약 제조에 필요한 원료를 구하기 위해 갖은 노력을 다 했다. 우리보다 앞서 화약을 만든 중국 상인을 어르고 달래, 마침내 모든 원료 제조법을 배웠다. 결국 화약을 만드는 데 성공했다.

최무선은 고려 조정에 건의해 1377년에 화통도감을 세웠다. 화약과 화약 무기를 본격 연구하기 시작했다. 다양한 무기가 탄생했다. 로켓과 비슷한 주화(走火)란 무기도 있었다. 달리는 불이란 뜻이다.

고려 시대에 최무선은 고위 관료가 되지 못했다. 다만 그의 아들 최해산이 대신 화약 무기를 개발하기 시작했다. 최무선은 『화약수련법』이란 책을 남겼다. 안타깝게도 오늘날 남아 있지는 않다.

▽**주원장** = 명나라를 세운 인물로, 홍무제라 불리며 1398년에 세상을 떠났다. 그가 원나라의 몽골 세력을 몰아냄으로써 중국은 다시 한족 정권의 차지가 되었다.

그러나 그는 개국 공신들을 철저히 탄압한 것으로 유명하다. 처음에는 아들에게, 아들이 죽고 난 후에는 손자에게 탄탄한 황제 자리를 물려주기 위해 수많은 대신을 죽였다. 이 과정에서 수많은 주원장의 동지들이 제거되었다. 약 2만 명 정도가 목숨을 잃었다.

주원장이 살아 있을 때는 큰 탈이 없었다. 하지만 그가 죽자 아들들 사이에 황제 자리를 놓고 내분이 생긴다. 결국 황제의 삼촌이 황제를 내쫓고 그 자리에 오른다. 그가 바로 영락제다.

[16] 엔터테인먼트      제28호 • 1390년 ~ 1430년

통 역사 가로세로 퍼즐

〈가로 퍼즐〉

2. 이성계의 아들. 반란을 통해 조선 3대 왕, 태종에 오른다.
3. 고려 말기의 충신. 선죽교에서 조선 건국 세력에 의해 살해됐다.
5. 중세 시대 영주들이 소유한 대토지를 가리키는 말
6. 왕의 성(姓)이 바뀌는 혁명. 왕조를 바꾸는 것을 말한다.
8. 이슬람 여행가. 아시아, 아프리카, 유럽을 30년간 탐험했다.
9. 1351년에 발표된 보카치오의 소설. 근대 소설의 효시로 여겨진다.
12. 조선 시대 집현전 학사들이 세자의 교육을 담당하는 것
14. 고려 말에 설치된 화약을 만들고 다루는 기관
17. 1402년 오스만 제국과 티무르 제국이 격돌한 전투. ○○○ 전투

〈세로 퍼즐〉

1. 명나라 정화의 7차에 걸친 항해를 가리키는 말
2. 조선을 건국한 인물. 조선 태조
4. 홍건적 출신으로 명나라를 건설한 인물
6. 흑사병처럼 병균을 옮기는 전염병을 가리키는 말
7. 정화가 1차 항해 때 인도의 이 도시에 도착한 뒤 귀국했다.
10. 피렌체에서 14세기부터 은행업을 시작한 가문
11. 집현전에서 왕과 학사들이 토론하는 것
13. 쓰시마 섬. 세종 때 이곳을 정벌하기도 했다.
15. 세종 시절, 최해산이 발명한 화약 무기
16. 잔 다르크가 프랑스를 승리로 이끈 전투. ~ 전투
18. 종교 개혁가. 이단으로 몰려 화형당했다. 얀 ○○

정답은 259페이지에

[사설]

히스테리우스 편집장

콘스탄츠 공의회, 판단 틀렸다

콘스탄츠 공의회를 통해 공동 교황 시대가 끝이 났다. 아비뇽 유수 무렵부터 계속됐던 기독교의 혼란이 어느 정도 끝이 보이는 것 같아 다행이다.

하지만 콘스탄츠 공의회는 존 위클리프와 얀 후스를 이단으로 규정했다. 과연 올바른 결정일까? 많은 사람들이 이는 잘못된 판단이라고 말한다.

두 학자와 성직자는 기독교 세계를 깨끗하게 만들기 위해 노력을 해 왔다. 특히 얀 후스는 교회의 면죄부 판매를 죄악이라며 비판해 왔다. 이런 양심적인 인물들이 있었기에 그나마 기독교 세계가 덜 타락할 수 있었던 것이다.

그러나 공의회와 교황청은 이들이 자신을 비판한다는 점 때문에 무조건 배척하고 있다. 심지어 얀 후스를 화형에 처해 버렸다. 많은 양심적인 기독교 신도들이 분노하고 있다. 당장 사과하라. 그렇지 않으면 평민 신도의 더 큰 저항에 부딪치리라.

잔 다르크가 마녀?

오를레앙 전투에 승리해 백 년 전쟁의 전세를 역전시킨 잔 다르크가 영국군에 붙잡혔다. 엄밀히 말하면 프랑스를 배신한 부르고뉴파가 붙잡아 영국에 넘긴 것이다.

재판이 한창 진행 중. 영국은 잔 다르크에 대해 마녀 혐의를 주장하고 있다. 물론 잔 다르크는 부인하고 있다. 하지만 영국의 주장이 먹혀들 것 같은 분위기다. 잔 다르크는 머리를 짧게 했고, 여성의 옷을 입고 다니지 않았다. 얼핏 보면 영락없는 남자다. 그런데 가톨릭 전통에서는 여자가 남자 행세를 하는 것이 금지되어 있다.

잔 다르크를 마녀로 만듦으로써 프랑스의 사기를 꺾으려는 게 영국의 속셈이 아닌가 싶다. 이런 행동이 떳떳해 보이지는 않는다. 영국은 오를레앙 전투 패배의 원인이 무엇인지를 더 고민해야 한다. 마녀사냥은 옳지 않다. 영국이 좀스러워 보인다.

전문가 칼럼

세종의 여론 조사

나르무르 꼬무스
(정치 비평가)

어떤 제도나 정책을 시행할 때 정부는 여론 조사를 자주 실시한다. 국민이 어떤 생각을 하고 있는지, 제도와 정책을 찬성하는지, 혹시 반대하는 사람이 많지는 않은지를 여론 조사를 통해 알 수 있기 때문이다. 이처럼 여론 조사는 백성의 뜻을 알기 위한 좋은 도구다. 그래서 민주주의의 여러 요소 중 하나로 받아들여진다.

조선 시대에도 현대의 것과 비슷한 여론 조사 제도가 있었다. 세금을 어떻게 정하고 부과할 것인지를 백성들에게 묻기 위해서였다. 이를 공법이라고 하는데, 1430년에 농지 1결마다 곡식 10두씩을 세금으로 거두기로 확정했다. 바로 이 정책의 찬반을 묻기 위해 여론 조사가 실시된 것이다. 물론 세종대왕의 왕명이었다.

전국 17만 백성에게 찬반을 물었다. 그 결과 찬성이 약간 많았다. 세종은 이 의견을 감안해 토지 정책을 세우도록 했다. 세종은 정말 현명한 군주였던 것 같다.

역사 연표

| 아시아 | 아프리카 | 유럽 | 아메리카 |

1390년

1392년
태조 이성계, 조선 건국
1400년
이방원이 조선 3대 왕 태종에 등극
1402년
영락제가 명 3대 황제에 등극
앙카라 전투에서
티무르가 오스만 제국에 승리
1405년
명나라 정화, 남해 원정 시작

1410년

1417년
콘스탄츠 공의회 결정으로
공동 교황 시대 종결

1418년
조선 4대 국왕에 세종 등극
1419년
조선 세종, 대마도 정벌
1420년
조선 세종, 집현전 설치

1420년
영국과 프랑스, 트루아 조약 체결
1422년
포르투갈 엔리케 왕자에 의해
대항해 시대 개막
1429년
잔 다르크가 이끈 프랑스 군대가
오를레앙 전투에서 영국에 승리

1430년

1433년
명나라 정화, 7차를 끝으로
남해 원정 중단

아시아와 유럽의 강대국들이
다른 대륙을 찾아 탐험을 떠난 이유는 무얼까?

1405년, 명나라의 환관 정화가 남해 원정을 시작했다. 이 항해를 포함해 원정대는 총 7회에 걸쳐 바닷길 탐험에 나섰다. 하지만 1424년, 영락제 황제가 세상을 떠나면서 원정은 중단되었다. 이 원정은 개척보다는 명나라의 우월함을 세계에 알리려는 목적이 강했다. 유학자들은 실익이 별로 없고 비용만 많이 든다며 항해를 반대했다.

유럽에서는 1415년, 포르투갈의 '항해 왕' 엔리케 왕자에 의해 아프리카 서해안 탐험이 시작되었다. 유럽 탐험대의 가장 큰 목적은 새로운 땅에 기독교를 전파하는 것이었다. 그 다음 목적은 아시아로 가는 항로를 발견하는 것이었다. 아시아의 향료를 독점 수입하기 위해서였다. 1418년부터 탐험이 본격화했는데, 이것이 대항해 시대의 시작이다.

고대와 중세의 국가들이
신분 제도를 도입한 이유는 무얼까?

오늘날 성인이 되면 누구나 경제 활동에 참여하게 된다. 하지만 고대와 중세 시대에는 왕과 귀족 등 지배층은 경제 활동에 참여하지 않았다. 제품을 생산하고 거래하는 경제 행위는 모두 피지배층이 담당했다.

국가의 재정은 국민이 내는 세금으로 충당된다. 하지만 고대와 중세의 지배층은 세금을 내지 않았다. 나라 살림이 어려울 때도 세금은 피지배층만 냈다. 그러니 농사가 엉망이 되거나 전염병이 돌면 피지배층의 고통이 더욱 커졌다. 각 나라에서 농민 반란이 일어난 것도 이 때문이다. 중세가 끝날 무렵 프랑스에서 일어난 자크리의 난, 영국에서 일어난 와트 타일러의 난은 신분제로 인해 고통을 입는 농민들이 봉기한 대표적인 사건이다.

통 역사 신문 **제29호**

1430년 ~ 1460년

통 역사 신문

제29호   1430년 ~ 1460년

이제 상투에도 멋을!
똑같은 상투는 가라!
상투를 장식해 드립니다.
★아침 손님은 30% 할인

 한반도

한글 창제하다!

세계에서 가장 과학적인 우리 민족의 글자가 탄생했다. 바로 훈민정음(한글)이다.

1446년, 조선 4대 국왕 세종이 훈민정음을 반포했다. 세종은 "마땅한 글자가 없어 고통을 겪는 백성들을 위해 28개의 글자를 새로 만들었다"고 밝혔다. 자음과 모음으로 구성된 이 28개의 글자를 조합하면 거의 모든 소리를 만들어 낼 수 있다.

세종은 또한 세계 최초로 측우기를 발명토록 하는 등 조선의 과학 발전에도 크게 기여했다. ▷ 8·9면에 관련 기사

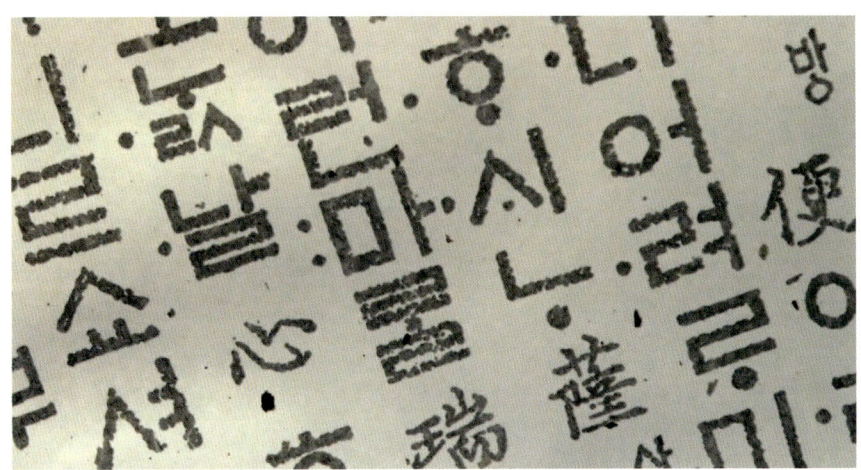

 유럽

유럽, 근대로 도약하다

동로마 멸망–르네상스–대항해 등 겹쳐 중세 붕괴

유럽이 격변기를 맞고 있다.

1,000년 넘게 유지되던 중세 봉건제의 틀이 와르르 무너지고 있다. 본격적인 근대로 접어들고 있는 것. 중세 유럽의 상징인 로마가 멸망한 것이 결정적인 계기가 되었다. 비잔티움 제국으로 불리던 동로마는 1453년, 오스만 제국에게 무릎을 꿇었다. 그리스–로마 학문을 공부하던 학자들은 이탈리아로 달아났다.

자유정신이 넘쳐나던 이탈리아에서는 르네상스가 시작되었다. 그리스–로마 문화로 돌아가 인간 정신을 되찾자는 열기가 높아졌다. 비슷한 시기인 1445년 독일에서는 구텐베르크가 대량 활판 인쇄 기술을 발명하는 데 성공했다. 책을 만드는 비용이 크게 떨어져 누구나 책을 사서 볼 수 있게 되었다. 지식 혁명이 일어난 것이다.

동로마가 멸망한 1453년, 백 년 전쟁도 끝이 났다. 전쟁을 치르는 동안 프랑스와 영국의 제후와 귀족들은 몰락했다. 결국 왕권이 강해졌다. 더불어 백성들 사이에 국가에 대한 개념이 형성되기 시작했다. 근대 국가가 서서히 모습을 드러내고 있는 것이다.

대서양 연안의 포르투갈은 대항해 시대를 열고 있었다. 이 또한 좁은 유럽 땅에만 갇혀 있던 유럽인들의 시각을 넓히게 만들었다. 바야흐로 유럽이 새 시대로 도약하고 있는 것이다.

▷ 2·3·4·5·6·7면에 관련 기사

[2] **근대 유럽 개막** 특집   제29호 • 1430년 ~ 1460년

백 년 전쟁, 드디어 끝나다

프랑스, 1453년에 보르도 함락하며 최종 승리

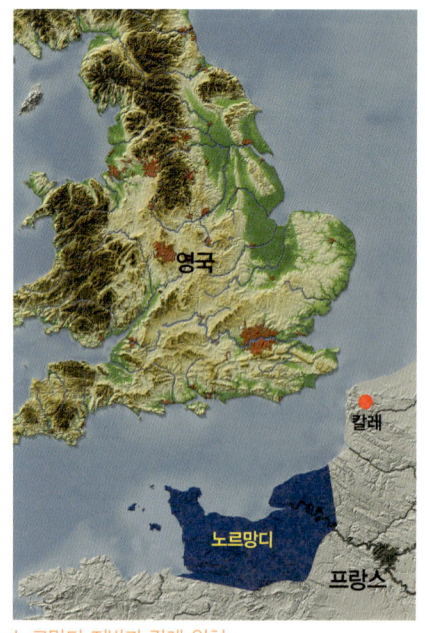

노르망디 지방과 칼레 위치

백 년 전쟁이 막바지로 접어들었다. 오래지 않아 이 지긋지긋한 전쟁이 종결될 분위기다.

1431년, 잔 다르크가 영국 재판에서 마녀로 낙인찍혀 화형 당하자 프랑스 국민의 분노는 극에 달했다. 프랑스 국민은 두 파벌, 즉 부르고뉴파와 아르마냐크파에 대해서도 "내전을 중단하라"고 촉구했다.

프랑스가 똘똘 뭉쳤다. 여러 차례 프랑스와 영국 사이에 전투가 벌어졌다. 백 년 전쟁 초기에는 영국이 우세했지만, 지금은 180도 상황이 바뀌었다. 프랑스가 우세하다.

1444년, 두 나라가 투르에서 휴전 협정을 맺었다. 그러나 평화는 오래가지 못했다. 아직도 프랑스 안에 영국 영토가 많았기 때문이다. 프랑스인들은 그 영토를 완전히 빼앗아야 한다고 생각했다. 결국 두 나라 사이에 또 다시 전투가 벌어졌다.

1450년, 프랑스가 영국 군대가 머물고 있는 노르망디에 대한 대대적인 공격을 개시했다. 프랑스에 밀려 영국은 계속 후퇴할 수밖에 없었다. 설상가상으로, 영국 내부에서는 랭커스터 왕조에 대한 요크 가문의 저항이 시작되었다. 왕권 다툼을 벌이는 나라가 제대로 전쟁을 치를 수는 없었다.

3년 후 프랑스가 보르도를 공격했다. 이곳은 영국 군대가 최후까지 버티고 있던 마지막 거점. 보르도를 함락시키면 사실상 전쟁은 끝이 난다. 이 작전도 성공했다. 이제 영국은 칼레 지역만 빼고, 프랑스의 모든 땅을 잃었다.

이제 백 년 전쟁이 드디어 끝났다. 프랑스는 만세를 불렀다. 한편 백 년 전쟁을 종결하는 강화 조약은 1475년에 체결된다. 그러나 실제로 모든 전쟁이 끝난 1453년을 종전 시점으로 보는 학자들이 더 많다.

영국, 장미 전쟁 발발

영국과 프랑스 간의 백 년 전쟁이 사실상 종결되고 2년이 지난 1455년, 영국에서 랭커스터 왕조와 요크 가문 사이에 내란이 시작되었다. 랭커스터 가문의 군인은 붉은 장미 문양을, 요크 군인은 흰 장미 문양을 몸에 붙이고 싸웠다. 그래서 이 전쟁을 '장미 전쟁'이라고 부른다.

랭커스터 왕조는 1399년, 헨리 4세가 왕이 되면서 출범했다. 백 년 전쟁을 치르는 동안 헨리 5세, 헨리 6세가 차례대로 왕에 올랐다. 백 년 전쟁은 헨리 6세 때 끝이 났다. 요크 가문의 에드워드 4세는 랭커스터 왕조가 무능해서 전쟁에서 진 거라고 주장했다. 또한 헨리 4세가 왕에 오르는 절차도 법에 어긋났기 때문에 랭커스터 왕조는 영국을 다스릴 자격이 없다고 했다.

물론 랭커스터 왕조가 이를 받아들일 리 없다. 결국 두 가문 사이에 본격적인 전쟁이 시작되었다. 이 전쟁은 30년간 계속된다.

랭커스터 로즈(빨강)

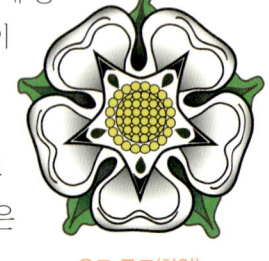

요크 로즈(하양)

백 년 전쟁, 근대 앞당겼다

왕권 강화–애국심 고조–산업 발전… 근대 기틀 다져

백 년 전쟁을 프랑스와 영국 사이에 일어난 단순한 영토 전쟁만으로 볼 수 없다. 결과부터 말하자면, 이 전쟁을 통해 영국과 프랑스에서 중세 봉건제가 완전히 사라졌다. 국가란 개념도 이때부터 등장했다. 산업 혁명의 여건도 마련했다. 유럽에 '근대 국가'의 씨앗이 싹튼 것이다. 대표적인 세 가지 사례를 살펴본다.

① **왕권 강화** = 100여 년 동안 수많은 전투가 치러졌다. 그러는 사이, 중세 유럽의 상징인 기사들과 봉건 제후가 많이 사라졌다. 두 나라의 귀족들도 내전을 벌이면서 힘이 약해졌다. 반대로 전투를 지휘한 왕의 권력은 강해졌다. 각 귀족이나 제후의 군대도 정부군에 흡수되었다. 왕이 중심이 되는 정치 체제. 바로 중앙 집권 체제가 유럽에서도 나타나기 시작한 것이다.

② **애국심 등장** = 백 년 전쟁 이전에는 국가와 국경 개념이 모호했다. 백성들에게는 자신을 다스리는 영주가 곧 왕이요, 국가나 다름없었다. 그러나 전쟁을 치르면서 프랑스 국민들은 처음으로 나라를 위해 싸웠다. 애국심이 생겨난 것이다.

이 전쟁은 모두 프랑스 영토에서 치러졌다. 프랑스 국민들의 피해가 컸다. 이 때문에 프랑스 국민들은 영국을 아주 싫어하게 되었다. 오늘날까지도 두 나라 국민들은 서로 묘한 경쟁의식을 느끼는데, 그 시작이 바로 백 년 전쟁이었던 것이다.

③ **영국 산업 발전** = 백 년 전쟁에 패한 후 영국은 유럽 대륙과 거리를 두기 시작했다. 유럽 사회에서 고립된 것이다. 하지만 유리한 점도 있었다. 나중에 유럽 국가들이 대혼란에 빠질 때 영국은 홀로 발전할 수 있게 된 것이다. 게다가 영국에선 의회가 일찍 시작된 덕분에 정치가 비교적 안정될 수 있었다. 물론 장미 전쟁을 끝낸 후의 이야기다.

또한 백 년 전쟁 이후 모직 산업의 중심지였던 플랑드르에서 프랑스에 반감을 가진 수많은 기술자가 영국으로 건너왔다. 그들은 영국에서 모직 산업을 발전시켰다. 훗날 영국에서 산업 혁명을 가장 먼저 일으킬 수 있었던 원동력이 바로 이때 만들어진 것이다.

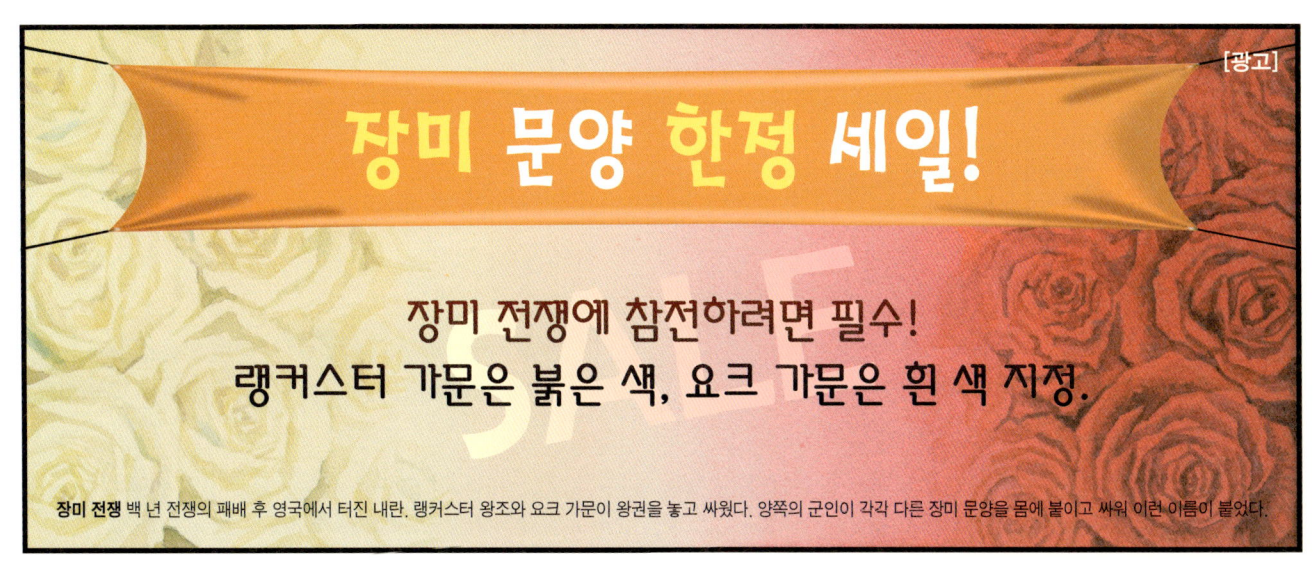

[광고]

장미 문양 한정 세일!

장미 전쟁에 참전하려면 필수!
랭커스터 가문은 붉은 색, 요크 가문은 흰 색 지정.

장미 전쟁 백 년 전쟁의 패배 후 영국에서 터진 내란. 랭커스터 왕조와 요크 가문이 왕권을 놓고 싸웠다. 양쪽의 군인이 각각 다른 장미 문양을 몸에 붙이고 싸워 이런 이름이 붙었다.

[4] 근대 유럽 개막 특집

제29호 · 1430년 ~ 1460년

독일에서 인쇄 혁명 일어나다!

구텐베르크 활판 인쇄기 발명… 성서 180질 제작

1440년대 중반 독일에서 획기적인 발명품이 나왔다. 바로 대량 활판 인쇄기다. 이 인쇄기를 사용하면 책을 만드는 시간이 비약적으로 줄어든다. 그 전에는 책 한 권을 만드는 데 꼬박 한두 달을 투자해야 했다. 일일이 손으로 옮겨 적

▲ 구텐베르크

어야 했기 때문이다. 그러나 대량 활판 인쇄기가 발명되면서 500여 권을 1~2주일에 만들 수 있게 되었다.

이 발명품 또한 유럽의 근대를 앞당기는 데 크게 기여했다. 그 전까지만 해도 책은 수작업으로 만들었다. 당연히 아주 비쌀 수밖에 없었다. 이제 책값이 싸졌다. 그러니 일반 서민들도 책을 구해 읽을 수 있게 되었다. 정보를 널리 공유할 수 있게 된 것이다. 폐쇄적인 중세 사회가 설 땅이 사라졌다.

대량 인쇄는 16세기 유럽 종교 개혁에 결정적인 기여를 한다. 교회를 비판하는 문건을 빠른 시간에 대량으로 인쇄할 수 있었기 때문이다. 이 세계적인 발명품을 만든 인물은 구텐베르크. 원래 금 세공업을 하던 기술자였다. 여러 발명품을 만들다가 대량 활판 인쇄기도 발명한 것이다.

구텐베르크는 1448년, 독일 마인츠에 인쇄소를 설립했다. 그리고 2년 후인 1450년, 마침내 대형 작품 제작에 들어갔다. 2~3년 후 완성된 『구텐베르크 성서』가 바로 그것. 한 페이지에 42줄로 글을 써서 '42행 성서'라고도 한다.

이 성서는 총 2권에 1,272쪽에 이르는 어마어마한 분량. 구텐베르크의 인쇄기가 없었다면 몇 십 년은 족히 걸릴 작업이었다. 『구텐베르크 성서』는 180질이 만들어진 것으로 알려져 있다. 그러나 21세기까지 남아 있는 것은 48질이다.

위대한 작품을 남겼지만 구텐베르크는 불행했다. 인쇄 사업으로 큰돈을 벌기는커녕 파산하고 만 것이다. 그래도 그 덕분에 근대 유럽이 성큼 다가왔다. 그가 인쇄한 작품 가운데 고대 그리스와 로마의 고전 작품이 꽤 많았다. 문예 부흥에 큰 도움을 준 셈이다.

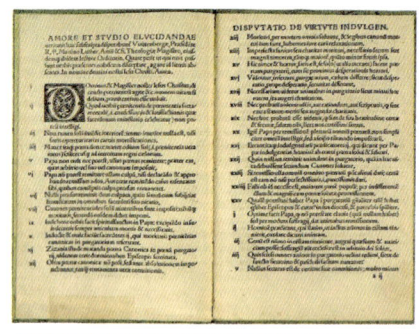

▲ 마틴 루터의 95개조 반박문. 독일을 비롯한 유럽에 대량으로 유포되면서 종교 개혁을 촉발했다.

독일 vs 고려

21세기 인터넷에서 '최초 인쇄 혁명은 어느 나라가 일으켰나'라는 토론이 활발하게 이루어졌다.

최초로 금속 활자 인쇄에 성공한 나라는 물론 고려. 이미 『상정고금예문』(현존하지는 않는다)과 『직지심체요절』이란 작품을 금속 활자로 찍었다. 그러나 최초로 대량 인쇄에 성공한 나라는 독일이었다. 구텐베르크가 성서를 대량 인쇄한 게 바로 그 증거다.

그렇다면 어느 업적이 더 훌륭한가? 이에 대해서도 논란이 분분하다. 다만 누구나 책을 손쉽게 볼 수 있도록 한 지식 혁명의 측면에서는 구텐베르크의 업적이 조금 더 대단하다는 평가다. 고려는 기술은 앞섰지만 대중을 위해 책을 대량 생산할 생각은 하지 못했다는 것이다. 최초의 영예는 고려, 보급의 업적은 구텐베르크다.

1430년 ~ 1460년 • 제29호   근대 유럽 개막 **특집** [5]

동로마 제국, 결국 멸망

오스만 제국 콘스탄티노플 정복… 르네상스 밑거름?

▶ 헝가리 기사를 끌고 가는 오스만 기마병을 묘사한 그림

동유럽이 휘청거리고 있다. 급기야 천 년 제국인 동로마가 멸망하고 말았다. 전문가들은 "동로마의 멸망이 유럽의 근대 시대를 앞당기는 계기가 됐다"고 진단한다. 무슨 뜻일까? 이를 알기 위해서는 1448년으로 시간을 거슬러 올라가야 한다.

바로 그 해, 오스만 제국의 술탄 무라드 2세가 발칸 반도로 진격했다. 헝가리를 중심으로 유럽의 기독교 왕국들이 연합군을 조직해 맞섰다. 치열한 전투가 벌어졌다. 그 유명한 제2차 코소보 전투다.

이 전투에서 오스만 제국의 예니체리 부대가 큰 공을 세웠다. 헝가리를 완전히 정복하지는 못했지만 다시는 대들지 못할 정도로 기를 꺾어 놓았다. 보스니아와 알바니아에 대해서는 공물을 받았다. 그 후 동로마 제국 주변 일대가 오스만 제국의 영역이 되었다. 동로마는 고립된 섬처럼 완전히 갇혀 버렸다.

백 년 전쟁이 실질적으로 끝난 1453년, 동로마와 오스만의 전쟁도 끝이 났다. 오스만 제국의 군대가 콘스탄티노플로 진격했다. 이미 전세는 기울어 있었다. 그래도 동로마는 버텼다. 하지만 강력한 예니체리 부대를 막을 힘이 없었다.

결국 수도 콘스탄티노플이 함락되었다. 오스만 제국의 술탄 메메드 2세(메흐메드 2세)는 성 소피아 성당으로 향했다. 그는 그곳을 이슬람 사원으로 선포했다. 콘스탄티노플이란 이름도 이스탄불로 바꾸었다. 로마의 혈통이 비로소 역사 속으로 완전히 사라졌다.

유럽 이탈리아 북적북적

동로마 제국이 멸망하고 있는 사이에 이탈리아 북부 도시들은 크게 성장하고 있었다.

피렌체, 베네치아, 시칠리아에는 돈 많은 상인들이 넘쳐났다. 다른 나라의 전쟁은 이들 도시에는 큰 돈벌이였다. 무기 장사는 수입이 꽤 괜찮았다.

이들 도시에서는 일찍부터 봉건제가 사라졌기에 그 어떤 도시보다 자유정신이 충만했다. 동양과의 무역이 활발해지다 보니 우수한 과학과 문화를 자연스럽게 받아들이게 되었다. 당연히 수준이 높아질 수밖에 없었다. 이런 도시들을 '자치 도시'라 불렀다.

이미 곳곳에서 중세 봉건제가 무너지고 있었다. 그러니 이탈리아 북부의 자치 도시들이 크게 주목받았다. 첨단 문화와 과학을 접하려는 지식인들이 몰려들었다. 메디치 가문처럼 권력과 돈을 가진 가문이 그들을 돌보았다. 예술가도 몰려들었다. 이런 도시를 중심으로 문화를 되살리자는 운동의 기운이 서서히 일어나고 있다.

▶ 오늘날의 피렌체

[6] 근대 유럽 개막 특집

제29호 · 1430년 ~ 1460년

이탈리아 르네상스 태동

새로운 사상과 정신 출현하며 중세와 결별

"그리스-로마 문화로 복귀하고 인간성 회복하자!"

근대 유럽의 본격적인 신호탄이 쏘아 올려졌다. 르네상스가 14세기 후반부터 15세기 초반 사이에 이탈리아에서 시작된 것이다. 르네상스는 부활 또는 재생이란 의미를 담고 있다. 찬란했던 고대 그리스-로마 문화가 부활했기에 이런 이름이 붙은 것. 더불어 중세 시대는 확실하게 저물기 시작했다.

멀리로는 십자군 전쟁의 패배에서부터 중세는 기울기 시작했다. 가까이로는 백 년 전쟁과 대량 활판 인쇄기의 발명, 동로마 제국의 멸망에서 르네상스가 탄생할 수 있는 환경이 만들어졌다.

특히 동로마 제국의 멸망은 가장 직접적인 원인이다. 그리스와 로마 학문을 공부하던 학자들이 오스만 제국을 피해 이탈리아로 도망쳤다. 자유정신이 드높았던 여러 자치 도시들은 그 학자들을 반겼다. 게다가 이탈리아 북부는 고대 그리스와 로마의 유산이 가장 많이 남아 있는 지역. 고대 문화를 되살리기에 충분한 잠재력을 가지고 있었다.

지식인과 예술가들이 근대 개혁을 부르짖기 시작했다. 중세 유럽에서는 신만이 절대적인 존재였다. 그러니 모든 학문과 예술의 주제는 신이었다. 인간을 위한 학문과 예술은 거의 없었다. 개혁가들은 인간적이었던 고대 그리스-로마 문화로 돌아가자고 외쳤다. 르네상스는 이렇게 해서 시작되었다.

이처럼 르네상스는 고대 그리스-로마 문화로 복귀하는 문예 부흥 운동이었다. 그리고 동시에 인간성을 회복하자는 사회 운동이기도 했다. 중세의 특성을 버리지 않고서는 불가능한 운동이었기 때문이다. 그래서 개혁가들의 주장은 이렇게 요약된다. "이제 인간으로 돌아가자!"

르네상스 확산

이탈리아에서 시작된 르네상스가 유럽 전체로 퍼질 조짐을 보이고 있다. 특히 산업이 발달한 지역일수록 르네상스를 받아들이려는 기운이 강하다. 아무래도 다른 지역들보다 자유정신이 크게 발달했기 때문으로 보인다. 가령 이 무렵 최고의 섬유 공업 지역인 플랑드르에서도 르네상스가 발달하고 있다. 플랑드르는 오늘날 프랑스와 네덜란드, 벨기에의 일부 지역을 뜻한다.

북유럽의 르네상스는 미술보다는 인문 과학 위주로 발전하는 경향을 보이고 있다. 일찍이 산업이 발달한 탓에 사회를 비판하는 내용도 많다. 북유럽의 르네상스는 16세기 이후 더 발전한다.

다만 오스만 제국의 영토가 된 발칸 반도에서는 르네상스의 기운이 느껴지지 않고 있다. 같은 유럽이지만 다양한 학문과 문화가 이곳까지는 전해지지 않았기 때문이다.

유럽, 대항해 본격 시작

포르투갈 함대, '마의 북회귀선' 돌파

엔리케 왕자의 열정과 모험심으로 인해 편성된 포르투갈의 함대가 아프리카 서해안을 누비고 있다. 명나라 환관 정화의 남해 원정에 이어 유럽의 포르투갈이 본격적인 '대항해 시대'의 신호탄을 쏘아 올린 것이다.

대항해는 유럽 국가의 함대들이 아프리카, 아시아, 아메리카로 탐험을 떠나는 것을 말한다. 이 항해를 통해 유럽 사람들이 전혀 알지 못했던 새로운 대륙이 역사 속으로 들어왔다. 그렇기 때문에 대(大)항해라 부르는 것이다.

가장 먼저 대항해 시대의 포문을 연 인물은 포르투갈의 엔리케 왕자. 그의 지시로 에아네스가 함대를 지휘했다. 탐험대는 포르투갈을 떠나 남쪽으로 항해했다.

선원들의 두려움은 컸다. 그때까지의 과학 상식으로는 바다의 끝은 절벽이었다. 그러니 항해를 계속하면 절벽이 나오고, 결국에는 지구 밖으로 떨어진다고 믿었다. 물론 지구가 둥근 형태일 것이라고 믿는 사람들도 적지 않았다. 엔리케도 그런 사람 중 한 명이었다.

1434년, 에아네스 탐험대가 보자데 곶을 돌파했다. 이곳은 북위 23도 27분인 지점. 마의 북회귀선이라 불리던 곳이다. 선원들은 자신감을 얻었다. 바다의 끝이 절벽이 아니라는 걸 확인했기 때문이다. 함대는 더 남쪽으로 항해를 계속한 뒤 귀환했다.

사실 이 항해는 일종의 몸 풀기였다. 포르투갈이 대항해라는 큰 모험을 본격 시작하기 전, 성공 가능성을 점치기 위한 항해였던 셈이다.

대항해의 진짜 목적은 두 가지. 하나는 전설 속의 기독교 왕국을 찾는 것이고, 또 하나는 인도양 항로를 개척하는 것이었다. 동로마 제국의 멸망 후 후추를 포함한 동방의 향신료 값이 엄청나게 뛰었다. 따라서 이 항로를 개척해 동방 문물을 독점 수입하면 큰돈을 벌 수 있다고 생각했다.

새 돈벌이 발견?

포르투갈 탐험대가 아프리카 서해안 지대를 독차지했다. 모두 엔리케 왕자의 헌신적인 투자 덕분이다.

이때의 과학 기술과 항해 기술로는, 한 번에 포르투갈에서 아프리카 남서해안까지 항해할 수 없었다. 중간에 연료와 식량을 공급받고, 휴식도 취할 수 있는 기지가 필요했다. 포르투갈은 아프리카 서해안 여러 곳에 이런 기지를 만들었다.

이 과정에서 아프리카 흑인들을 붙잡아 유럽에 내다 파는 일이 많아졌다. 아프리카 흑인 노예장사는 의외로 짧했다. 어떤 상인들은 "후추보다 이 노예 사업이 더 큰 돈벌이가 될 것 같다"고 말하기도 했다.

반면 아프리카 토착민들은 공포에 떨고 있다. 백인들이 총과 대포로 무장한 탓에 좀처럼 이길 수가 없었기 때문이다. 백인들의 약탈에 속수무책으로 당하고만 있는 셈이다.

[8] 조선 과학 발전 특집

제29호 · 1430년 ~ 1460년

조선, 과학 강국으로 거듭나다!

한국 최초 물시계-세계 최초 측우기 발명

물시계 자격루

세종대왕의 과학 장려 정책이 빛을 발하기 시작했다. 아시아는 물론 세계 어느 나라에도 없는 과학 발명품까지 만들어졌다. 대표적인 게 강우량을 재는 측우기. 이 모든 발명의 총 책임자는 장영실이었다.

장영실은 노비 출신이었다. 그의 아버지는 고려 말에 공직에 있었다. 그러나 어머니가 미천한 신분의 기생이었다. 부모 중 한 명의 신분이 천하면 자식은 양인이 될 수 없다. 이 때문에 장영실은 관가에 소속된 노비가 되었다.

그러나 장영실은 아주 총명했다. 조정에서 발탁할 정도의 실력. 태종이 가장 먼저 장영실을 눈여겨보았다. 세종은 그를 중국에 유학까지 보냈다. 가서 과학 기술을 배우고 오라는 배려였다. 세종은 나아가 장영실을 면천(免賤)해 주었다. 면천은 노비 신분을 면해 준다는 뜻이다. 그것도 모자라 세종은 장영실에게 정5품의 벼슬까지 내렸다. 그야말로 파격이다. 파격적일 정도로 왕의 총애를 받은 장영실은 은혜에 보답했다. 수많은 발명품을 쏟아냈다. 어떤 발명품이 있을까?

1432년, 장영실은 이천과 함께 간의대 등의 천문 기구를 만들기 시작했다. 1433년에는 천체를 관측하는 혼천의 발명에 들어갔다. 그 해에 혼천의를 완성했고, 자격루도 발명했다. 자격루는 한국 최초의 물시계다.

발명의 행진은 이후로도 계속 이어졌다. 해시계인 앙부일구가 만들어졌고, 그 후 다른 해시계인 현주일구, 천평일구, 정남일구도 탄생했다. 1441년에는 강우량을 재는 도구인 측우기를 완성해 1442년부터 전국에 설치했다. 하천이 얼마나 불어났는지를 계산하는 수표도 발명했다.

이런 발명품은 백성의 삶을 풍요롭게 해 주었다. 비가 얼마나 왔는지, 하천의 높이가 얼마인지만 알아도 농사를 짓는 데 큰 도움이 되기 때문이다. 바야흐로 조선이 과학 강국으로 거듭나고 있다.

해시계 앙부일구

조선, 영토 확장

한창 혼천의를 발명할 무렵, 세종은 북쪽 영토를 넓히기 위해 군대를 파견했다.

1433년, 세종의 명을 받은 평안도 도안무찰리사 최윤덕 장군이 압록강 일대로 진격했다. 조선 군대는 그곳에 터를 잡고 있던 여진족을 격파했다. 같은 해에 함길도(함경도) 도관찰사 김종서는 군사를 이끌고 두만강 일대로 진격했다. 김종서 역시 그곳에 있던 여진족을 몰아냈다.

두 장군은 세종의 명을 받아 평안도에 4군, 함경도에 6진을 설치했다. 이 4군 6진이 설치됨으로써 오늘날의 한반도 지도가 만들어졌다.

독창적-과학적 문자 갖다

세종대왕, 세계적인 문자 훈민정음 창제-반포

세종대왕

"마땅한 문자가 없어 제 뜻을 펴지 못하는 백성이 많다. 내 이를 딱하게 여겨 새로 스물여덟 글자를 만들었으니, 백성들은 이를 익혀 편안하게 쓰도록 하라!"

1446년, 세종대왕이 훈민정음을 반포했다. 바로 오늘날의 한글이다.

훈민정음(訓民正音)은 1446년에 반포되었다. 실제 글자를 만든 것은 이보다 3년 앞선 1443년. 훈민정음은 백성들이 글자를 이해하는 데 길잡이 역할을 하기 위한 일종의 해설서인 셈이다.

훗날(1997년) 유네스코는 훈민정음을 세계기록문화유산으로 등재했다. 이보다 더 과학적인 언어가 없다고 전 세계가 극찬했다. 그런 우수한 문자를 세종대왕은 왜 3년이나 질질 끌다 반포한 것일까? 세종의 설명이다.

"백성들이 더 쉽게 이해할 수 있도록 보강 작업이 필요했느니라. 성삼문, 신숙주, 박팽년, 최항과 같은 집현전 학사들이 이 일을 했다."

과연 이게 이유의 전부일까? 세종은 "물론 다른 이유도 있다. 유학자들의 반대와 싸워야 했다"고 설명했다. 당시 최만리 같은 유학자는 "우수한 중국 문자(한자)가 있는데, 왜 새 글자를 만드느냐. 이는 큰 나라를 모시는 예의가 아니다. 우리 스스로 오랑캐가 되려는 행동이다"며 반대했다.

그래도 세종은 한글 창제와 반포를 밀어붙였다. 만약 세종대왕의 이런 강력한 의지가 없었다면 훈민정음은 반포되지 못했을 수도 있다.

세종은 훈민정음 반포 후에 한글을 정부에서 공식 사용하도록 지시했다. 왕이 내리는 교서, 법관이 내리는 판결문에도 한자와 한글을 같이 쓰도록 했다. 세종 스스로 한글로 된 노래(시)를 만들기도 했다. 대표적인 게 불교를 찬양한 「월인천강지곡」이다. 집현전에서도 조선 건국을 찬양한 「용비어천가」를 지었다. 세종의 아들인 수양대군도 왕명을 받들어 석가를 찬양한 「석보상절」을 한글로 지었다.

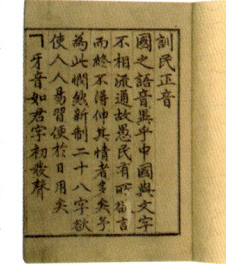
훈민정음

한글 수난 시대?

한글에 대한 유학자들의 반발이 거세다. 유학자들은 "한자를 거부하는 것은 오랑캐나 하는 짓이다"며 대놓고 한글을 반대했다. 일반 평민들은 "사대부들의 사대주의 사상이 매우 심하다"며 빈정대고 있다.

전문가들은 "유학자들은 일반 평민이 글자를 배우면 자신들의 권위가 떨어질 거라고 생각한다. 그래서 반대하는 것이다"라고 분석하고 있다.

유학자들은 "한글은 아녀자나 상놈이나 쓰는 글"이라며 얕잡아보고 있다. 그래서 한글을 암클, 또는 언문이나 반절이라며 비하하고 있다. 암클은 암컷(여성)이나 쓰는 글이란 뜻이며 언문은 상스러운 글자란 뜻. 반절은 한자에 비해 소리를 나타내는 방법이 절반밖에 안 된다는 뜻. 한글의 수난 시대가 시작되는 것일까?

[10] 정치

제29호 • 1430년 ~ 1460년

왕을 죽이고, 왕이 되다!

조선 첫 왕위 찬탈… 수양대군, 6대 세조에 등극

조선 역사상 처음으로 왕위를 찬탈하는 반란이 일어났다. 국왕이 쫓겨났다. 반란을 일으킨 인물은 왕의 삼촌. 비정한 삼촌은 왕위에 올랐다. 반란의 전모를 취재했다.

세종의 아들로 4대 국왕이 된 문종은 몸이 약했다. 왕위에 오른 지 2년 4개월 만에 결국 문종은 세상을 떠났다. 1452년, 12세의 어린 아들이 5대 단종이 되었다.

삼촌인 수양대군이 왕위를 넘보기 시작했다. 다행히 김종서, 황보인, 박팽년, 성삼문 같은 충신들이 왕을 지켰다. 그래도 수양대군을 막지는 못했다. 1453년, 수양대군은 반란을 일으켜 김종서와 황보인을 제거했다. 동생인 안평대군도 죽였다. 반란은 성공적이었다. 이게 계유정난이다.

수양대군은 모든 권력을 손에 쥐었다. 단종은 삼촌이 무서웠다. 1455년, 단종은 수양대군에게 왕위를 넘겼다. 수양대군은 7대 세조가 되었다.

1456년, 단종의 충신들이 세조를 폐하고 단종을 복귀시키기 위해 반란을 일으켰다. 하지만 실패했다. 성삼문, 박팽년, 하위지, 유응부, 유성원, 이개 등 6명의 충신이 처형되었다. 이들을 사육신(死六臣)이라 부른다. 이들이 주로 모여서 학문과 정치를 논했던 집현전은 없애 버렸다.

이게 끝이 아니었다. 세조는 단종을 강원도 영월로 유배 보냈다. 그러나 또다시 세조의 동생 금성대군이 반란을 일으켰다. 세조는 동생을 죽이고, 단종에게 사약을 내렸다. 1457년, 비운의 왕 단종은 쓸쓸히 죽음을 맞았다.

세조는 단종의 묘도 만들어 주지 않았다. 서둘러 사태를 매듭지으려는 생각이었던 것이다.

세조는 태종의 닮은꼴?

세조가 할아버지인 태종을 빼다 박았다는 이야기들이 나오고 있다.

우선 왕에 오르는 과정에서 많은 피를 불렀다. 세조와 태종은 형제들까지 죽이는 냉혈한 성격을 드러냈다. 왕에 오른 뒤에는 신하들을 꽁꽁 다잡았다. 태조와 세종은 신하들의 말을 경청하는 편이었다. 그러나 태종과 세조는 입도 뻥긋하지 못하게 했다. 거의 독재자 수준의 강력한 왕이었던 것.

왕이 된 후 정치를 잘했다는 것도 공통점. 세조는 태종이 그랬던 것처럼 여러 제도를 정비했다. 특히 고려 말부터 이어져 내려오던 토지 제도(과전법)를 고쳐 직전법을 실시한 점이 두드러진다. 이는 현직 관료에게만 땅을 주는 제도다.

이와 함께 세조는 조선 통치의 기본 법전이라 할 수 있는 『경국대전』을 편찬했다.

조선, 관혼상제 의례 정착

"시대 안정되면서 점차 유교 사회로 정착"

"어허, 상투를 트니까 완전 어른일세. 어느새 저렇게 컸지?"

엄숙한 분위기. 그러나 화기애애했다. 올해 15세가 되는 신동이. 그 아이의 관례가 열리고 있었다. 관례는 조선에서 성인이 되기 위해 치르는 유교 의식이다. 이 관례를 포함해 여러 의식이 조선에서 행해지고 있다. 점차 조선이 유교 사회로 정착하고 있는 것을 보여주는 대목이다. 대표적인 네 가지 의식을 관혼상제(冠婚喪祭)라고 한다.

▽**관례** = 조선 시대 아이들은 머리를 땋고 다녔다. 남녀 모두 마찬가지. 그러다가 15세가 되면 남자는 상투를 틀고, 모자의 일종인 관을 썼다. 여자는 쪽을 찌고 비녀를 꽂았다. 이처럼 상투를 틀고 비녀를 꽂아야 비로소 어른 대접을 받을 수 있었다. 이 의식이 바로 관례다.

▽**혼례** = 결혼식을 말한다. 나이가 차면 남녀는 결혼을 한다. 오늘날 전통 혼례식을 보면 당시 혼례가 어땠는지 짐작할 수 있다. 신랑은 사모관대를, 신부는 원삼을 입고 족두리를 쓴다.

▽**상례** = 장례를 말한다. 나라에 대한 충성과 함께 부모에 대한 효도를 중요하게 여기는 시대. 따라서 부모님이 돌아가시면 아들은 5일 또는 7일간 빈소를 마련해 문상객을 맞았다. 이 기간이 끝나면 상여를 메고 마을을 휘 돈 뒤 양지바른 곳에 시신을 묻었다.

▽**제례** = 제사 의식을 말한다. 오늘날에도 이 의식이 남아 있다. 제사를 지낼 때는 특히 제사상을 차리는 데 주의해야 한다. 대표적인 것이 홍동백서(紅東白西). 붉은색의 과일은 동쪽에, 흰색의 과일은 서쪽에 두라는 뜻이다. 어동육서(魚東肉西)란 말도 있다. 이는 생선은 동쪽에, 고기는 서쪽에 놓으라는 뜻이다.

"즐거운 세시풍속"

1월 1일이 되면 조선에서는 어른들께 세배를 한다. 어른들은 "올해도 큰 탈 없이 잘 자라야 한다"는 식으로 덕담을 한다. 그 다음에는 떡국 먹기.

이처럼 특정한 날이 되면 따르는 전통 습관을 세시풍속이라고 한다. 조선이 어느 정도 자리 잡히자 백성들이 세시풍속을 즐겁게 누리고 있다.

가령 음력 1월 15일은 정월대보름. 이때에는 한 해 동안 종기나 부스럼이 생기지 말라는 뜻에서 호두나 밤, 땅콩을 깨물어 먹는다. 또한 다섯 가지 곡식으로 만든 오곡밥도 먹는다.

5월 5일은 단오라 한다. 이때는 창포물에 머리를 감는다. 머리가 아프거나 좋지 않은 일이 생기지 말라는 뜻에서다. 8월 15일은 추석. 반달 모양의 송편을 빚는다. 밤이 되면 보름달을 보면서 소원을 빈다.

[12] 국제   제29호 • 1430년 ~ 1460년

동아시아, 혼란 속으로!

중국 황제는 무능, 일본 쇼군은 피살

서양이 근대 세계로 진입하고 있다. 포르투갈은 본격적으로 대항해 시대를 열고 있다. 그러나 전통적인 동아시아 강국인 중국의 명나라는 혼란스럽기만 하다. 가장 먼저 대항해 시대를 연 명나라는 우물 안의 개구리 신세로 전락하고 있다.

혼란스럽기는 일본도 마찬가지다. 중앙 정부의 권위가 크게 떨어졌다. 이 무렵 동아시아에서는 조선만이 그나마 발전을 하고 있던 셈이다.

▽**명나라** = 시간이 지나면서 영락제 같은 강력한 황제가 나타나지 않았다. 설상가상으로 9살밖에 되지 않은 황제가 등장했다. 황제가 약하니 환관(내시)의 권력이 커졌다. 정치가 엉망이 돼 버렸다.

나라꼴도 엉망이었다. 몽골족이 세운 오이라트가 명나라를 위협했다. 명나라가 달랬지만 아무 소용이 없었다. 1449년, 오이라트가 명나라를 침략했다. 명나라는 대패했다. 심지어 황제가 오이라트의 포로로 잡히기도 했다.

황제는 비워 둘 수 없는 자리. 곧 새로운 황제가 올랐다. 1년 후 포로로 잡혔던 황제가 돌아왔다. 황제가 2명이 되었다. 권력 다툼은 피할 수 없었다. 곧 사태는 해결되었지만 명나라는 더 기우는 것처럼 보였다. 환관의 권력은 여전히 강했다. 황제는 무능했다.

▽**무로마치 바쿠후** = 무로마치 바쿠후는 일본 전역에 지방관을 파견했다. 이 지방관을 슈고라 불렀다. 그러나 지방에는 이미 영주들이 있었다. 그 영주는 다이묘라 불렀다.

15세기가 되자 지방관들이 중앙 정부(바쿠후)의 지시를 듣지 않고 땅을 불려 나갔다. 스스로 영주가 된 것이다. 이런 영주를 슈고 다이묘라 불렀다.

슈고 다이묘는 곧 바쿠후에 대들기 시작했다. 바쿠후는 그런 슈고 다이묘를 누르려 했다. 결국 충돌. 1441년, 슈고 다이묘가 연회에 쇼군을 초대해서는 그 자리에서 살해했다. 쇼군은 바쿠후의 최고 우두머리다. 부하가 상사를 죽이는 사건이 발생한 것이다. 일본 정치도 아주 어수선한 것 같다.

인도 로디 왕조 출범

로디 왕조의 두 번째 술탄 시칸다르 로디의 무덤

1451년, 인도에 로디 왕조가 건설되었다. 이 로디 왕조는 인도의 델리 지역에 수도를 둔 5개 왕조 가운데 마지막 왕조다.

인도에서는 1206년에 궁정 노예 출신인 아이바크가 반란을 일으켜 델리에 노예 왕조를 세운 적이 있다. 그 후 이 지역에는 할지 왕조, 투글루크 왕조, 사이이드 왕조가 이어져 왔다. 그러다가 1451년에 로디 왕조가 바통을 이어받은 것이다. 이 다섯 왕조가 지속됐던 13~16세기 초반을 델리술탄 시대라고 부른다.

그 전의 왕조들은 아무리 길어도 100년을 넘기지 못했다. 할지 왕조는 30년 만에 멸망했다. 로디 왕조는 얼마나 지속될까? 전문가들의 관심이 여기에 쏠리고 있다.

한양 시전 확대 "상업 팽창"

궁궐 주변에 2,000개 넘는 점포 상인에게 임대

"한양에는 없는 물건이 없네!"

조선에서 상업과 수공업이 크게 발달하고 있다. 특히 수도인 서울에서 물건을 거래하는 시장이 늘어나고 있다. 바로 시전이다.

조선은 원래 농업 국가. 따라서 상업과 수공업은 천대받는 직종이었다. 그런데도 상업과 수공업이 무럭무럭 발전하고 있다. 이 무렵 서양에서는 상공업이 눈부신 속도로 발달하고 있었다. 이웃 명나라에서도 상인 세력이 커지고 있었다. 역사 발전의 법칙이 조선에서도 나타나고 있는 셈. 조선 전기의 시전에 대해 집중 분석했다.

원래 시장은 삼국 시대 때부터 있었다. 그러던 것을 조선 시대에 정부가 나서서 더욱 확대시킨 것이다. 시전은 서울 종로를 시작으로 궁궐 주변에 들어선 시장이다. 궁궐에서 필요한 물건을 공급했다. 물론 그 일대에 사는 백성들의 생활필수품도 공급했다.

시전에서 장사를 하기 위해서는 조정의 허가를 받아야 했다. 정부는 시전에 2,000개가 넘는 점포를 만들어 놓고, 상인에게 빌려주었다. 점포를 사용하는 대가로 시전 상인들은 정부에 세금을 냈다.

시전 상인들은 한 종류의 물건만 팔 수 있었다. 장신구면 장신구만, 옷감이면 옷감만 취급한 것. 또한 정부로부터 수시로 점검을 받아야 했다. 이 역할을 한 관청이 평시서. 이 평시서는 훗날 갑오개혁 때 폐지된다.

시전 상인들은 곧 조합을 만들기 시작했다. 서양의 길드와 크게 다르지 않다. 이 상인 조합은 외부 세력이 끼어드는 것을 철저히 막았다. 이 때문에 훗날 이익을 빼앗으려는 상인들과 빼앗기지 않으려는 조합 간에 싸움이 자주 일어난다. 상인 조합의 우두머리는 대행수라고 불렀다.

지방도 상업 발달

조선 시대로 접어들면서 지방에도 시장이 들어서고 있다. 이 시장을 장문이라 불렀다. 지방의 시장이란 뜻으로 향시라고도 했다. 장문은 5일, 10일, 15일 단위로 열렸다. 이 가운데 가장 많은 시장이 5일마다 열렸다. 이른바 5일장이 바로 이런 시장.

지방의 장문을 오가는 상인을 보부상 또는 부보상이라 불렀다. 보상은 보따리에 물건을 싸서 걸머지고 다녔기에 봇짐장수라 불렀고, 부상은 등에 물건을 지고 다녔기에 등짐장수라고 불렀다.

이들 보부상은 거의 모든 상품을 취급했다. 다만 대체로 봇짐장수가 등짐장수보다 비싸고 진귀한 물건을 다루었다고 한다.

[14] 문화

제29호 • 1430년 ~ 1460년

세계 최강 천문대 등장하다

아시아
유럽

티무르 제국의 울루그베그 천문대… 1년 정확히 관측

사마르칸트에 있는 울루그베그 천문대의 잔해

"이보다 더 정확할 수 있을까?"

오늘날의 우즈베키스탄 사마르칸트. 여기 있는 울루그베그 천문대를 찾은 사람들이 모두 감탄사를 연발하고 있다.

울루그베그는 티무르 제국의 4대 술탄. 티무르의 손자다. 티무르 제국은 티무르가 죽은 뒤 내리막길을 탔다. 강력한 지도자가 사라졌기 때문이다. 그러나 문화적 측면에서는 여전히 번성했다. 특히 울루그베그가 통치하던 사마르칸트가 문화 전성기를 맞았다.

울루그베그 자신부터가 뛰어난 학자였다. 이슬람교도로서 『코란』을 거의 다 외우고 있었을 정도. 역사서도 저술했다. 천문학에도 조예가 깊었다. 그가 학문을 적극 보호하자 사마르칸트에는 수많은 학자들이 몰려들었다.

1424년, 울루그베그는 역사에 길이 남을 천문대를 만들기 시작했다. 약 4년간의 공사 끝에 1428년, 드디어 완공됐다. 이 천문대를 울루그베그 천문대라고 부른다.

이 천문대는 3층 높이의 원형 건물로 되어 있다. 건물의 지름은 약 48m에서, 많게는 70여 m에 이른다. 이 천문대가 1430년대 이후 본격적으로 운영되면서 여러 업적이 만들어졌다.

1437년, 천문대에서 별자리를 관측한 후 천문도를 만들었다. 총 992개의 별이 어디에 있고, 어떻게 움직이는지를 세세히 정리했다. 또한 1년이 365일 하고도 6시간 10분 8초에 해당한다는 사실도 밝혀냈다. 21세기 현대 천문 과학에서 밝혀낸 1년의 시간과 불과 1분도 차이가 나지 않는 정확한 관측이다.

15세기에 이런 과학적 업적은 아주 드물다. 그러나 울루그베그 천문대는 오래가지 못했다. 울루그베그가 피살된 후 내분이 생겼는데, 그 과정에서 파괴된 것이다. 오늘날에는 천문대의 일부만 전해지고 있다.

[광고]

신기전 시험 발사!

조선의 최신 비밀병기를 공개합니다.
1448년의 시험 발사, 놓치지 마세요.

신기전 1448년에 만들어진 신형 무기다. 이 무기의 최초 원조는 고려 말기 최무선이 만든 주화(走火). 그의 아들 최해산은 이를 발전시켜 화차(火車)를 만들었다. 이 병기들을 업그레이드한 것이 바로 신기전. 대신기전, 중신기전, 소신기전 등 여러 종류가 있다.

숙주나물? "신숙주, 그댄 절개가 없구려."

신숙주

녹두가 싹을 틔우고 자란 것을 무치면 숙주나물이 된다. 조선 시대의 신숙주란 인물에서 비롯된 이름이란 소문이 무성하다.

신숙주는 집현전 학자 출신. 성삼문과 함께 학문을 닦았다. 세종, 문종의 뒤를 이어 단종도 모셨다. 그러나 계유정난 때부터 두 인물은 다른 길을 걸었다. 성삼문은 단종을 복귀시키기 위해 애쓰다 처형당했다.

반면 신숙주는 세조를 도운 공신이 되었다. 신숙주는 그 후 승승장구했다. 마침내 신하로서 오를 수 있는 최고 벼슬인 영의정에까지 올랐다.

신숙주는 정치, 외교, 국방 등 모든 영역에서 뛰어난 능력을 발휘했다. 그러나 단종을 배신하고 세조를 따랐다는 비판은 피하지 못했다. 사람들은 "신숙주의 절개가 숙주나물처럼 너무 자주 변한다!"고 조롱하고 있다.

그러나 이는 오해라는 주장도 나오고 있다. 계유정난 당시 신숙주는 지방에 있어서 반란에 가담하지 않았다는 것. 신숙주가 단종에서 세조로 왕을 바꿔 탄 것은 맞지만, 적어도 반란에는 적극 동참하지 않았다는 이야기다.

명복을 빕니다

화형당하는 잔 다르크

▽**잔 다르크** = 백 년 전쟁에서 프랑스를 구한 영웅으로, 1431년에 영국 재판에서 마녀로 판정받아 화형에 처해졌다.

잔 다르크는 프랑스 시골에서 평범하게 살던 농부의 딸이었다. 그러던 어느 날 신으로부터 프랑스를 구하라는 계시를 받고 전쟁에 뛰어들었다고 한다. 이 말이 사실인지는 알 수 없다. 어떤 사람들은 잔 다르크의 영웅담을 더 극적으로 보이게 하려고 신비한 내용의 이야기를 집어넣은 것이라고도 한다.

잔 다르크는 프랑스의 패배로 기울어 가던 백 년 전쟁의 판세를 바꾸었다. 오를레앙 전투에서 영국 군대에 대승을 거두면서 이후 전쟁은 프랑스에게 유리하게 돌아갔다. 그러나 프랑스 부르고뉴파의 배신으로 영국에 넘겨져 결국에는 목숨을 잃었다.

▽**정화** = 중국 명나라의 환관으로서 남해 원정을 단행한 인물이다. 1433년(추정), 세상을 떠났다.

정화는 서역인인 것으로 알려져 있다. 그가 살던 지역은 원나라의 제후국이었는데, 명 태조 홍무제에게 정복당했다. 그 후 정화는 홍무제의 아들인 영락제의 측근이 되었다.

정화는 영락제의 명을 받아 거대한 함대를 이끌고 바다로 나갔다. 이 남해 원정을 통해 중국 명나라는 멀리 아프리카까지 진출했다. 중간에 있는 여러 나라들이 명나라에 조공을 바치기도 했다.

역사학자들은 중국이 세계 최초로 대항해 시대를 열었다고 평가한다. 그 주역이 바로 정화였던 것.

[16] 엔터테인먼트   제29호 • 1430년 ~ 1460년

통 역사 가로세로 퍼즐

〈가로 퍼즐〉

2. 1455년, 영국 랭커스터 왕조와 요크 가문 사이에 일어난 내전
5. 세종 시절 발명된 대표적인 해시계
7. 티무르 제국의 4대 술탄. 세계적인 천문대를 만들었다.
8. 백 년 전쟁을 승리로 이끈 프랑스의 영웅. 성녀라 불린다.
10. 조선 시대 지방의 시장. 장문이라고도 한다.
13. 오스만 제국이 콘스탄티노플을 점령한 뒤 새로 붙인 이름
16. 세종 시절 만든 학문 기관. 여기에서 훈민정음을 만들었다.

〈세로 퍼즐〉

1. 영국–프랑스의 전쟁. 백 년을 끌어서 이런 이름이 붙었다.
2. 조선 세종대왕 시절의 과학자. 측우기, 해시계 등을 만들었다.
3. 훈민정음을 만든 임금. 우리 역사상 최고의 성군
4. 유럽 교회에서 죄를 감해 준다며 판 문서
6. 활판 인쇄기를 발명해 대량 인쇄에 성공한 인물
9. 중세 일본의 영주를 가리키는 말
11. 삼국 시대 때부터 조선 때까지 수도에 있던 시장
12. 근대 유럽의 시작을 알린 문화 운동. 재생, 부활이란 뜻이다.
13. 618년, 당나라를 세운 인물. 당 고조
14. 고려 대신들이 틀어박혀 조선 조정에 나가지 않은 데서 유래한 말
15. 1448년에 발명된 것으로, 화차를 업그레이드 한 무기

[사 설]

통통통 기자

한글 창제, 높이 평가한다

세종대왕이 마침내 훈민정음을 반포했다. 이제 조선 백성들은 자신의 뜻을 마음껏 표현할 수 있게 되었다. 이런 사실만으로도 훈민정음, 즉 한글 창제는 높이 평가받아야 한다. 세종은 민본(民本) 정치를 추구했다. 민본이란 백성이 근본이 된다는 뜻이다. 다시 말해 세종은 백성이 나라의 중심이라고 생각했다. 그런 세종이기에 백성이 자신의 뜻을 제대로 표현할 수 있어야 왕이 민심을 알 수 있다고 판단했던 것이다.

미래로 가보자. 1989년 6월, 국제기구인 유네스코는 세종대왕상이란 것을 만들었다. 이 상은 글자를 읽지도, 쓰지도 못하는 '문맹'을 줄이는 데 기여한 사람이나 단체에게 주어진다. 유네스코가 이런 상에 굳이 세종대왕의 이름을 붙인 까닭은 무엇일까? 한글이 글자를 모르는 사람도 쉽게 배울 수 있는 글자이기 때문이다. 한글은 자음과 모음의 조합으로 무수히 많은 글자를 만들어 낼 수 있을 정도로 과학적이다. 자음과 모음 몇 개만 기억하면 금세 문맹 탈출이 가능하다. 이러니 한글 창제를 높이 평가할 수밖에 없지 않을까?

모험과 도전이 승리의 원동력

포르투갈 함대가 마침내 마의 북회귀선을 돌파했다. 21세기의 기준으로 본다면 대단한 일도 아니다. 그러나 15세기의 기준으로 본다면 엄청난 업적이다. 바다의 끝이 절벽으로 연결돼 있어 계속 항해하면 지구 밖으로 떨어져 나갈 것이라고 믿던 시대였으니까 말이다.

물론 이미 중국이 아프리카까지 항해한 적이 있다. 그러나 중국 명나라는 거기에서 멈추었다. 더 이상 도전을 하지 않았다. 그랬기에 중국은 대항해 시대를 열지 못하고, 우물 안에 갇힌 개구리 신세가 되었다.

포르투갈의 약진은 정말이지 놀랍다. 마의 북회귀선을 넘어, 함대는 아프리카 서해안을 따라 남하하고 있다. 그들은 인도에 이르는 길을 찾고 있다. 명나라가 스스로 대항해 시대를 걷어찬 반면 포르투갈은 새로운 시대의 주역으로 떠오르고 있다. 모험과 도전이 승리의 원동력이 아닐까?

전문가 칼럼

정복자의 계보

재레드 루비(문화인류학자)

세계 최고의 정복자는 누구일까? 21세기를 기준으로 한다면 역대 최고의 정복자는 몽골의 칭기즈 칸일 것이다. 그러나 15세기 유럽과 오스만 제국의 기준에서는 아니다.

오스만 제국은 아시아에 속하지만 정서적으로는 유럽에 가까운 것 같다. 이를 알 수 있는 대목이 있다.

메메드 2세는 동로마 제국을 정복한 오스만 제국의 술탄이다. 그의 별명은 '정복자'다. 정복자인 메메드 2세가 가장 존경하는 정복자는 누구였을까? 바로 알렉산더 대왕과 카이사르였다. 특히 카이사르를 더 존경한 듯하다. 그는 정복 직후 오스만 제국의 수도를 아드리아노플에서 로마의 땅인 콘스탄티노플로 옮겼다. 이제 로마의 땅에 둥지를 튼 셈. 메메드 2세는 "내가 로마 제국의 황제다!"라고 선포했다. 물론 유럽인들은 인정하지 않았지만, 오스만 제국에서는 알렉산더 대왕, 카이사르로 이어지는 정복자 계보를 메메드 2세가 이어가고 있다고 생각하고 싶었을 것이다.

역사 연표

| 아시아 | 아프리카 | 유럽 | 아메리카 |

— 1430년 —

1433년
조선, 4군 6진 개척 시작

1434년
조선의 장영실, 간의대 준공

1434년
포르투갈 함대가
아프리카 마의 북회귀선 돌파

1437년
티무르의 울루그베그 천문대에서
천문도 완성

— 1440년 —

1440년
구텐베르크, 활판 인쇄기 발명

1446년
조선 세종, 훈민정음 반포

1448년
오스만 제국과 기독교 연합군 간에
제2차 코소보 전투 발발

1448년
기독교 연합군관 오스만 제국 간에
제2차 코소보 전투 발발

— 1450년 —

1451년
인도에 로디 왕조 출범

1453년
오스만 제국, 동로마 제국 정복

1453년
동로마 제국, 오스만 제국에 멸망
백 년 전쟁 사실상 종결

1450년대 중반
유럽에서 르네상스 시작

1455년
수양대군이 조선 7대 국왕 세조에
등극

1455년
영국 내전인 장미 전쟁 발발

— 1460년 —

통 역사 신문 **제30호**

1460년 ~ 1500년

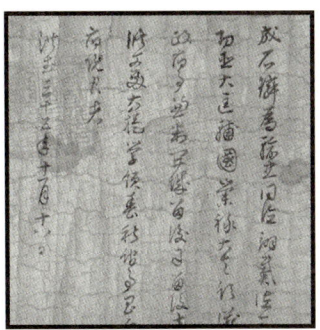

통 역사 신문

제30호   1460년 ~ 1500년

탐험대원 모집!
대항해에 나설 진정한 사나이를 찾습니다!
★귀환은 보장 못함.

 유럽

세상의 바닷길 완전히 열리다

포르투갈 인도에 도착… 스페인은 서인도 제도 상륙

포르투갈과 스페인의 국기를 단 함선이 인도양과 대서양을 누비고 있다. 그동안 역사에 등장하지 않았던 신대륙이 하나씩 모습을 드러냈다.

1488년, 포르투갈의 바르톨로뮤 디아스가 아프리카 남단 희망봉에 도착했다. 과거에 중국의 정화 함대가 남해 원정을 단행한 것을 빼면 이처럼 멀리 떠난 항해는 처음이다. 1498년에는 포르투갈의 바스코 다 가마가 아프리카를 돌아 마침내 인도에 도착했다. 꿈에 그리던 인도에 도착했지만, 정작 향료는 많이 확보하지 못했다.

포르투갈보다 뒤늦게 바다로 뛰어든 스페인도 큰 활약을 보였다. 1492년, 콜럼버스가 대서양을 가로질러 서인도 제도에 도착했다. 콜럼버스는 비록 후추를 확보하지는 못했지만 새로운 대륙을 발견함으로써 스페인에 큰 선물을 안겨 주었다. ▷ 2·3·4·5·6면에 관련 기사

조선 첫 사화 발생 한반도

1498년, 조선에 무오사화가 터졌다. 훈구파와 사림파의 갈등이 격해지더니 급기야 피바람이 분 것. 이 사건은 유학자 김종직이 쓴 「조의제문」이 발단이 되어 터졌다.

많은 사림파 대신들이 목숨을 잃었다. 반면 훈구파 세력은 더욱 강해졌다. 전문가들은 또 다른 사화가 발생할 것이라 우려하고 있다. ▷ 8·9면에 관련 기사

조선, 『경국대전』 반포 한반도

1485년, 조선의 헌법이 마침내 반포되었다. 바로 『경국대전』이다. 1397년에 처음으로 만들어진 법 『경제육전』에 이어 90여 년 만에 대 작업이 마무리된 것이다. ▷ 7면에 관련 기사

일본 대혼란 아시아

일본 무로마치 바쿠후가 휘청거리고 있다. 1467년에는 여러 사무라이들이 두 패로 나뉘어 내란에 돌입했다. 이 내란을 오닌의 난이라고 한다. 일본은 이 난을 시작으로 전국 시대, 즉 센고쿠 시대에 돌입했다. 이 혼란이 언제 끝날지는 아무도 예측하지 못하고 있다. ▷ 11면에 관련 기사

[2] 대항해 시대 본격 개막 특집

제30호 • 1460년 ~ 1500년

포르투갈, 희망봉에 이르다

바르톨로뮤 디아스, 남아공 도착… 인도까지는 못 가

공중에서 내려다본 희망봉

1487년 8월, 세 척의 배가 포르투갈 리스본을 출항했다. 선장은 바르톨로뮤 디아스. 그는 선박 설계사인 동시에 오랫동안 바다를 누빈 항해사였다.

포르투갈 왕 주앙 2세가 디아스에게 내린 명령은 그 전과 동일했다. 전설 속의 기독교 왕국을 찾고, 인도양 항로를 개척하는 것. 물론 큰돈을 벌어 줄 인도양 항로 개척이 더 큰 목적이었다.

항해는 쉽지 않았다. 몇 달의 항해 끝에 아프리카의 남단에 이르렀다. 곧 큰 위기가 닥쳤다. 폭풍에 배가 표류하기 시작했다. 그러다가 육지에 도착했다. 이곳은 오늘날 남아프리카공화국의 포트엘리자베스. 아프리카 최남단인 희망봉과는 불과 400km 정도 떨어져 있다.

디아스는 이곳이 아프리카의 남쪽 끝이라고 생각했다. 그렇다면 이제 항해의 끝일까? 아니다. 이 항해의 최종 목적지가 인도였기 때문이다. 디아스는 선원들을 다독였다. "여러분. 이제 어느 정도 쉬었으니 다시 바다로 나아갑시다!"

배가 다시 움직였다. 서서히 육지로부터 멀어졌다. 그러자 선원들이 술렁거리기 시작했다.

"또 폭풍을 만나면 어떻게 하지?"
"이러다 모두 바다에서 개죽음 당하는 거 아니야?"

선원들은 회의를 갖고 포르투갈로 돌아가기로 결정했다. 디아스는 선원들의 결정을 받아들일 수밖에 없었다. 자칫하다가는 폭동이 일어날 수도 있기 때문이었다.

1488년 1월, 귀국길에 올랐다. 디아스의 함대는 왔던 길을 되짚으며 항해를 했다. 오래지 않아 거대한 곶(바다 쪽으로 튀어나온 작은 육지)이 보였다. 이곳을 처음 지나갈 때는 바다 안개 때문에 보이지 않았던 곳이었다. 디아스는 이곳에 폭풍의 곶이라는 이름을 붙였다.

주앙 2세 왕은 디아스를 환영했다. 비록 인도양 항로를 개척하지는 못했지만 절반의 성공을 거두었기 때문이다. 다만 폭풍의 곶이란 이름은 반대했다. 공포감을 심어 줄 수 있다는 이유에서다. 주앙 2세는 그 대신 희망봉이란 이름을 붙였다. 아프리카의 최남단 지역. 이곳은 오늘날 남아프리카공화국의 케이프타운에 속한다.

『마녀의 망치』 출간!
마녀의 모든 것 심층 해부!
이 책 한 권이면 다 됩니다.

마녀의 망치 1486년, 독일에서 출간된 책 이름. 마녀의 정의, 재판 방식과 절차 등이 설명돼 있다. 마녀 이론의 고전으로 여겨졌다. 마녀로 찍히면 갖은 고문을 받은 뒤 화형에 처해졌는데, 이에 대해서도 자세하게 설명돼 있다.

[광고]

탐험대, 마침내 인도에 도착하다

바스코 다 가마, 캘리컷 도착… 인도양 항로 개척

1498년 5월 20일에 인도 캘리컷에 도착하는 바스코 다 가마

포르투갈이 마침내 해냈다. 포르투갈 함대가 아프리카를 돌아 인도에 도착한 것이다. 이 대업을 이룬 인물은 바스코 다 가마. 그 또한 바르톨로뮤 디아스처럼 훌륭한 항해사였다.

1497년, 포르투갈 왕 마누엘 1세는 "인도양 항로를 꼭 개척하라"는 특명을 내렸다. 그해 7월, 다 가마는 4척의 함대를 이끌고 리스본 항구를 떠났다. 이 탐험에는 디아스가 함께 했다. 그의 도움으로 11월에 희망봉에 도착했다. 덕분에 항해는 순조로웠다.

디아스는 여기에서 항해를 중단하고 탐험대를 떠났다. 이제 다 가마가 모든 것을 책임지고 항해를 지휘해야 하는 상황. 함대가 탐험을 다시 시작했다.

함대는 아프리카 동해안을 따라 올라갔다. 모잠비크에서는 큰 곤욕을 치렀다. 모잠비크는 이슬람 국가로 포르투갈 함대에 우호적이지 않았다. 이슬람 전사들이 공격해 왔다. 다 가마는 배 한 척을 잃었다. 황급히 모잠비크를 떠날 수밖에 없었다.

다행히 더 이상의 불상사는 없었다. 1498년 4월에 도착한 말린디는 우호적이었다. 그들의 도움을 받아 인도양으로 가는 바닷길을 알아냈다. 5월, 그의 함대는 인도의 캘리컷에 도착했다. 항해 왕 엔리케가 처음 아프리카 대륙을 탐험한 지 약 70~80년 만이다. 마침내 포르투갈이 인도양 항로 개척에 성공한 것이다.

다 가마는 인도와 통상 교섭을 벌이기 시작했다. 통상 교섭은 정부 대 정부의 공식 협상을 뜻한다. 엄청난 양의 향신료를 얻을 수 있을 거라던 당초 예상은 빗나갔다. 무엇보다 이슬람 상인들의 반대가 컸다. 포르투갈이 향신료 무역을 독점하면 이슬람 상인들의 이익이 줄어들 수 있기 때문이다. 그 결과 실제로 얻은 향신료는 얼마 되지 않았다.

1499년, 바스코 다 가마가 리스본에 돌아왔다. 열광적인 환영을 받았다. 마누엘 1세 왕은 그에게 귀족 작위를 내렸다. 향신료를 많이 얻지는 못했지만, 인도양 항로를 개척한 공이 크다는 이유였다.

존 캐벗, 캐나다 탐험

1497년, 영국도 뒤늦게 항해에 나섰다. 이탈리아 출신의 상인 존 캐벗이 그 주인공이다. 영국 왕 헨리 7세가 그를 후원했다.

존 캐벗은 15명 정도의 선원을 이끌고 대서양으로 나갔다. 52일 정도 지난 시점, 육지가 눈에 들어왔다. 오늘날의 캐나다 노바스코샤 주의 케이프브레턴 섬. 하지만 존 캐벗은 아시아로 가는 길을 발견했다고 판단했다.

본국으로 돌아가 철저히 준비한 뒤 1498년에 다시 도전했다. 그린란드 해안을 탐험한 뒤 남쪽으로 향했다. 배핀 섬과 뉴펀들랜드 섬을 발견하고, 다시 남쪽으로 오늘날 미국의 북동부 해안까지 탐험했다.

그러나 이 땅은 그저 차가운 대륙이었다. 훗날 캐벗이 실종되자 이 땅도 영국인들의 머릿속에서 지워졌다.

[4] **대항해 시대 본격 개막** 특집 제30호 • 1460년 ~ 1500년

스페인 탄생, 강대국 '우뚝'

 유럽

이사벨-페르난도 결합, 대서양 시대 '활짝'

이베리아 반도에 또 하나의 강대국이 등장했다. 바로 스페인(에스파냐). 스페인은 머지않아 포르투갈과 더불어 대항해 시대의 주역으로 떠오르게 된다. 심지어 시작이 늦었으면서도 포르투갈보다 더 막대한 식민지를 확보하게 된다.

그러나 사실 스페인이란 나라는 출범한 지 얼마 되지 않은 신생국이었다. 그런 스페인이 어떻게 대항해 시대의 주역이 될 수 있었을까?

우선 이베리아 반도 지도부터 보자. 이베리아 반도에는 포르투갈, 카스티야, 아라곤을 비롯해 여러 기독교 왕국이 있었다. 물론 세 나라가 그중 가장 강했다. 카스티야에는 이사벨(이사벨라)이란 공주가 있었다. 아라곤에는 페르난도란 왕자가 있었다. 공주와 왕자는 모두 강력한 왕국을 원했다. 둘은 서로 사랑하는 사이였다.

1469년, 이사벨과 페르난도가 결혼식을 올렸다. 그러나 둘 다 아직은 왕이 아니었기에 당장 두 나라를 하나로 합치지는 못했다. 둘 다 왕이 된 1479년에 가서야 카스티야와 아라곤은 한 나라가 되었다. 이렇게 탄생한 나라가 바로 스페인이다.

나라를 합쳤어도 통치는 두 명이 공동으로 했다. 각자의 왕국을 각자가 다스리는 것. 왕이 된 후 이사벨은 이사벨 1세, 페르난도는 페르난도 2세라고 불렸다. 스페인을 한 명의 왕이 통치한 것은 16세기의 일이다. 당시 신성 로마 제국의 황제인 카를 5세가 스페인의 왕을 겸직했다. 스페인에서는 그를 카를루스 1세라 불렀다.

스페인은 이베리아 반도의 최고 강대국으로 우뚝 섰다. 그런 스페인이기에 조그마한 국가인 포르투갈이 먼저 대항해 시대를 열고 있는 게 기분이 좋을 리 없었다. 이사벨 1세도 본격적으로 대항해 시대로 뛰어들 태세다.

이베리아 반도의 왕국들

 세계

"대서양 가로질러 인도 갈 수 있다"

포르투갈은 아프리카를 빙 둘러서 인도로 갔다. 그러나 이 방법밖에 없는까? 혹시 대서양을 가로질러 바로 아시아, 즉 인도로 갈 수 있지 않을까?

이런 생각을 한 인물이 실제로 있었다. 바로 크리스토퍼 콜럼버스. 그는 "지구는 공처럼 둥글다. 그러니 바로 대서양을 건너면 인도가 나온다"고 말했다. 이 주장을 스페인 왕 이사벨 1세가 꼼꼼히 따져 보았다. 이사벨 1세는 "콜럼버스의 주장이 어느 정도 근거가 있다. 스페인이 그의 항해를 지원할까 생각 중이다"라고 말했다.

물론 오늘날의 기준에 따르면 이 주장은 사실과 다르다. 당시에는 아메리카와 아시아 사이에 태평양이 있다는 사실을 몰랐던 것이다.

콜럼버스, 아메리카에 닿다

스페인 왕실 항해 지원… 쿠바-아이티 발견

아메리카에 도착한 콜럼버스

1492년 8월 3일, 스페인 팔로스 항구. 산타마리아호를 포함한 3대의 함선이 항구를 떠났다. 선장은 콜럼버스. 선원은 모두 120여 명이었다. 이들은 대서양을 가로질러 인도에 이르기 위한 긴 여정에 돌입했다. 기자가 산타마리아호에 탑승해 그 여정을 함께 했다.

망망대해. 사방을 둘러보아도 보이는 것은 넘실대는 파도뿐이었다. 한 달이 흘렀고, 다시 한 달이 흘렀다. 여전히 보이는 것은 넓은 바다뿐이었다.

며칠이 지난 10월 12일, 한 선원이 소리를 질렀다. "육지다!" 모두 만세를 불렀다. 곧 함선들은 그 섬으로 접근했다. 무사히 상륙했다. 오늘날의 서인도 제도에 속한 섬이었다. 콜럼버스는 이 섬을 거룩한 구세주란 뜻의 산살바도르라고 불렀다.

사기가 충천했다. 콜럼버스는 항해를 계속했다. 쿠바와 히스파니올라(오늘날의 아이티, 도미니카)를 발견했다. 이곳에서 처음으로 원주민을 만났다. 콜럼버스는 "드디어 인도에 도착했다!"고 선언했다. 그러고는 원주민을 '인도 사람'이라는 뜻의 인디언이라 불렀다. 물론 이곳이 인도가 아니란 사실은 나중에 밝혀졌다. 당연히 인디언이란 이름은 옳지 않다. 오늘날 인디언들은 자신들을 아메리카 토착민이라고 불러주길 원한다.

갑작스런 사고가 발생했다. 산타마리아호가 히스파니올라 근처에서 좌초하고 말았다. 두 척의 함선에 120명이 다 탈 수는 없었다. 콜럼버스는 40여 명을 히스파니올라에 남겼다. 그들은 식민지를 건설하라는 숙제를 받았다.

1493년 3월, 콜럼버스가 귀국했다. 그는 신대륙에서 가지고 온 금덩어리를 스페인 왕실에 바쳤다. 콜럼버스는 무슨 생각으로 황금을 가지고 왔을까?

"원래 목적은 후추였다. 그런데 후추가 없으니 뭐라도 돈이 될 만한 걸 가지고 와야 하지 않겠는가? 그래서 금을 가지고 온 것이다."

신대륙에는 황금이 도처에 깔려 있다는 엉터리 소문이 퍼져 나갔다. 2차 탐험대가 곧바로 꾸려졌다. 함선은 17척, 선원은 1,500여 명. 1차 탐험과는 비교가 안 될 정도로 거대한 규모였다. 모두 황금을 노리고 뛰어든 것이다.

1493년 9월, 2차 탐험대가 출발했다. 히스파니올라에 도착했다. 콜럼버스는 남겨 두었던 부하들이 마을을 세웠을 거라고 믿었다. 그러나 아무도 없었다. 원주민과의 전투에서 패해 모두 사망한 것이다.

콜럼버스는 원주민을 제압한 뒤 금을 가지고 오라고 협박했다. 그러나 금은 얼마 없었다. 콜럼버스는 원주민을 학살했다. 그리고 돈이 될 만한 것을 찾다가 노예 사업을 떠올렸다. 그는 원주민 30여 명을 강제로 배에 태우고 1496년 3월, 귀국길에 올랐다.

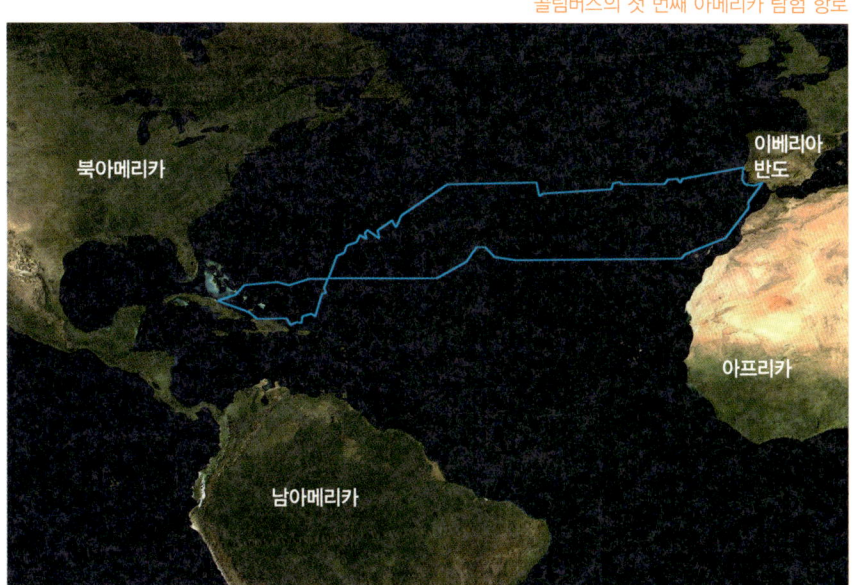
콜럼버스의 첫 번째 아메리카 탐험 항로

[6] **대항해 시대 본격 개막** 특집   제30호 • 1460년 ~ 1500년

이사벨 여왕, "콜럼버스, 내려와!"

후추와 금 못 찾아 지휘봉 박탈… 쓸쓸히 퇴장

이사벨 여왕과 페르난도 왕 앞에 선 콜럼버스

1498년, 콜럼버스가 3차 탐험에 나섰다. 2년 만의 항해다. 왜 이렇게 출발이 늦었을까? 또 그 후 콜럼버스의 미래는 어떻게 됐을까? 콜럼버스를 단독 인터뷰했다.

-2차 원정의 결과를 말해 달라.

"후추와 금을 찾지 못했다. 스페인 이사벨 여왕이 크게 실망한 모양이다. 나는 해임됐다."

-2년 만에 스페인 왕실이 다시 지휘봉을 준 이유는 뭔가?

"이 무렵에 포르투갈 탐험대는 인도의 코앞까지 이르렀다. 대항해 시대의 주도권을 포르투갈에 빼앗길 것을 염려한 스페인 왕실은 조바심을 내고 있었다. 그런데 항해를 지휘할 만한 마땅한 인물이 없었다. 그러니 내게 다시 맡긴 것이다."

-3차 항해의 코스를 말해 달라.

"조금 더 남쪽까지 진출했다. 트리니다드와 오리노코 강을 발견했다."

-새 발견으로 능력을 인정받았나?

"그렇지는 못한 것 같다. 마침 히스파니올라에서 반란이 터졌기 때문이다. 스페인 왕실은 나를 소환했다. 왕실이 나를 믿지 않는 것 같아 속이 많이 상했다."

-3차 탐험 이후 항해는 더 이상 하지 못했는가?

"그럴 뻔했다. 만약 포르투갈 함대가 인도 캘리컷에 도착하지 않았다면 4차 탐험을 못했을 것이다. 그 소식이 전해지자 스페인 왕실은 위기감을 느꼈던 것 같다. 다시 내게 연락해서 4차 탐험을 하라고 했다."

-그 결과는?

"1502년, 탐험을 떠났다. 서인도제도의 더 안쪽까지 항해해 온두라스와 파나마 지협에 도착했다. 그러나 금은 없었다. 성과 없이 귀국하자 시선이 차가웠다. 그게 마지막 항해다."

나눠 먹기 조약

스페인이 중남미로 진출하면서 포르투갈과의 갈등이 커졌다. 아직 포르투갈은 중남미에 제대로 진출하지 못한 상황. 그러나 스페인은 벌써 몇 번째 중남미를 오가고 있었다. 포르투갈은 뒤늦게 중남미 진출을 벼르기 시작했다. 물론 스페인은 막으려 했다. 두 나라 사이에 곧 전쟁이라도 벌어질 태세였다. 로마 교황이 나서서 말리지 않았다면 정말로 전쟁이 터졌을지도 모른다.

1494년, 두 나라는 서로 싸우지 않기로 하고, 중남미를 나누어 갖기로 했다. 베르데 군도의 서쪽 1,800km 지점을 기준으로 해서 동쪽은 포르투갈, 서쪽은 스페인이 갖는 것이다. 이 조약을 토르데시야스 조약이라 부른다. 이 조약에 따라 남아메리카에서는 브라질만이 포르투갈의 식민지가 된다.

조선의 '헌법' 완성되다

1485년 『경국대전』 반포… 국가의 모든 내용 담아

1485년, 조선의 '헌법'이 반포되었다. 이 법을 담은 책이 『경국대전』이다. 이때부터 조선의 법도는 모두 『경국대전』을 따랐다.

▽**탄생 과정** = 조선 개국 공신 정도전은 1394년에 『조선경국전』을 편찬했다. 조선 최초의 법. 그러나 정식 법령은 아니었다. 정도전의 개인 생각이 많이 담겼기 때문이다.

3년 후 정부의 첫 법이 나왔다. 바로 『경제육전』이다. 이때부터 법을 정비하는 작업을 본격화했다. 태종 때인 1413년, 『경제육전』을 보완한 『속육전』이 만들어졌다. 태종의 뒤를 이은 세종도 여러 차례 법을 손질했다.

세조는 더욱 적극적이었다. 왕에 오르자마자 모든 법을 참고해 통합 법전을 만들라는 왕명을 내렸다. 수많은 학자가 투입되었다. 그 결과, 1466년에 『경국대전』의 골격이 완성되었다.

그러나 아직 보완할 게 많았다. 세조는 『경국대전』을 시행하지 않고, 더 보완하라고 지시했다. 이 작업은 세조와, 그의 뒤를 이은 예종 때까지 계속되었다. 이어 성종이 최종 5차까지 보완 작업을 벌였다. 마침내 『경국대전』이 최종 완성되었다. 1485년, 성종은 법을 반포했다.

▽**무엇을 담았나?** = 『경국대전』은 「이전」, 「호전」, 「예전」, 「병전」, 「형전」, 「공전」 등 6개의 법전으로 구성되어 있다. 법 조항의 개수는 총 319개다. 결혼, 제사와 같은 백성들의 가정 문제에서부터 외교, 안보와 같은 국가적 문제까지 아우르는 거의 모든 내용을 다루었다. 말 그대로 조선의 법도를 이 법에 다 담은 것이다.

가령 결혼 규범을 담은 「예전」을 보자. 남자는 15세, 여자는 14세가 되면 결혼이 가능하다. 만약 관료 가문 여성이 30세가 넘도록 결혼하지 못하면 국가에서 결혼 비용을 대신 냈다. 아이를 낳은 후에는 남편에게 15일간 산후 휴가도 주었다.

이 「예전」은 오늘날의 민법에 해당한다. 「이전」은 국가 조직을 규정한 법이다. 「호전」은 세금이나 땅과 같이 경제와 관련된 법이고, 「병전」은 군사와 관련된 법이다. 「형전」은 오늘날 형법에 가깝고, 「공전」은 도로, 건축물 등과 관련된 법이다.

다시 서적 출간 붐

성종 시절, 수많은 책이 쏟아지고 있다. 조선의 헌법에 해당하는 『경국대전』이 대표적이다. 얼마 후에는 『경국대전』의 속편에 해당하는 『대전속록』도 출간되었다.

성종은 세종처럼 학문과 문화에 관심이 많았다. 할아버지 세조가 집현전을 없애 버린 것이 마음에 걸렸다. 결국 성종은 집현전과 비슷한 역할을 할 수 있는 홍문관을 키웠다.

조선은 다시 세종 때처럼 문화가 되살아났다. 여러 책이 쏟아진 것도 그 덕분이다. 이 무렵에 나온 책만 해도 『동국여지승람』, 『동국통감』, 『동문선』, 『악학궤범』, 『국조오례의』 등 셀 수 없이 많다.

조선 조정, 두 패로 갈리다

성종, 훈구파에 맞서려고 지방의 사림파 등용

김종직

훈구파는 세조가 단종에게서 왕위를 빼앗은 계유정난의 공신들을 말한다. 세조는 공신들에게 요직을 맡겼다. 조정에서 최고의 자리를 모두 훈구파가 차지했다.

훈구파의 대표적 인물은 한명회. 그는 성종의 장인이었다. 성종은 어린 나이에 왕이 된 인물. 따라서 장인인 한명회의 권력은 엄청났다. 한명회는 왕 못지않은 권력을 누리다 1487년에 사망했다.

성종은 1476년에 스무 살이 되었다. 성종은 직접 정치를 하기 시작했다. 성종은 훈구파의 권력이 지나치게 강하다는 사실을 뼈저리게 느끼고 있었다. 그러니 훈구파와 맞설 신하들을 키워야 했다. 성종이 주목한 사람들은 지방에 있는 유학자들. 그들은 계유정난이 일어나자 정치에 회의를 느껴 지방으로 내려갔다. 훈구파에 비해 도덕성이 높고 양심적인 편이라 할 수 있다. 또한 정치를 오래 하지 않아 때가 덜 묻었다는 것도 강점. 그들을 사림파라 불렀다.

사림파는 주로 영남 지방에 많았다. 대표적인 인물이 김종직. 그가 벼슬을 얻은 것은 세조 시절이었다. 그러나 실제로는 성종 때 본격적으로 활약했다. 학식과 문장이 뛰어나 많은 유학자들의 존경을 받았다. 성종도 김종직을 총애했다. 그 결과 김종직의 많은 제자들이 벼슬을 얻어 조정으로 들어왔다.

아직까지는 두 파벌의 갈등이 큰 사건으로 이어지지는 않고 있다. 그러나 싸늘한 기운은 이미 감지되고 있다. 전문가들은 "이러다 무슨 일이 터지지 않을까 걱정이다"라고 말하고 있다.

조선 조정의 관료들이 대거 물갈이 되고 있다. 그 전까지 대신들은 거의 대부분이 훈구파였다. 성종은 새로이 사림파를 많이 등용했다. 양쪽 파벌은 서서히 권력 다툼을 시작했다.

윤 씨 폐비… 재앙의 불씨

1479년, 성종이 왕비(윤 씨 부인)를 내쫓았다. 왕비 자리를 빼앗는 것을 '폐비'라고 한다. 폐비 윤 씨는 3년 뒤 사약을 받고 죽었다. 이 폐비 윤 씨 사건에 조정이 술렁이고 있다. 훗날 재앙의 불씨가 될 것이라고 걱정하는 이들도 많다.

윤 씨는 성종의 후궁이었다. 왕비(공혜왕후)는 따로 있었다. 공혜왕후가 1457년에 세상을 떠나자 왕비 자리에 오른 것이다. 왕비가 된 윤 씨 부인은 질투가 심했다. 성종이 다른 후궁을 총애하자 화를 냈다. 급기야 성종의 얼굴을 할퀴어 상처까지 냈다. 성종의 어머니(인수대비)는 폐비 명령을 내렸다. 다만 윤 씨 부인의 아들인 연산군까지 내치지는 않았다. 먼저 사망한 공혜왕후가 아들을 낳지 못했기 때문이다.

1494년, 이 연산군이 조선 10대 국왕에 올랐다. 신하들은 연산군이 자신의 어머니가 폐비된 뒤 사약을 받았다는 사실을 모르길 바라고 있다. 만약 그 사실을 알면 피바람이 불 것이기 때문이다.

훈구파-사림파 정면충돌

1498년 첫 무오사화 발생… 김종직 '조의제문'이 발단

1498년, 기어코 조정에 피바람이 닥쳤다. 훈구파와 사림파가 본격적으로 충돌해 많은 사람이 목숨을 잃었다. 이처럼 학자(대신)들이 서로 갈등을 벌이다 집단으로 화를 당하는 사건을 '사화(士禍)'라고 부른다. 첫 사화가 무오년인 1498년에 발생한 것이다. 이것이 무오사화다. 그 시작은 사초(史草) 파동이었다.

왕이 되면 바로 이전 왕의 실록을 만든다. 연산군도 바로 전 왕인『성종실록』을 편찬했다. 실록에 들어갈 내용을 담은 기초 자료가 바로 사초다. 실록이 편찬되면 사초는 폐기된다. 사초를 작성한 사관(史官)을 보호하기 위해서다. 심지어 왕도 사초를 함부로 볼 수 없다.

바로 이 사초에 사림파의 수장인 김종직의「조의제문(弔義帝文)」을 실었다. 항우가 죽인 초나라 황제 의제를 추모하는 내용이다. 그러나 훈구파의 이극돈과 유자광은 "김종직이 이 글을 통해 세조가 왕위를 빼앗은 사실을 비꼬고 있다. 왕에 대한 모독이다"라고 주장했다. 훈구파는 왜 이런 주장을 했을까? 김종직의 제자 김일손이 사초에 이극돈을 비난한 글을 실었기 때문이다. 이참에 김일손도 없애고, 나아가 사림파를 제거하려는 것이 훈구파의 속셈이었다.

연산군은 자신을 비판하는 사림파가 늘 보기 싫었다. 훈구파는 그런 연산군의 화를 돋우기 시작했다. 작전이 먹혔다. 연산군은 "신하들이 감히 왕을 조롱해?"라며 펄쩍 뛰었다. 이어 사림파에 대한 연산군의 대대적인 핍박이 시작되었다.

이미 사망한 김종직은 부관참시되었다. 부관참시는 관을 열고 죽은 사람의 목을 베는 처벌을 말한다. 사초 담당으로서「조의제문」이란 '불손한 글'을 실은 죄로 김일손은 처형되었다. 김종직의 다른 제자들도 줄줄이 처형당하거나 유배를 떠났다.

이 음모를 계획한 이극돈도 화를 면하지 못하고 결국 파면되었다. 사초에「조의제문」이 실린 걸 진작 알았으면서도 나중에야 보고했다는 것이 파면의 이유였다. 그 결과 훈구파 유자광의 권력이 강해졌다.

「조의제문」 긴급 입수

조선 궁중에 피바람을 부른「조의제문」에는 어떤 내용이 실려 있을까? 기자가 문제의 이 글을 단독 입수했다. 그 내용을 소개한다.

때는 세조가 왕이 되고 2년이 지난 1457년, 김종직은 밀양에서 경산으로 가던 중 답계역에서 잠이 들었다. 꿈에 신선이 나타났다. 신선은 "난 초나라 황제 의제다. 항우에게 죽임을 당해 강에 버려졌다"고 하소연했다. 잠에서 깬 뒤 김종직은 '왜 중국 초나라 사람이 멀리 떨어져 있는 이곳 조선에 사는 내 꿈에 나타났을까?'라고 생각했다. 실제로 항우가 의제를 죽인 뒤 강물에 버렸다는 기록은 남아 있지 않은 상황. 그 사실을 알리려 한 것이 아닐까?

이런 생각을 하던 김종직은 "지금이라도 의제를 조문하는 글을 짓는다(조의제문)"고 했다. 그렇다면, 이 글에 등장한 항우가 정말로 세조를 의미하는 것일까? 대체로 "그런 것 같다"는 평가가 많은 것 같다.

"희생자인가, 권력의 화신인가"

남이 처형 논란… 무속에선 신령으로

남이 장군을 추앙하는 목소리가 높다. 심지어 그를 신령으로 섬기는 무속 신앙까지 생겨났다.

남이는 1468년에 역모 혐의로 처형된 인물이다. 역모란 왕을 제거하려는 음모를 뜻한다. 쉽게 말해서 남이가 반란을 모의했다는 이야기다. 그러나 많은 사람들이 "남이는 모함에 억울하게 희생된 것이다"라고 주장하고 있다. 어떻게 된 것일까?

그의 할머니는 태종의 딸이었다. 그러니 남이는 먼 왕족인 셈이다. 훌륭한 가문이라면 응당 문과 시험에 응시한다. 그러나 남이는 무인을 택했다. 그리고 17세의 어린 나이에 무과에 급제(합격)했다.

1467년, 이시애의 난이 일어났다. 이시애는 함경도의 귀족(호족)으로, 세조가 함경도를 홀대하자 반란을 일으켰다. 진압군이 꾸려졌다. 26세의 청년 장수 남이도 진압군에 합류했다. 그러나 반란군은 강했다. 엎치락뒤치락하다가 4개월 만에 반란이 진압되었다. 이시애는 처형되었다.

남이는 이때 큰 활약을 펼쳤다. 덕분에 27세의 어린 나이로 병조판서에 임명되었다. 병조판서는 오늘날의 국방부 장관에 해당하는 벼슬이다. 그는 우쭐하는 마음으로 대장부의 기상을 노래하는 시를 읊었다. "백두산 돌은 칼을 갈아 없애고 (…) 나이 스물에 나라를 평안케 하지 못하면 어찌 대장부라 하겠는가!"

1468년, 예종이 8대 국왕에 올랐다. 훈구파가 남이를 찍어 내기 시작했다. 남이가 훈구파와 대립했기 때문이다. 유자광이 선두에 섰다. 그는 남이의 시를 증거로 제시하며 "이는 왕이 되겠다는 뜻이다"라고 주장했다. 먹혀들었다. 몇 달 후 남이는 형장의 이슬로 사라지고 말았다.

정말 남이는 반란을 시도했을까? 평가는 다양하다. 다만 "남이가 어린 나이에 출세해서 자만심은 있었겠지만 역모를 꾸미지는 않았을 것이다. 훈구파에게 희생된 것이다"라는 평가가 많다.

"현직 대신들만 월급 받으시오."

1466년, 조선에서 현직 관리에게만 토지 수조권을 주는 직전법이 실시되었다. 수조권은 세금을 거둘 수 있는 권리. 대신들은 농민에게 땅을 경작하게 한 뒤 세금을 받아 살았다.

원래 조선은 전현직 대신 모두에게 토지를 주었다. 그러나 시간이 흐르면서 땅이 부족해졌다. 그러니 현직 관리에게만 수조권을 주기로 한 것이다.

1470년, 토지 제도가 또 바뀌었다. 이 수조권까지 국가가 거두어들였다. 조정이 직접 세금을 받아 대신들에게 월급을 준 것이다. 성종이 실시한 이 제도를 관수관급제라 불렀다.

일본에도 전국 시대 개막

무로마치 바쿠후 말기 오닌의 난 계기로 시작

일본 정치가 아주 어수선하다. 이미 쇼군이 잔치 도중 부하에게 피살돼 정계가 술렁거리는 상황. 여기에 쇼군 후계자 자리를 놓고 권력 투쟁까지 겹쳤다. 결국 대대적인 내란으로 이어지게 된다.

1464년, 무로마치 바쿠후의 8대 쇼군 아시카가 요시마사는 동생을 후계자로 지명했다. 아들이 없었기 때문이다. 그런데 문제가 생겼다. 이듬해 아들이 태어난 것이다. 쇼군은 후계자 지명을 무효라고 발표했다. 아들에게 후계자 자리를 넘겨주기 위해서였다. 졸지에 후계자 자리에서 쫓겨난 동생이 힘 있는 영주(슈고 다이묘)에게 도움을 요청했다. 물론 쇼군도 호락호락하지는 않았다. 결국 전국에 있는 슈고 다이묘들이 두 편으로 갈렸다. 1467년 1월, 이들이 바쿠후가 있는 교토로 몰려들었다. 승부를 내기 위해서다. 마침내 격돌. 이 사건이 바로 오닌의 난이다.

이 전쟁은 무려 10년 넘게 계속되었다. 양쪽 모두 피해가 컸다. 그러니 이 전쟁을 끝내고 싶은 마음이 강했다. 점점 전투가 줄었다. 결국 승패를 가리지 못하고 오닌의 난은 끝이 났다. 그러나 더 큰 전쟁은 지금부터 시작이다. 왜 그럴까?

우선 오랜 전쟁으로 교토가 폐허가 되었다. 무로마치 바쿠후는 사실상 몰락했다. 더 이상 쇼군은 최고의 사무라이가 아니었다. 원래 쇼군의 부하였던 슈고 다이묘들은 "나도 쇼군이 될 수 있다"고 말하고 다녔다. 슈고 다이묘들은 곧 1인자가 되기 위한 싸움에 돌입했다.

영웅들이 승부를 가리는 시대. 일본에서도 전국 시대가 시작된 것이다. 일본에서는 이를 센고쿠 시대라 부른다. 센고쿠 시대는 1590년에 도요토미 히데요시가 전국을 통일하면서 끝이 난다. 무려 130여 년간 계속되었던 것이다.

티무르 제국 사실상 멸망

몽골의 부활을 외치며 중앙아시아와 서아시아를 누빈 티무르 제국, 최고의 천문대를 세워 1년을 정확하게 계산해 낸 과학 강국 티무르, 그 제국이 1500년에 사실상 멸망하고 말았다.

사실 티무르 제국은 1449년, 4대 술탄 울루그베그가 피살되면서 이미 멸망한 것이나 다름없었다. 더 이상 훌륭한 왕은 등장하지 않았다. 술탄 자리를 놓고 권력 투쟁이 본격화했다. 또 다시 술탄이 암살되는 사태도 발생했다.

티무르 제국이 점점 기우는 반면, 주변에 있는 우즈베크족은 점점 강해졌다. 우즈베크족은 킵차크 칸 국의 후손. 따지고 보면 모두 같은 몽골족에서 갈라져 나온 민족인 셈이다.

우즈베크족이 1500년에 사마르칸트를 공격했다. 이 공격을 티무르 제국은 막아내지 못했다. 또 다른 왕족이 헤라트라는 지역에 왕조를 세웠지만, 그 왕조도 곧 무너지고 말았다. 티무르 제국이 역사 속으로 사라진 것이다. 헤라트의 왕조가 무너진 것은 1507년. 따라서 티무르 제국의 공식 멸망 연도는 1507년이다.

영국, 장미 전쟁 종결

튜더 가문이 최종 승리… 헨리 7세, 새 왕조 열어

영국 랭커스터 왕조와 요크 가문이 일으킨 내전인 장미 전쟁이 마침내 종결되었다. 최후의 승자는 누구였을까? 랭커스터 왕조? 요크 가문? 아니다. 최후의 승자는 튜더 가문이었다. 어떻게 된 일일까?

1461년, 요크 가문의 에드워드 4세가 헨리 6세 왕을 왕위에서 끌어내렸다. 에드워드 4세는 장미 전쟁을 일으킨 장본인이다. 그의 뜻이 이루어진 셈이다. 에드워드 4세는 왕을 감옥에 가두고, 스스로 왕에 올랐다. 요크 왕조가 탄생한 것이다.

그러나 에드워드 4세는 10년도 가지 못하고 무너졌다. 그러고는 해외로 쫓겨났다. 감옥에 있던 헨리 6세가 왕에 복귀했다. 하지만 그대로 물러설 에드워드 4세가 아니었다. 다시 반란을 일으켰다. 이번에는 헨리 6세를 아예 죽여 버렸다. 랭커스터 왕조의 맥이 끊겼다. 이어 에드워드 4세 왕이 복귀했다.

다시 요크 왕조가 영국을 장악했다. 이제 요크 왕조의 시대가 완전하게 열린 것일까? 만약 에드워드 4세가 오래 살았다면 그럴 수도 있었다.

1483년, 에드워드 4세가 세상을 떠나자 왕의 자리를 놓고 요크 왕조에 내분이 일어났다. 에드워드 4세의 뒤를 이은 왕은 그의 아들인 에드워드 5세. 그러나 왕의 삼촌 리처드 3세가 가만히 있지 않았다. 리처드 3세는 에드워드 5세를 가두고 왕에 올랐다.

게다가 랭커스터 가문에서 떨어져 나온 튜더 가문이 요크 왕조를 몰아내겠다며 벼르고 있었다. 튜더 가문의 리더는 헨리 7세. 결국 요크 왕조와 튜더 가문의 전쟁이 시작되었다. 장미 전쟁이 아직 끝나지 않은 것이다. 정말 혼란스러운 영국이다.

1485년, 튜더 가문의 헨리 7세가 리처드 3세 왕을 몰아냈다. 물론 새로운 왕은 헨리 7세. 이로써 장미 전쟁이 비로소 끝을 보게 되었다. 영국에서는 튜더 왕조의 시대가 시작되었다.

러시아 등장

러시아가 역사에 전면 등장했다.

모스크바 공국의 왕 이반 3세는 15세기 중반 이후 세력을 키웠다. 주변의 여러 공국들을 하나씩 흡수했다. 이어 가장 오래된 공국 가운데 하나인 노브고로트 공국도 정복했다. 이로써 모스크바 공국은 러시아 일대를 사실상 통일했다.

이반 3세는 나아가 1480년, 몽골 계열의 킵차크 칸 국으로부터 독립을 선언했다. 킵차크 칸 국은 13세기 이후 약 200년 간 러시아를 식민 통치해 왔다.

이반 3세는 외교 문서에 왕을 차르라고 서명했다. 차르는 황제란 뜻. 카이사르의 러시아식 표현이다. 이 표현은 훗날 이반 4세 때부터 본격적으로 쓰인다.

이반 3세의 노브고로트 공국 정복을 묘사한 그림

명나라, "우리가 먼저 상업 혁명!"

농업 이어 상업-수공업 크게 발전… 유럽보다 앞섰다?

명나라의 경제가 크게 발전하고 있다. 심지어 유럽보다 일찍 상업 혁명이 시작되는 것 아니냐는 이야기도 나올 정도다. 상업 혁명은 훗날(16~17세기) 유럽에서 발전한 것으로, 산업 혁명의 전 단계라고 평가된다.

명나라 초기에 정화는 함대를 이끌고 남해 원정을 단행한 바 있다. 그러나 유학자들의 반대로 해외 원정은 중단되고 말았다. 황실은 "모든 것을 과거로 되돌린다!"고 선언했다. 이에 따라 상업과 수공업이 홀대를 받았고, 농업만이 장려되었다.

그러나 15세기 후반으로 접어들면서 명나라의 분위기가 바뀌고 있다. 아무리 조정이 상업과 수공업의 발전을 억제해도 시대의 흐름을 막을 수는 없었다. 조정의 억제에도 불구하고 오히려 상업과 수공업은 과거보다 더욱 빠른 속도로 발전했다. 아이러니하게도 상업과 수공업이 발달한 이유는 농업이 발달했기 때문이었다. 농업 생산량이 많아지고 먹고사는 일차적인 문제에서 벗어나자 사람들은 생활 수준을 높이는 데 관심을 갖기 시작했다. 그러다 보니 사람들의 수요에 따라 다양한 상품이 만들어질 수밖에 없었다. 이에 따라 상품이 다양해지고 풍성해지자 이를 거래하는 시장도 자연스럽게 발달했다.

도자기를 만드는 요업, 명주나 무명을 만드는 직물업이 많이 발달했다. 철을 만드는 제철업, 배를 만드는 조선업도 발달했다. 이런 산업은 주로 돈 많은 상인들이 주도했다. 그들은 공장을 짓고, 인부를 고용해 일을 시켰다. 물론 대량 생산이 이루어지지는 못했다. 아직까지는 가내 수공업 형태. 그래도 각각의 인부에게 다른 일을 맡겨 전문적으로 생산하는, 분업 시스템까지는 갖추었다.

전문가들은 "아직 대량 생산으로 연결되지는 않았지만, 중국이 크게 달라진 것은 분명한 사실이다"라고 평하고 있다. 더불어 중국에도 여러 상업 도시들이 생겨나기 시작했다. 이를 두고 사람들은 '중국 상업 혁명'이라 부르고 있다.

태양의 제국 잉카 '전성기'

아메리카

아즈텍 문명 발달… 금광석 세공 유물 남겨

태양의 제국 잉카, 그에 못잖은 아즈텍 문명……. 중남미 문화가 찬란하게 타오르고 있다. 잉카 문명과 아즈텍 문명이 15세기 들어 절정기를 달리고 있는 것. 오늘날까지 남아 있는 유적들을 보면 당시 두 문명이 얼마나 발달했는지 알 수 있다.

유럽 탐험가들은 잉카 제국을 황금의 제국으로 여기고 있었다. 물론 잉카에도 황금이 있었다. 그러나 더 위대한 유산은 석조 건축이다. 잉카 사람들은 거대한 돌덩이를 쌓아 건축물을 만들었다. 돌덩이와 돌덩이 사이의 틈은 거의 보이지 않는다. 심지어 면도칼 하나도 들어가지 않을 정도다. 이런 석조 건축물들은 현대까지도 불가사의로 여겨지고 있다. 지금의 건축 기법으로도 그토록 완벽하게 건물을 만드는 것이 거의 불가능하기 때문이다.

잉카는 태양의 제국이라 불린다. 태양신을 섬겼던 것. 잉카인들은 자기네가 정복한 지역에서도 반드시 태양신을 섬기도록 했다. 만약 반항하면 즉시 군대를 보내 진압했다. 중앙의 명령이 모든 지방으로 즉각 전달될 수 있도록 길을 만들었다. 북쪽 에콰도르에서 남쪽 칠레까지 약 6,000여 km에 이르는 잉카 왕도가 바로 그것이다.

잉카인들은 끈이나 줄을 사용하는 결승(結繩) 문자를 남겼다. 매듭의 횟수와 방법에 따라 뜻이 달라지기 때문에 이를 매듭 문자라고도 했다.

아즈텍 문명이 남긴 유물은 정말 뛰어나다. 석조 건축물을 만드는 기술뿐 아니라 금속과 보석 세공 분야에서도 아즈텍 사람들은 뛰어난 능력을 보여 주었다. 하지만 이토록 훌륭한 유물에도 불구하고 몇 가지 아쉬운 점이 있다. 특히 아즈텍 사람들은 포로를 산 채로 제사의 희생양으로 바치는 독특한 풍습이 있었다. 게다가 제사를 끝내고 나면 포로를 죽인 뒤 먹기까지 했다. 유럽 사람들은 이런 아즈텍의 식인 풍습을 야만적이라며 경멸하고 있다.

잉카의 석조 건축물. 지금까지도 쓰이고 있다.

유럽

레콘키스타 완료

그라나다 왕국

이베리아 반도에 남아 있던 마지막 이슬람 세력이 완전히 쫓겨났다. 이로써 700여 년에 걸쳐 계속되었던 레콘키스타(영토 회복 운동)가 최종 마무리되었다.

때는 1492년, 콜럼버스가 아메리카를 향해 제1차 항해를 하고 있을 때였다. 스페인 군대는 이베리아 반도 남부의 그라나다 왕국으로 진격했다. 일진일퇴(一進一退)의 공방이 이어졌다. 최후의 승리는 스페인이 거머쥐었다. 이슬람교도는 서유럽의 밖으로 쫓겨났다.

스페인 여왕 이사벨 1세는 남아 있는 이슬람교도를 박해했다. 또 이사벨 1세는 알함브라 칙령을 반포해 공식적으로 유대인들을 핍박했다. 많은 사람이 죽어 나갔다. 관용의 정신이 아쉽다는 지적이 나오고 있다.

레오나르도 다빈치, 르네상스 활짝 열다

최후의 만찬

예수 그리스도가 열두 제자와 긴 식탁에 앉았다. 십자가에 못 박혀 죽기 하루 전. 자신의 운명을 직감한 그리스도는 빵을 제자들에게 주면서 "이것은 내 몸이니 받아먹어라"고 말한다. 포도주를 따라주면서 "이것은 나의 피다"라고 말한다. 예수는 이어 "너희들 중 한 명은 나를 배반할 것이다"라고 말한다. 제자들은 모두 "절대 그럴 리 없다. 나는 결백하다"고 말한다.

1497년, 레오나르도 다빈치가 완성한 〈최후의 만찬〉이 큰 화제다. 예수는 그림의 한가운데에 앉아 있다. 양쪽으로 6명의 제자를 배치했다. 예수를 중심으로 나머지를 배치한 것이다. 실제 거리를 감안해 멀리 있는 것은 작게, 가까이 있는 것은 크게 묘사했다. 이런 방식을 원근법(遠近法)이라고 한다. 지금까지 아무도 시도하지 않은 획기적인 방법이다.

그는 천재였다. 스승조차 "더 이상 가르칠 게 없다"고 했을 정도. 인체 해부학도 공부했다. 인체의 구조를 낱낱이 알게 되었다. 그가 그린 인체 해부도를 보면 얼마나 이 분야에 박식했는지 알 수 있다. 당연히 그의 그림도 실제 사람처럼 보였다. 완벽한 사실주의다.

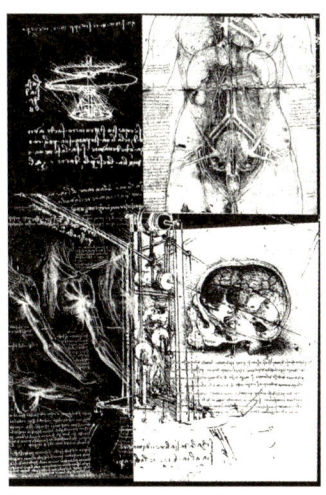
다빈치가 그린 인체 해부도

명복을 빕니다

코시모 데 메디치

▽**코시모 데 메디치** = 이탈리아 피렌체 공화국의 실력자로, 1464년에 사망했다. 그는 금융업을 통해 큰돈을 모았다. 그 돈으로 예술가들을 적극 후원해 이탈리아 르네상스를 발전시키는 데 크게 기여했다. 원래 그의 가문은 전통적으로 은행업에 종사했다. 그는 이 사업을 더욱 확장시켜 유럽 10여 개 도시에 지점을 설치했다. 로마 교황청도 그의 은행과 거래했다. 로마 지점이 사실상 교황청의 금고 역할을 했다.

한때 귀족 세력과 갈등을 벌이다 추방 위기를 맞았지만 곧 극복했다. 공로가 많아 그가 죽은 뒤 피렌체 국민들은 그를 나라의 아버지, 즉 국부(國父)로 추앙했다.

▽**요하네스 구텐베르크** = 독일 출신으로, 대량 활판 인쇄기를 발명했으며 1468년에 사망했다. 그의 이 발명품은 인쇄 혁명을 불러 일으켰다.

그 전까지만 해도 일일이 글자를 손으로 베껴 책을 만들었다. 그러나 그가 대량 활판 인쇄기를 발명함으로써 500여 권의 책을 1~2주일에 만들었다. 책값이 떨어지면서 누구나 책을 사서 읽을 수 있게 되었다. 그러나 당장 인쇄 사업이 번영하지는 못했다. 오히려 그는 파산으로 빈털터리가 되고 말았다. 그래도 그의 이 발명품 덕분에 유럽은 근대 시대로 성큼 다가갈 수 있었다.

[16] 엔터테인먼트  제30호 • 1460년 ~ 1500년

〈가로 퍼즐〉

2. 기독교의 영토 회복 운동을 마무리한 스페인의 여왕
4. 세조의 집권을 도운 공신들이 중심이 된 파벌
5. 혼란을 바로잡는다는 뜻. 반란에 성공하면 이렇게 불렀다.
6. 포르투갈과 스페인이 남미를 나눠 갖기로 한 조약
8. 아메리카 대륙을 처음 발견한 유럽 탐험가
10. 오스만 제국이 1389년과 1448년에 유럽과 전투를 벌인 곳. ~ 전투
11. 콜럼버스가 첫 항해를 할 때의 선박 이름. ~ 호
13. 세종 시절 확대한 북부 지역 영토. ~ 6진
14. 러시아의 황제를 지칭하는 용어
15. 영국 장미 전쟁을 끝내고 정권을 잡은 왕조. ~ 왕조
17. 조선의 장영실이 이천과 함께 개발한 천문대

〈세로 퍼즐〉

1. 1468년, 훈구파의 음모로 희생된 장수. 민간 신앙에서 그를 많이 섬긴다.
3. 계유정난 이후 정치에 염증을 느껴 지방으로 간 학자들
4. 세종대왕이 반포한 우리 글
7. 아라곤과 카스티야가 합쳐져 탄생한 유럽의 왕국
9. 포르투갈 탐험가로 희망봉을 돌아 인도 캘리컷에 도착했다.
12. 조선 시대 첫 폭군. 왕의 칭호를 받지 못했다.
13. 학자와 대신들이 갈등 끝에 집단으로 화를 입는 사건을 가리키는 말
16. 1485년에 반포된 조선의 헌법

☞ 정답은 259페이지에

[사설]

히스테리우스 편집장

조선, 우물을 벗어나라!

세계가 급변하고 있다. 무엇보다 스페인과 포르투갈의 약진이 눈부시다. 16세기를 2년 앞둔 1498년, 포르투갈 탐험가 바스코 다 가마는 인도 서남부의 캘리컷으로 항해를 하고 있었다. 마침내 인도양 항로를 개척하는 순간이다.

이에 앞서 1492년에는 콜럼버스가 아메리카 대륙에 도달했다. 비록 그는 자신이 도착한 곳이 신대륙이란 사실을 몰랐지만, 어쨌든 스페인도 한 건을 한 셈이다. 반면 조선은 어떤가?

10대 국왕 연산군이 통치하던 시절, 대신들은 훈구파와 사림파로 나뉘어 대립하고 있었다. 급기야 바스코 다 가마가 인도에 도착한 1498년에는 무오사화까지 발생했다. 조선의 4대 사화 가운데 첫 사건이다. 이 사건으로 많은 사람들이 목숨을 잃었다.

세계가 활짝 열리고 있지만, 조선은 더욱 우물 안으로만 들어가려는 게 아닌가 걱정이 든다. 세상이 달라졌다. 조선이 발전하기 위해서는 조정부터 달라져야 한다. 더 이상 우물 안의 개구리처럼 굴지 말라.

하극상이 판치는 일본

일본 전국 시대, 즉 센고쿠 시대가 시작되었다. 오래전 중국에서 있었던 전국 시대처럼 일본도 혼란스럽다. 다만 일본의 경우 독특한 현상이 보인다. 바로 하극상(下剋上)이다. 부하가 상사를 배신하는 행위를 말한다.

물론 어느 나라, 어느 시대든 혼란스러울 때는 배신이 종종 일어난다. 그러나 일본에서는 이런 배신이 일어나도 너무 자주 일어나고 있는 것 같다. 바쿠후 체제의 우두머리인 쇼군을 그 부하들인 다이묘들이 살해하기도 했다. 큰 다이묘 밑에 있는 작은 다이묘도 상관을 배신하기를 밥 먹듯이 한다.

결국 맨 위에서 맨 아래까지 일상적으로 배신이 일어나고 있다고 할 수 있다. 자신의 부하가 언제 반란을 일으킬지 모르는 상황. 이러니 일본이 더 혼란스러울 수밖에 없다.

전문가 칼럼

콜럼버스의 달걀

류난도(컨설턴트, 저자)

어느 파티장에서 일어난 일이다. 유명 인사가 된 콜럼버스 주변으로 사람이 몰려들었다. 그중 한 명이 빈정거렸다.

"서쪽으로 항해하다 보니까 대륙이 나타난 거 아닌가요? 그게 뭐 대단한 발견이라고……."

콜럼버스는 화를 내지 않았다. 그 대신 달걀을 집어 들었다.

"누가 이 달걀을 탁자 위에 세워 보시겠소? 성공하면 큰돈을 드리리다."

그 자리에 있던 사람들 대부분이 시도했지만 모두 실패했다. 그러자 콜럼버스가 계란을 들고는, 뾰족한 부분을 살짝 깼다. 계란은 탁자 위에 세워졌다. 사람들이 반칙이라며 항의를 했다. 그때 콜럼버스가 이렇게 말했다. "누군가 그 일을 하고 나면 다른 사람이 따라 하는 것은 어렵지 않습니다. 제 항해도 마찬가지랍니다."

그의 달걀 일화에서 새로운 발상이 성공으로 이어진다는 교훈을 얻을 수 있다.

역사 연표

아시아	아프리카	유럽	아메리카

1460년

15세기 중반
잉카와 아즈텍 문명 발달

1467년
일본, 오닌의 난 발생하면서
전국 시대에 돌입

1468년
남이 장군, 역모에 몰려 처형당함

1468년
구텐베르크 사망

1470년

1470년
조선, 관수관급제 실시

1479년
유럽 이베리아 반도에 스페인 탄생

1480년
이반 3세의 등장으로 러시아 등장

1485년
조선 성종, 『경국대전』 반포

1485년
영국, 튜더 가문의 최종 승리로
장미 전쟁 종결

1488년
포르투갈의 디아스,
아프리카 최남단 희망봉 발견

1490년

1492년
콜럼버스, 중앙아메리카 도착
스페인, 그라나다 왕국 축출

1494년
조선 10대 왕에 연산군 오르다

1494년
포르투갈과 스페인, 남미에 대해
토르데시야스 조약 체결

1497년
영국인 존 캐벗, 캐나다 발견
다빈치, 〈최후의 만찬〉 완성

1498년
조선, 무오사화 발생

1498년
포르투갈 디아스, 인도에 도착

1500년

1507년
티무르 제국 멸망

역사 리뷰

인쇄 기술이 발달하면서 역사는 어떤 변화를 맞았는가?

최초로 금속 활자를 이용해 인쇄에 성공한 나라는 고려다. 하지만 고려에서는 대량으로 인쇄를 하지 않았다. 책 한 권씩 인쇄한 것이다. 이와 달리 1440년대 중반 독일에서는 대량 인쇄가 본격화했다.

이때 구텐베르크가 발명한 대량 활판 인쇄기가 등장하면서 인쇄 기술이 비약적으로 발전했다. 책 500여 권을 1~2주일에 만들 수 있게 되었다. 이 '인쇄 혁명'으로 유럽의 근대가 크게 앞당겨졌다.

우선 책값이 싸졌기 때문에 일반 서민들도 책을 구해 읽을 수 있게 되었다. 이에 따라 서민들의 의식 수준이 높아졌다. 16세기 유럽의 종교 개혁도 이 인쇄 혁명 덕분에 가능했다. 교회를 비판하는 문건을 빠른 시간에 대량으로 인쇄하여 유포할 수 있었기 때문이다.

이탈리아에서 르네상스가 시작된 이유는?

르네상스는 중세 봉건제를 무너뜨리고 유럽 역사가 근대로 진입하게 만든 역사적인 사건이다. 이 르네상스는 이탈리아에서 시작되었다. 이 무렵 중세 유럽의 대표적인 상징은 동로마 제국(비잔티움 제국)이었다. 그런데 비잔티움 제국이 1453년, 오스만 제국에게 멸망했다. 그러자 그리스-로마 학문을 공부하던 학자들이 이탈리아로 넘어왔다. 마침 이탈리아에는 자유 도시들이 꽤 있었다.

유럽의 다른 지역은 아직도 봉건제의 질서에서 벗어나지 못하고 있었지만 이탈리아에서는 자유정신이 넘치고 있었던 것이다. 게다가 예술가들을 후원하는 가문들도 많았다. 바로 이 때문에 이탈리아에서는 고대 그리스-로마의 정신으로 돌아가려는 예술 사조가 크게 인기를 얻었는데, 그게 바로 르네상스의 시작이다.

통 역사 신문 **제31호**

1500년 ~ 1530년

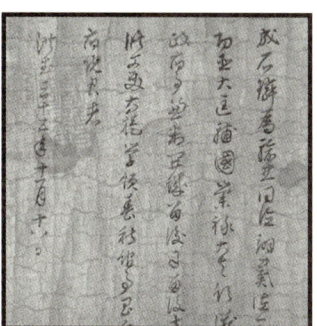

통 역사 신문

제31호　　　　　　　　　　　　　　　　　　　　　1500년 ~ 1530년

전혀 새로운 맛!
아메리카에서 들여온 고소한 옥수수를 판매합니다.
★앞니가 불편한 분은 삼가 주세요.

세계, 활짝 열리다
 유럽 / 아메리카

조선 정치 어수선
한반도

폭군인 연산군에 의해 갑자사화가 발생해 수많은 대신이 목숨을 잃었다. 학문 기관은 모두 유흥장이 되어 버렸다. 연산군을 내쫓고 왕이 된 중종 시대에도 큰 사건이 발생했다. 조광조의 개혁을 둘러싸고 기묘사화가 일어난 것이다.

정치가 어수선하니 왜구들도 날뛰었다. 부산포와 내이포, 염포에서 동시에 왜란이 일어났다. 이를 '삼포왜란'이라 부른다. ▷ 8·9·10면에 관련 기사

종교 개혁 신호탄
 유럽

면죄부를 판매하는 것이 기어이 큰 사건으로 비화되고 말았다. 1517년, 독일의 신학자 마르틴 루터가 교황청의 면죄부 판매에 반대하며 종교 개혁에 신호탄을 올렸다. 교황이 그를 파문했지만 개의치 않았다. 종교 개혁의 열풍은 곧 다른 나라로 확대될 조짐을 보이고 있다.

독일 일부 지역에서는 종교 개혁에 자극을 받은 농민들이 대대적인 반란을 일으키고 있다. 이 반란을 지휘한 인물 또한 신학자였다. 그의 이름은 토마스 뮌처다. ▷ 6·7면에 관련 기사

스페인, 중남미 거의 정복… 세계 일주에도 성공

유럽의 신대륙 진출이 심상치 않다. 스페인은 일부 지역을 제외하고는 중남미 거의 전부를 차지할 태세다. 찬란했던 중미 문명인 아즈텍 제국도 스페인에 의해 멸망하고 말았다.

스페인 정복자들의 행동에 문제가 많다는 지적이 나오고 있다. 원주민을 학살하거나 마구 약탈하고 있기 때문이다. 이들의 만행으로 중남미 원주민이 빠른 속도로 줄어들고 있다.

마젤란은 처음으로 세계 일주에 성공했다. 안타깝게도 마젤란은 항해 도중 목숨을 잃었지만, 이 항해에 성공함으로써 지구가 둥글다는 것이 과학적으로 입증되었다. 세계가 빠른 속도로 열리고 있다. ▷ 2·3·4·5면에 관련 기사

[2] **세계 열리다** 특집

제31호 • 1500년 ~ 1530년

유럽
아메리카

스페인 발보아, 중미 공략

포르투갈 카브랄, 스페인 발보아 중남미 도착

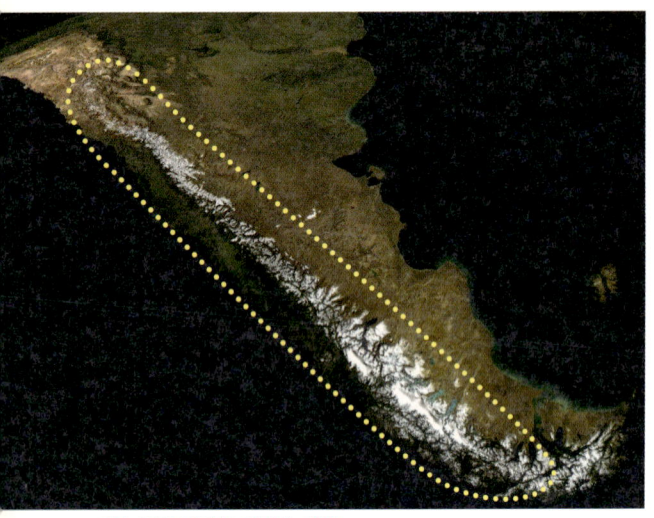
하늘에서 바라본 안데스 산맥

콜럼버스의 후계자들이 황금을 찾아 벼락부자가 되겠다는 꿈을 안고서 아메리카로 몰려들고 있다.

1500년 무렵에는 카브랄이란 인물이 브라질에 도착했다. 그는 포르투갈인. 이때부터 브라질에 포르투갈 탐험가가 몰려들기 시작했다. 1510년에는 중미 파나마에 스페인 출신 바스코 발보아가 도착했다. 물론 그도 벼락부자를 꿈꾸는 모험가였다.

이미 이곳에는 스페인 사람들이 여럿 진출해 있었다. 그렇지만 정착하기는 쉽지 않았다. 유럽과 풍토가 너무 다른 데다 식량도 부족했다. 발보아와 스페인 사람들은 원주민 마을을 습격해 의식주 문제를 해결했다.

발보아 일행은 곧 다리엔 만으로 옮겨 정착촌을 세웠다. 스페인 왕 페르난도 2세는 발보아를 임시 총독으로 임명했다. 그러나 발보아는 만족하지 않았다. 온통 황금 생각밖에 없었다. 원주민들이 "남쪽 어딘가에 황금의 제국이 있다"고 말했는데, 그 전설을 그대로 믿은 것이다.

본국에 지원 병력을 요청했지만 거절당했다. 결국 그는 1513년에 스스로 탐험대를 꾸려 안데스 산맥 쪽으로 이동했다. 탐험대가 산의 정상을 넘었을 때 바다가 나타났다. 바로 동태평양. 유럽 사람으로선 처음 태평양을 발견한 셈이다.

발보아는 태평양 연안의 원주민 도시들과 전투를 벌였다. 승리. 발보아는 그 일대를 스페인 영토로 만들었다. 비록 황금을 얻지는 못했지만 스페인으로서는 큰 수확이었다. 그러나 발보아는 스페인 왕실의 총애를 받지 못했다. 얼마 후 본국으로부터 진짜 총독이 왔다. 총독은 발보아를 싫어했다. 1519년, 총독은 발보아를 처형했다.

유럽
아메리카

"서인도 제도는 신대륙!"

콜럼버스가 발견한 서인도 제도가 사실은 신대륙이었다는 사실이 아메리고 베스푸치에 의해 밝혀졌다. 이탈리아 출신인 그는 콜럼버스의 2차와 3차 항해 때 배를 만드는 작업에 참여한 바 있다.

베스푸치가 아메리카를 처음 다녀온 해는 1497년. 이후 여러 차례의 항해 끝에 베스푸치는 "그곳은 인도가 아니다. 지금까지 알려지지 않았던 새로운 대륙이다!"라고 주장했다.

1507년, 독일에서 권위 있는 세계 지도가 발간되었다. 지도에 표기된 이곳의 이름은 '아메리카'다. 아메리고 베스푸치의 이름에서 따온 것이다. 콜럼버스는 이미 사망한 후였다. 그는 자신이 도착한 땅이 신대륙이라는 사실을 죽을 때까지도 몰랐다.

서인도 제도. 쿠바, 아이티, 도미니카 공화국, 자메이카, 바하마 등의 나라가 속해 있다.

세계를 한 바퀴 돌다!

마젤란, 유럽→남미→아시아→유럽 항해

마젤란 해협

1519년 8월 10일, 스페인 남단 세비야 항. 팡파르와 함께 5척의 함대가 출항했다. 이 함대의 목적은 아시아로 가는 길을 찾는 것. 향신료에 대한 미련이 여전히 강했다.

이 함대의 선장은 페르디난드 마젤란. 마젤란은 항로를 남아메리카로 잡았다. 그 전까지의 탐험가들은 모두 중앙아메리카를 관통하려 했다. 모두 실패했으니 새로운 길을 개척하려는 것이었다.

1519년 12월, 마젤란 함대가 브라질 리우데자네이루에 도착했다. 여기까지의 항해는 무난했다. 곧 큰 해협이 들이닥쳤다. 마젤란은 아시아로 가는 길을 발견했다고 생각했다. 그러나 틀렸다. 그것은 라플라타 강이었다.

해가 바뀌고 가을쯤 또 다시 해협을 만났다. 물살이 너무 거셌다. 배 한 척이 침몰했다. 한 척은 더 이상 항해를 못하겠다며 달아났다. 남은 것은 세 척. 모두 힘을 합쳐 마침내 해협을 돌파했다. 남미 최남단에 있는 이 해협에는 마젤란 해협이란 이름이 붙었다.

이어 넓은 바다가 펼쳐졌다. 고요하고 평화로운 모습. 바로 태평양이다. 이름만큼이나 태평양은 크고 넓었다. 몇 달이 지나도 육지가 나타나지 않았다. 지친 선원들이 동요하기 시작했다.

1521년 3월, 마침내 섬이 나타났다. 오늘날의 괌. 모처럼만에 만난 육지니 당연히 선원들은 만세를 불렀다. 한 달 후 또 다른 섬에 도착했다. 오늘날의 필리핀 세부였다. 세부 섬의 족장은 마젤란 일행을 환영했다. 마젤란은 부족에게 가톨릭까지 전파했다. 내친 김에 마젤란은 스페인 왕에게 충성 맹세를 하도록 시켰다. 부족장은 이 요구도 수락했다.

그러나 모든 원주민이 마젤란 일행을 환영한 것은 아니었다. 전투가 벌어졌다. 이 전투에서 마젤란은 항해의 끝을 보지 못하고 목숨을 잃었다. 선원들은 마젤란에 대해 애도를 표할 시간적 여유조차 없었다. 게다가 배 한 척이 또 고장 났다. 나머지 선원들은 두 척의 배에 나눠 타고 귀국 항해를 시작했다.

설상가상으로 도중에 포르투갈 해군을 만났다. 스페인과 포르투갈은 견원지간(犬猿之間)이었다. 한 척의 배가 불에 타 버렸다. 남은 배는 빅토리아 호 한 척. 선원들은 뒤도 돌아보지 않고 항해했다.

1522년 9월 8일, 빅토리아 호는 스페인 세비야 항에 도착했다. 만으로 3년이 걸린 긴 항해였다. 270여 명 가운데 살아 돌아온 선원은 고작 18명이었다. 5척의 배는 1척으로 줄어 있었다.

비록 상처뿐인 영광이지만 이 항해는 상당한 역사적 의미를 가지고 있다. 세계 역사상 처음으로 지구를 한 바퀴 도는 데 성공했기 때문이다. 지구가 둥글다는 믿음을 온몸으로 증명한 대 사건이었다.

마젤란 탐험대의 빅토리아 호

아즈텍 제국 무너지다

스페인 정복자 코르테스, 원주민 학살하고 제국 정복

코르테스의 동상

중앙아메리카를 호령하던 최대 제국인 아즈텍. 그러나 강력했던 중미의 제국 아즈텍은 너무나도 어이없이 유럽 정복자의 손에 허무하게 무너지고 말았다.

1519년 2월, 11척으로 구성된 스페인 함대가 오늘날의 멕시코 남동부 유카탄 반도에 상륙했다. 육지에 이른 500명이 조금 넘는 병사들이 배에서 내렸다. 이들을 지휘하는 인물은 에르난 코르테스. 그는 새로운 땅을 정복하겠다는 야심에 불타 있는 탐험가이자 군인이었다.

백인을 처음 접한 아즈텍인들은 "케찰코아틀이 나타났다!"며 두려워했다. 케찰코아틀은 아즈텍에 전해 내려오는 복수의 신이다. 말을 탄 코르테스를 케찰코아틀로 착각한 것이다.

코르테스가 원주민들을 학살하면서 아즈텍의 수도인 테노치티틀란으로 진격했다. 그러자 원주민들은 더욱 더 코르테스를 케찰코아틀로 여기게 되었다. 아즈텍의 왕 몬테수마 2세 역시 공포에 질렸다. 왕은 코르테스에게 선물을 보내며 화해를 청했다. 코르테스는 거절했다.

11월, 코르테스가 테노치티틀란에 입성했다. 약탈과 학살이 다시 시작되었다. 많은 원주민이 죽었다. 그 대신 유럽 정복자들은 많은 보물을 챙겼다. 치열한 전투에 몬테수마 2세도 목숨을 잃었다.

아즈텍인들은 곧 코르테스가 케찰코아틀이 아님을 알게 되었다. 모두 힘을 합쳤다. 코르테스를 추방했다. 그러나 아즈텍도 힘겨운 시기를 맞고 있었다. 새로 왕이 된 인물은 천연두에 걸려 목숨을 잃었다. 18세의 전사 쿠아우테목이 새 왕에 올랐다.

1520년 12월, 코르테스의 반격이 시작되었다. 화력은 더 막강해졌다. 아즈텍은 더 이상 버티지 못했다. 1521년 8월, 쿠아우테목이 항복했다. 아즈텍 제국은 역사 속으로 사라지고 말았다. 4년 후에는 쿠아우테목마저 처형되었다. 아즈텍은 스페인의 식민지가 되어 버렸다.

황금의 제국이 있다?

코르테스가 아즈텍 제국을 약탈하고 있을 때였다. 또 다른 유럽 탐험가 피사로가 황금의 제국을 본격적으로 찾아 나섰다. 사실 피사로는 과거 발보아가 파나마 일대를 원정할 때 참여했던 인물이다.

1524년, 그 피사로가 오늘날의 페루 일대를 뒤지기 시작했다. 그러나 생각처럼 쉽지는 않았다. 유럽의 횡포를 이미 접한 원주민들이 강하게 반발했기 때문이다. 첫 탐험은 실패로 끝났다. 그러나 피사로는 포기하지 않고 1526년에 다시 탐험에 나섰다. 과연 그가 황금의 제국을 발견할까? 유럽 국가들의 관심이 여기에 집중되고 있다.

중남미, 원주민이 사라져 간다

학살과 전염병에 중남미 인구 급감

스페인 군인들과 중남미 원주민들의 전투를 묘사한 그림

"이러다간 중남미 원주민의 씨가 마르겠어요. 정말 해도 해도 너무합니다."

콜럼버스가 가장 먼저 땅을 밟은 히스파니올라 섬(오늘날의 아이티와 도미니카). 그곳을 탈출한 한 중앙아메리카 원주민이 한숨을 쉬며 말했다. 그는 히스파니올라의 원주민들이 난생 처음 접하는 병에 걸려 있다고 전했다.

아즈텍 제국이 멸망할 때 간신히 빠져나온 원주민도 "스페인 정복자들은 너무 잔인하다"고 말했다. 닥치는 대로 원주민을 죽인다는 것이다.

이처럼 16세기 이후 중남미 원주민의 수가 빠르게 줄어들고 있다. 원인은 크게 두 가지다.

첫째는 학살이다. 콜럼버스를 비롯해 많은 유럽 탐험가들은 원주민에게 금과 은 같은 보물을 내놓으라고 했다. 또한 강제 노동을 시켰다. 이 과정에서 많은 원주민이 죽었다. 아즈텍 제국을 정복할 때처럼 전투 과정에서도 많은 원주민이 목숨을 잃었다. 당시 유럽 전투병들은 아메리카 원주민을 미개인 취급했다. 그래서 학살을 하면서도 큰 죄책감을 느끼지 않았다고 한다.

둘째는 질병이다. 대표적인 질병은 독감과 홍역, 천연두다. 중앙아메리카와 남아메리카에는 원래 이런 질병이 없었다. 모두 유럽 사람들이 가지고 온 질병이었다. 유럽 사람들은 이미 이 질병에 면역력을 가지고 있었다. 병에 오래 노출되었기 때문에 병과 싸워 이길 수 있는 힘을 면역력이라고 한다. 그러나 이런 병을 처음 접한 원주민은 병균에 대한 면역력이 없었다. 그래서 병에 걸리면 사망할 확률이 그만큼 높아지는 것이다.

"일꾼을 확보하라"

중남미 원주민이 크게 줄어들자 중남미에서 인부 부족 사태가 나타나고 있다. 게다가 이 무렵부터 중남미 곳곳에 플랜테이션 농장이 들어서고 있어 인부 확보는 큰 골칫거리가 되고 있다.

유럽 정복자들은 인부를 어떻게 마련할까 고민하고 있다. 그래서 떠오른 대안이 아프리카 흑인 노예다. 어떤 정복자들은 이미 아프리카에서 흑인들을 데려다 쓰기 시작했다. 아직까지는 대체로 원주민을 더 악독하게 착취하는 지역이 많다. 그러나 전문가들은 "머지않아 아프리카 흑인 노예를 쓰는 지역이 크게 늘어날 것이다"고 말하고 있다.

플랜테이션 올리브 농장

[6] 유럽 종교 개혁 시작 특집

제31호 • 1500년 ~ 1530년

루터 "면죄부 판매는 악이다!"

95개조 반박문 발표… 독일에서 종교개혁 횃불 활활

성 베드로 성당

기독교가 탄생한 이후로 최고의 격변기를 맞고 있다. 물론 과거에도 로마 교회와 동방 교회로 분열한 적이 있다. 이번에는 더 심각하다. 핵폭풍에 가까운 사태다. 서유럽 전역을 관장하던 로마 교회가 가톨릭(구교)과 프로테스탄트(신교)로 분열한 것이다. 이른바 종교 개혁의 열풍이 불기 시작했다.

종교 개혁의 횃불은 신성 로마 제국의 영토, 즉 독일에서 타올랐다. 이 무렵 대서양 연안 국가들은 대항해 시대를, 이탈리아와 서유럽 국가들은 르네상스 시대를 열었다. 종교 분야에서까지 개혁이 시작되면서 중세 유럽은 흔적도 없이 사라지고 있었다.

그 시작은 교황으로부터 비롯되었다. 1506년, 교황 율리우스 2세의 명령으로 로마에 성 베드로 대성당 공사가 시작되었다. 이 대성당은 1593년에 완공된다.

대성당을 지으려면 막대한 돈이 필요했다. 교황은 일단 공사비를 푸거 가문에서 빌렸다. 빌린 돈은 면죄부를 팔아 갚을 생각이었다. 독일 마인츠 대주교가 앞장서 독일 국민에게 면죄부를 팔았다. 판매 수입의 절반을 교황이 가져갔다.

1517년, 독일 비텐베르크 교회 정문에 95개조 반박문이 내걸렸다. 말 그대로 면죄부 판매가 옳지 않다는 반박이다. 이 글을 발표한 사람은 마르틴 루터. 독일 아우구스티누스 수도회에 소속된 성직자다. 루터는 "교회들의 땅과 재산을 몰수해야 한다"고 주장했다. 또한 "독일 교회가 교황청의 간섭에서 벗어나야 한다. 성서의 가르침만 따르는 신성한 교회를 만들어야 한다"고도 주장했다.

사실 면죄부 판매에 대한 비판은 그 전부터 있어 왔다. 이를 비판하던 후스는 화형에 처해지기도 했다. 그러나 이번엔 상황이 달랐다. 구텐베르크의 대량 인쇄 기술 덕분이다. 반박문이 순식간에 인쇄돼 독일 전역으로 퍼져 나갔다.

가장 놀란 사람은 교황이었다. 1521년, 교황은 루터를 파문했다. 교황과 한통속인 신성 로마 제국 황제는 그를 추방했다. 다행히 작센에서 그를 받아들였다. 그곳에서 루터는 계속 싸웠다. 지지자들이 엄청난 속도로 늘어났다. 물론 반대파도 똘똘 뭉쳤다. 결국 신성 로마 제국은 교황을 지지하는 제후국(영방 국가)과 루터를 지지하는 제후국으로 분열되었다. 루터 지지자들에게는 프로테스탄트(저항)란 이름이 붙었다.

루터 파는 독일 중북부에 교회를 만들었다. 이때부터 기독교는 로마 가톨릭과 신교(개신교)로 나뉘기 시작했다. 종교 개혁이 끝난 것일까? 아니다. 이제부터 두 파벌의 대결이 본격적으로 진행된다.

마르틴 루터

"종교-사회, 다 개혁하라!"

토마스 뮌처, 반란 지휘… 대부분 진압

"이참에 독일 전체를 개혁해야 합니다. 교회, 수도원, 영주…… 모두 타도해야 합니다."

종교 개혁 운동에 고무된 농민들이 급기야 반란을 일으키기 시작했다. 이 반란은 1523년부터 독일 곳곳에서 일어났다. 농민들은 수도원과 영주의 저택에 불을 질렀다. 귀족들의 집을 약탈하기도 했다.

사실 농민들은 아주 오래전부터 분노를 참아 왔다. 교회로부터 착취당하고, 다시 영주로부터 착취당하고…… 이런 상황에서 종교 개혁의 불길이 타올랐다. 그리고 또 한 명의 종교 개혁가, 바로 토마스 뮌처가 있었다.

사실 마르틴 루터는 성직자들의 행태가 마음에 들지 않는다고 해서 농민들이 반란을 일으키는 것에는 찬성하지 않았다. 그는 오로지 부패한 교회를 개혁하는 일에만 전념했다. 오히려 그는 농민이 반란을 일으키는 것은 사회를 흔드는 위험한 행동이라 생각하여 정부가 군대를 보내 농민 반란을 진압해야 한다고 주장했다.

그러나 같은 신학자인 토마스 뮌처의 생각은 마르틴 루터와는 달랐다. 그는 오랜 시간 동안 고통에 시달렸던 농민의 삶을 개선해야만 진정한 종교 개혁이 이루어진다고 믿었다. 토마스 뮌처는 교회를 떠나 농민들의 삶 속으로 뛰어들었다. 농민들과 함께 어울려 살며, 부당한 현실을 뜯어고쳐야 한다고 주장했다.

토마스 뮌처의 설교를 들은 농민들이 변하기 시작했다. 마침내 전국에서 대대적인 농민 반란이 일어났다. 그러나 안타깝게도 이 혁명은 성공하지 못했다. 교황청을 옹호하는 세력에 의해 잔인하게 진압된 것이다.

[광고]

면죄부 50% 떨이 세일!!

죄를 지었습니까? 용서받을 수 있습니다.
딱 1개월만 면죄부를 50% 할인합니다.
서두르십시오.

면죄부 고해 성사를 할 때 보속(죄로 인해 발생한 나쁜 결과를 보상하는 일)을 줄여 주는 문서로 시작됐지만 나중에는 장사 수단으로 돌변했다. 교회는 이 면죄부를 팔아 막대한 이득을 챙겼다. 성 베드로 대성당 공사비 마련을 위해 면죄부를 파는 것에 마르틴 루터가 반발하면서 종교 개혁이 시작됐다.

[8] 정치　　제31호 • 1500년 ~ 1530년

조선 첫 폭군, 피를 부르다

어머니 죽음 안 연산군 갑자사화 일으켜

조선의 조정에 피바람이 불기 시작했다. 조선의 10대 국왕에 오른 연산군이 세상을 떠난 아버지(성종)의 후궁들까지 모조리 죽여 버리는 만행을 저질렀기 때문이다. 뿐만 아니라 수많은 조정의 대신들이 연산군의 광기에 목숨을 잃었다.

참다못한 조정의 대신들에 들고 일어났다. 결국 연산군은 쫓겨나고 말았다. 한 나라의 왕으로서 제대로 처신을 하지 못한 그에게는 '조'나 '종'으로 끝나는 왕의 호칭(묘호)도 주어지지 않았다.

▽**갑자사화** = 무오사화(1498년) 이후 훈구파와 사림파가 모두 위축되었다. 그 대신 떠오른 세력은 외척들. 임사홍이 대표적이었다. 그는 경쟁자들을 제거하기 위해 연산군을 이용하기로 했다.

임사홍이 꺼낸 카드는 폐비 윤 씨 문제. 그는 연산군에게 폐비 윤 씨가 연산군의 친어머니이며 억울하게 사약을 받아 죽었노라고 일러바쳤다. 모든 비밀을 알게 된 연산군의 분노가 폭발했다. 1504년에 시작된 이 사건이 바로 갑자사화다.

아버지 성종의 후궁들이 윤 씨 폐비에 관여했다며 때려 죽였다. 할머니 인수대비에게도 행패를 부렸다. 인수대비는 화병으로 사망했다. 그리고 윤 씨 폐비에 관여했거나 모른 척한 사림파 신하들을 모조리 죽였다. 이미 죽은 한명회는 부관참시(이미 죽은 이의 시체를 훼손하는 형벌)했다.

연산군은 미친 것 같았다. 자신을 비방하는 한글 서적이 발견되자 모든 책을 태우고, 한글의 사용도 금했다. 백성들의 땅을 마음대로 빼앗아 사냥터로 만들기도 했다.

▽**중종반정** = 사림파가 대거 몰락했으니 임사홍은 뜻을 이룬 듯하다. 그러나 연산군의 폭정은 점차 도를 넘어섰다. 모든 신하들과 백성이 그를 원망하며 등을 돌렸다. 연산군을 몰아내자는 분위기가 서서히 고조되었다.

1506년, 결국 반란이 일어났다. 반란군은 곧 궁궐로 쳐들어갔다. 반란은 성공. 반란군은 진성대군을 왕으로 추대했다. 그는 성종과 세 번째 왕비(정현왕후) 사이에 태어났으니, 연산군과는 배다른 형제 사이가 된다.

진성대군이 곧 11대 왕에 올랐다. 이 왕이 중종이다. 이 사건은 중종반정이라 부른다. 반정은 정치를 다시 올바르게 만든다는 뜻. 연산군은 강화도로 귀양 갔다.

학문 기관이 폐허가 되다

성균관, 홍문관, 예문관 등 최고의 학문 기관이 모두 폐허로 변해 버렸다. 연산군은 폭군일 뿐 아니라 학문도 아주 싫어했다. 그래서 그는 이 학문 기관들을 모두 유흥장으로 바꿔 버렸다.

학문 기관에는 기생들이 수시로 드나들었다. 이 기생들을 흥청(興淸)이라고 불렀다. 흥을 돋우는 여성이란 뜻이다. 나라꼴이 말이 아니게 되었다. 흥청에 지불하는 나랏돈도 어마어마했다. 당연히 국가 살림도 어려워졌다. 그래서 사람들은 새로이 흥청망청(興淸亡淸)이란 말을 만들었다. 그 후로 돈을 마구 쓸 때 이 말을 쓴다.

"조 씨가 왕이 된다?" …또 피바람

중종반정 공신들 조광조 개혁에 반발, 기묘사화 일으켜

조선 조정은 언제 평화를 찾을까? 또다시 피바람이 불기 시작했다. 벌써 세 번째 사화다.

중종은 세조와 마찬가지로 반정을 통해 왕이 되었다. 그러나 중종은 세조와 달리 반란군을 직접 지휘하지는 않았다. 그래서 반정 공신들의 세력이 아주 강했다. 세조의 권력은 아주 강했지만 중종은 약했던 것이다.

중종은 연산군이 망친 제도를 원상 회복시키면서 중요한 점을 깨달았다. 공신들을 누르지 않으면 아무것도 못한다는 것이다.

아버지 성종이 훈구파를 견제하기 위해 사림파를 등용했던 것처럼, 중종도 사림파를 가까이 두기 시작했다. 유학자들의 존경을 받는 조광조가 이때 등장했다. 조광조는 도학 정치를 주장하며 강력한 개혁에 착수했다. 공신들이 정말로 공을 세웠는지 일일이 조사하기도 했다.

조광조는 현량과라는 새로운 시험 제도도 만들었다. 각 지방에서 우수한 인재를 추천받은 뒤 시험을 치르게 하는 방식. 제대로 똑똑한 인재를 골라 쓰자는 취지다. 물론 훈구파인 반정 공신에게는 불리한 제도. 반정 공신들의 불안감이 커졌다.

그러던 어느 날 후궁이 이상한 나뭇잎을 발견했다. 그 나뭇잎에는 '주초위왕(走肖爲王)'이란 글이 씌어 있었다. 주와 초를 합치면 조(趙)가 된다. 결국 조 씨가 왕이 된다는 뜻이다. 조광조를 지목한 것이다. 물론 음모였다. 공신들이 미리 나뭇잎에 글자를 따라 꿀을 발라 놓고 벌레들이 파먹도록 했던 것.

중종이 크게 노했다. 조광조는 사약을 받았다. 다른 사림파 신하들도 줄줄이 처형되었다. 1519년에 발생한 이 사건이 세 번째 사화인 기묘사화다.

 ## "도학 정치가 조선 살릴 것"

조광조가 추진한 개혁의 이념은 도학 정치다. 도학 정치가 뭘까? 조광조의 대답이다.

"쉽게 말해, 유교 이념에 충실한, 이상적인 유학 정치를 말한다. 이를 달성하려면 일반 백성뿐 아니라 대신들과 왕까지 유교적 생활을 해야 한다."

그렇다면 구체적으로 어떻게 해야 할까? 조광조의 대답이 이어졌다.

"난 우선 도교를 숭상하는 소격서부터 폐지했다. 유교 예법에 맞게 관혼상제를 치르게 하고, 이 내용을 담은 『주자가례』를 보급시켰다."

그에 따르면 현량과 제도도 도학 정치를 이루기 위한 수단이다. 이 제도를 통해 유교적 교양을 갖춘 사림파 학자들이 정계에 많이 진출했기 때문이다.

조광조

삼포 왜란에 조선 '화들짝'

부산포-내이포-염포에서 왜구 반란… 한때 외교 단절

"조정은 도대체 뭐하는 겁니까? 대신들끼리 파벌 싸움이나 하고 있으니 왜구들이 이토록 난리법석을 떠는 거 아닌가요?"

1510년, 삼포에서 왜구들이 난을 일으켰다. 삼포는 부산포, 내이포(진해), 염포(울산)를 말한다. 이 사건을 삼포왜란이라고 한다. 조선 백성들은 큰 고통을 당하고 있다. 어쩌다 이런 사건이 일어난 것일까?

원래 고려 말과 조선 초에는 왜적을 격파하는 정책이 많았다. 대마도 정벌도 그중 하나. 그러나 세종 때부터 당근을 주었다. 삼포를 개항했다. 왜인들의 무역을 허용했고, 세금도 면제해 주었다.

당연히 왜인은 대환영. 왜인과 연결된 대마도 도주(왕)도 환영했다. 삼포의 왜인 인구가 60여 명에서 2,000여 명으로 늘어났다. 중종은 이게 달갑지 않았다. 강경책으로 전환했다. 왜인 수가 많다 싶으면 추방했다. 왜선이 들어오면 꼼꼼하게 화물을 점검했다. 삼포 왜인들의 무역이 위축될 수밖에 없는 상황이었다.

결국 1510년 4월, 5,000여 명의 왜인 깡패, 즉 왜구들이 삼포에서 반란을 일으켰다. 대마도 도주도 적극 지원했다. 왜구들은 양민을 학살하고, 민가를 약탈했다. 정부 관리를 살해하고 납치했다. 폭동은 곧 진압되었지만 300여 명의 조선 백성이 죽었다. 집도 800여 채가 불타 버렸다.

일본이 이처럼 은혜를 원수로 갚자 화가 난 조선은 왜인을 모두 추방했다. 일본과의 국교도 끊었다. 당연히 무역도 중단되었다. 일본의 피해가 커졌다. 일본은 삼포 왜란의 주범을 처형하고 조선인 포로도 돌려보냈다. 국교를 회복시켜 달라는 제스처였다.

1512년, 두 나라는 임신조약(임신년에 체결한 조약)을 체결하고 외교 관계를 다시 맺었다. 항구는 내이포만 개항했다. 인원과 선박 수도 제한했다. 그래도 일본으로서는 천만다행이었다.

유럽-인도에 대형 제국 건국

비슷한 시기에 합스부르크와 무굴 제국 건설

막시밀리안 1세

16세기 초반 유럽 최대의 제국이 들어섰다. 바로 합스부르크 제국. 비슷한 시기에 인도에도 초대형 제국이 등장했다. 무굴 제국이다. 두 제국의 탄생 역사를 살펴보았다.

▽**합스부르크 제국** = 합스부르크 가문은 10세기경 스위스에서 출범했다. 1273년, 신성 로마 제국 황제(루돌프 1세)를 배출하는 행운이 찾아왔다. 그러나 아직 힘이 약해 곧 황제 자리에서 멀어졌다. 1438년, 이 가문은 다시 힘을 키워 황제(알브레히트 2세)를 배출했다. 나아가 이때부터 황제를 독점했다. 곧 유럽 최고의 왕가로 성장했다. 그리고 대 제국을 건설했다.

그 발판을 만든 인물은 막시밀리안 1세 황제. 그는 혼인 정책을 적극 펼쳤다. 그 자신이 유력 가문의 딸과 결혼하거나 자식들을 결혼시킨 것이다. 이 정책 덕분에 독일, 오스트리아, 네덜란드, 벨기에, 스페인, 헝가리를 직접·간접 통치했다. 이로써 합스부르크 제국이 탄생했다.

이 제국은 그의 손자 시절, 전성기를 맞았다. 1516년, 손자 카롤루스 1세는 스페인 왕이 되었다. 아라곤과 카스티야 왕이 공동 통치하던 관행을 깬 첫 단독 왕이다. 스페인이 완전히 합스부르크 왕가의 것이 된 셈이다. 카롤루스 1세는 1519년에 막시밀리안 1세가 사망하자 신성 로마 제국 황제도 맡았다. 황제로서의 이름은 카를 5세.

카를 5세는 제국 전체의 왕이 되었다. 스페인을 얻으면서 스페인의 식민지인 아메리카 대륙도 얻었다. 바로 이때가 스페인의 최고 전성기. 스페인을 해가 지지 않는 제국이라고 부르기 시작했다. 한쪽 영토에 밤이 찾아와도 다른 영토에는 아침이니, 영원히 스페인 제국에 해가 질 수 없다는 뜻이다.

▽**무굴 제국** = 1526년, 인도에 대형 제국이 탄생했다. 바로 무굴 제국. 이 제국을 건설한 이는 바부르라는 몽골계 영웅이다. 가까이는 티무르, 멀게는 칭기즈 칸의 후손이다.

바부르는 티무르 제국 같은 대형 국가를 만들고 싶었다. 그러나 티무르 제국을 멸망시킨 우즈베크족은 강했다. 몇 차례의 전투에서 패한 후 그는 눈물을 흘리며 남쪽으로 이동할 수밖에 없었다.

1504년, 바부르가 아프가니스탄의 카불을 정복했다. 이곳이 발판이 되었다. 인도로 진격. 이 무렵 인도 북부는 로디 왕조가 통치하고 있었다. 몇 차례의 전투 후 바부르는 로디 왕조가 나약하다는 걸 깨달았다.

1526년, 바부르는 로디 왕조의 수도 델리를 공격했다. 로디 왕조의 병사는 10만 명. 바부르는 고작 1만 2,000명을 이끌고 있었다. 그러나 대포와 기병대의 맹활약으로 바부르가 대승했다. 로디 왕조의 왕 이브라힘은 전투 도중 사망했다.

바부르는 델리로 입성했다. 그리고 세운 나라가 바로 무굴 제국이다. 무굴은 몽골을 잘못 발음해서 나온 이름이다. 바부르는 곧 주변 민족의 반란을 모두 제압했다. 인도 북부를 완전히 통일한 것이다.

바부르(중앙)

오스만, "오스트리아 덤벼라!"

맘루크 왕조까지 정복… 최전성기 맞아

셀림 1세

오스만 제국이 16세기로 접어들면서 유럽의 중앙부를 향해 진격하고 있다. 9대 술탄인 셀림 1세와, 10대 술탄인 술레이만 대제(술레이만 1세)가 오스만 제국 최고의 전성기를 만들어 놓았다.

▽**셀림 1세** = 1512년, 술탄에 올랐다. 셀림 1세는 친형제와 아버지를 모두 죽일 정도로 냉혈한이었다. 반면에 그는 탁월한 정복자이기도 했다. 1514년, 이웃한 이란 왕조(사파비 왕조)로부터 메소포타미아와 아르메니아 지역을 빼앗았다. 이어 남쪽으로 진격했다. 시리아와 예루살렘을 넘어 이집트로 향했다.

당시 북아프리카의 최대 강자는 맘루크 왕조였다. 그러나 맘루크 왕조도 오스만 군대를 당할 수는 없었다. 1517년, 결국 맘루크 왕조가 멸망했다. 이때까지만 해도 아바스 혈통의 칼리프가 맘루크 왕조에 있었다. 그 칼리프도 항복했다. 셀림 1세는 칼리프 지위도 차지했다. 첫 술탄·칼리프가 탄생한 것이다.

셀림 1세는 나아가 이슬람 세계의 두 성지, 즉 메카와 메디나까지 정복했다. 이제 오스만 제국은 명실상부한 이슬람 세계의 1인자로 우뚝 섰다.

▽**술레이만 대제** = 1520년, 술레이만 1세가 술탄·칼리프에 올랐다. 그는 오스만 제국의 영토를 최대로 넓혀 놓은 영웅이다. 그래서 술레이만 대제라 불린다.

1521년, 술레이만 대제는 헝가리 베오그라드를 정복했다. 이로써 오스만 제국은 유럽 한복판으로 진격할 발판을 마련했다. 이윽고 오스트리아로 진격했다. 유럽 군대가 맞섰다. 1526년, 헝가리 모하치 평원에서 전투가 벌어졌다. 오스만 제국이 대승을 거두었다. 헝가리 전체가 오스만 제국의 수중에 떨어졌다.

1529년, 다시 오스트리아로 진격했다. 오스만 군대는 오스트리아 수도 빈을 향해 돌격했다. 빈이 포위되었다. 오스트리아의 모든 시민이 필사적으로 저항했다. 빈 함락에는 실패했다. 결국 이 전투 이후 두 나라는 평화 협정을 체결했다. 오스트리아는 비로소 안도의 한숨을 내쉬었다.

술레이만 대제

이란 사파비 왕조 건설하다

1502년, 이란 지역에 정통 시아파 왕조가 들어섰다. 이스마일 1세가 사파비 왕조를 연 것이다. 하지만 사파비 왕조는 처음부터 험난한 운명을 맞아야 했다. 바로 옆에 위치한 오스만 제국이 워낙 강했기 때문이다. 1514년, 이스마일 1세는 오스만 제국의 셀림 1세와 전쟁을 치렀다. 결과는 뻔했다. 사파비 왕조가 대패하며 메소포타미아와 아르메니아 지역을 빼앗기고 말았다.

1524년, 이스마일 1세가 세상을 떠났다. 설상가상으로 오스만 제국은 더 강력한 술레이만 대제가 버티고 있었다. 당분간 사파비 왕조의 운명은 계속 험난할 것으로 보인다.

1500년 ~ 1530년 • 제31호 경제 [13]

옥수수, 전 세계로 퍼지다

중남미가 원산지… 식량 부족 문제도 해결

"무척 고소해요. 달콤한 맛도 나고요, 먹는 재미가 쏠쏠해졌어요. 그 전에 못 보던 다양한 음식이 식탁에 오르니까……."

유럽에 사는 미식가들이 행복한 비명을 지르고 있다. 아메리카 대륙에서 여러 농작물이 잇달아 유럽으로 전파된 덕분이다. 이미 콜럼버스에 의해 전파된 담배는 어른들의 훌륭한 기호식품이 되었다. 그 외에도 여러 농작물이 스페인에 상륙했다. 이어 그 음식들은 유럽 전역으로 퍼져 나갔다.

▽**옥수수 대중화** = 멕시코와 볼리비아를 비롯해 중남미 일대에서 옥수수가 수입되었다. 옥수수는 중미와 남미 주민들의 주식. 옥수수는 길거리에서도 저절로 자랄 만큼 중남미 전역에서 많이 재배되었다. 특히 중미와 남미 북부에서 많이 재배되었다. 21세기 현재에도 옥수수가 가장 많이 재배되는 곳은 아메리카다.

이 옥수수를 유럽에 전파한 인물은 콜럼버스. 첫 항해 때 그가 옥수수 씨앗을 가지고 귀국했다. 처음에는 스페인에서만 옥수수를 재배했다. 그러다가 1530년대 무렵에는 유럽의 거의 대부분 지역에서 옥수수가 재배되었다. 물론 기온이 낮은 지역은 제외다.

옥수수는 식량 부족 문제도 어느 정도 해결했다. 일단 옥수수 씨앗을 심어 놓으면 사람들의 손이 많이 가지 않아도 잘 자랐기 때문이다. 옥수수는 16세기 중반 이후 중국과 일본, 조선에도 전파된다.

▽**카카오는 고급 식품** = 아즈텍 주민들은 카카오를 죽으로 만들어 먹었다. 카카오 죽은 어떻게 만들까? 우선 카카오 열매의 씨앗과 옥수수를 그릇에 함께 넣는다. 그것들을 갈아서 가루로 만든다. 그런 다음에는 펄펄 끓인다. 이렇게 완성된 죽에 바닐라를 추가로 넣는다.

카카오는 아즈텍에서도 귀한 열매였다. 따라서 카카오 죽은 귀족들만 먹을 수 있었다. 아즈텍 제국을 정복한 코르테스가 카카오 죽을 스페인에 전파했다. 이 카카오 죽이 훗날 초콜릿으로 발전한다.

향신은 중국판 자본가?

벼슬을 하지 않고도 지방에서 사람들의 존경을 받으며 살아가는 이들을 중국에서는 향신이라고 한다. 바로 이 향신들이 명나라 중기 이후 부를 쌓으면서 경제력을 키우고 있다.

향신들은 자기네가 거주하는 지방에서 실시되는 다양한 사업에 참여했다. 이를 통해 향신들은 많은 돈을 벌었다. 이들 중 일부가 자신의 집 주변에 공장을 만들었다. 그 공장에서는 가내 수공업 형태로 여러 가지 상품을 만들었다. 서양의 자본가와 흡사한 모습을 보인다.

205

마키아벨리 "군주의 자질을 배우라!"

『군주론』 출간… 비도덕적이라는 논란도

마키아벨리

왕과 황제. 그들을 군주(君主)라 부른다. 그렇다면 군주는 어떤 자질을 갖춰야 할까? 이 질문에 대답한 책 『군주론』이 1513년에 출간되었다. 책의 내용은 충격 그 자체다. 논란이 커지고 있다.

이 책의 저자는 이탈리아의 니콜로 마키아벨리. 당시 이탈리아에는 프랑스나 스페인과 같은 강대국이 자주 침략하고 있었다. 마키아벨리는 강력한 통치자가 있어야 위기를 극복할 수 있다고 생각했다. 『군주론』에서 그가 밝힌 최고의 군주는 어떤 인물일까?

첫째, 군주는 야심이 있어야 한다. 그 야심을 달성하기 위해서는 수단을 가리지 말아야 한다. 사자의 용맹과 여우의 교활함을 갖추라는 뜻이다.

둘째, 군주는 도덕적일 필요가 없다. 종교적인 신념도 필요하지 않다. 목표를 위해서는 냉혹하고 잔인하며 비열해도 된다는 뜻이다.

셋째, 군주는 선량할 필요가 없다. 악독해도 된다. 다른 사람을 희생시켜서라도 정치를 안정시키는 것이 군주가 취해야 할 자세라는 뜻이다.

마키아벨리는 군주가 어떻게 행동해야 하는지에 대한 사례도 제시했다. 한 공국이 있었다. 주민들이 반란을 일으켰다. 공국의 왕은 총독에게 반란을 진압하도록 했다. 잔인한 진압. 반란은 끝났다. 그러나 총독은 증오의 대상이 되었다. 그러자 공국의 왕이 나섰다. 왕은 총독을 처형했다. 주민들은 왕을 존경하게 되었다.

이 사례의 왕은 교활하며 비도덕적이다. 그러나 마키아벨리는 "정치가 안정되었다. 그렇다면 군주의 어떤 행동도 용서받을 수 있다"고 설명했다.

이탈리아, 르네상스 전성기

레오나르도 다빈치에 이어 미켈란젤로, 라파엘로가 이탈리아 르네상스를 전성기로 이끌고 있다. 이 3명을 3대 르네상스 화가라 부른다.

이미 〈최후의 만찬〉을 완성한 바 있는 레오나르도 다빈치는 1506년, 오늘날까지도 큰 사랑을 받는 〈모나리자〉라는 걸작을 세상에 내놓았다.

미켈란젤로는 그림과 조각에 두루 능했다. 1504년에는 조각 〈다비드〉를 완성했고, 1512년에는 로마 시스티나 성당 천장에 〈천지창조〉를 그렸다. 이 그림은 가로 41m, 세로 13m의 크기로 세계 최대의 벽화다. 그는 1541년, 또 하나의 걸작 〈최후의 심판〉을 그렸다.

라파엘로는 1510년에 〈아테네 학당〉이라는 그림을 완성했다. 이 작품은 플라톤, 아리스토텔레스, 디오게네스, 피타고라스 등 고대 그리스 철학자의 모습을 담았다.

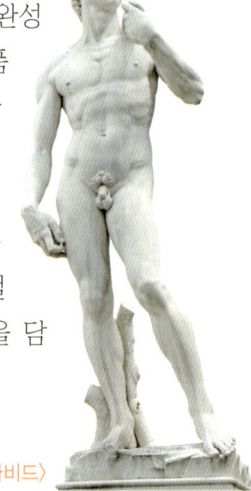
미켈란젤로의 〈다비드〉

신출귀몰 손오공의 신나는 모험

도술을 부리는 원숭이 이야기가 중국 명나라에서 크게 화제가 되고 있다. 바로 작가 오승은이 지은 『서유기』다.

『서유기』는 7세기 당나라 현장(삼장) 법사가 북인도까지 여행한 역사적 사실을 재미있게 각색한 소설이다. 현장을 수행하는 세 명의 제자가 등장한다. 이 제자는 각각 손오공, 저팔계, 사오정이다.

손오공은 요술을 부릴 줄 아는 못된 원숭이. 옥황상제의 궁전을 어지럽힌 죄로 돌산에 500년간 갇혔다가 현장으로부터 구출된 후 제자가 된다.

손오공은 구름을 타고 10만 8,000리를 단숨에 날아갈 수 있다. 또한 크기를 자유자재로 조절할 수 있는 여의봉을 무기로 쓴다.

이 밖에 저팔계는 돼지 괴물, 사오정은 하천의 괴물이다.

사실 이 이야기는 오래전부터 사람들의 입을 통해 전해져 내려왔다. 오승은이 그 이야기들을 모두 모아 소설로 재가공한 것이다. 정확한 출간 연대는 알 수 없지만 대략 16세기 초중반이었을 것으로 짐작된다. 소설은, 일행이 천축에 도착해 불경을 구하는 것으로 끝이 난다. 현장은 중국으로 돌아온 뒤 성불한다.

명복을 빕니다

▽**크리스토퍼 콜럼버스** = 최초로 대서양을 건너 아메리카 대륙에 도착한 탐험가로, 1506년에 세상을 떠났다.

콜럼버스는 죽을 때까지도 자신이 발견한 땅이 신대륙이란 사실을 알지 못했다. 이 땅이 신대륙이란 사실은 아메리고 베스푸치가 밝혀냈다. 오늘날 미국의 수도를 워싱턴 D.C.라고 한다. 바로 워싱턴 컬럼비아 특별구(District of Columbia)란 뜻이다. 수도에 콜럼버스 이름이 들어간 것이다. 또 매년 10월 둘째 주 월요일을 콜럼버스의 날로도 정했다. 오늘날까지도 아메리카에서 콜럼버스의 영향이 크다는 사실을 알 수 있다.

▽**이반 3세** = 모스크바 공국의 왕으로, 1505년에 세상을 떠났다. 그 전까지 약 200년 동안 모스크바 공국은 몽골 계열 킵차크 칸 국의 지배를 받았다. 이반 3세는 바로 그 킵차크 칸 국으로부터 독립을 선언해 러시아 발전의 토대를 구축했다.

이반 3세는 또한 처음으로 왕을 차르라고 부른 인물이다. 차르는 황제란 뜻으로, 러시아 절대 왕정의 상징이다. 물론 이반 3세가 절대 왕정을 이룬 것은 아직 아니다. 하지만 이반 3세가 없었다면 러시아는 발전하지 못했을 것이다.

칸의 편지를 갈기갈기 찢어 버리는 이반 3세

[16] 엔터테인먼트 제31호 • 1500년 ~ 1530년

<가로 퍼즐>

1. 인도에서 5개의 이슬람 왕조가 교체되던 시기. ~ 시대
3. 모스크바 공국의 왕. 처음으로 왕을 차르라 불렀다.
4. 몽골 출신의 바부르가 인도에 세운 제국
5. 1502년, 이란에 들어선 시아파 왕조
8. 연산군 때 공공 기관을 드나들던 기생. ~망청
9. 초콜릿의 원료. 중미 아즈텍인은 이것을 죽으로 만들어 먹었다.
12. 1519년~1522년, 세계를 한 바퀴 항해한 인물
13. 1513년, 동태평양을 처음 발견한 스페인 탐험가
14. 1506년, 레오나르도 다빈치가 그린 걸작. ~의 미소

<세로 퍼즐>

2. 오스만 제국의 최고 전성기를 이끈 10대 술탄
4. 1498년, 조의제문이 발단이 돼 발생한 사화
6. 도학 정치를 꿈꿨지만 기묘사화에 희생된 유학자
7. 중세 봉건 사회에서 영주가 소유한 대토지
10. 프랑스에서는 샤를, 영국에서는 찰스, 독일에서는 ~.
11. 레오나르도 다빈치, 라파엘로와 함께 르네상스 3대 화가로 불리는 인물
12. 『군주론』의 저자
15. 근대가 되면서 이탈리아를 중심으로 발달한 도시. 자치를 했다.
16. 명나라 시절 경제력을 바탕으로 실력자가 된 지방의 유지

☞ 정답은 260페이지에

[사설]

통통통 기자

콜럼버스, 다시 평가해야

21세기 미국의 한 초등학교에서 실제로 있었던 일이다. 수업 프로그램 중의 하나로 콜럼버스에 대한 모의재판이 열렸다. 학생들 사이에 열띤 토론이 펼쳐졌다. 재판 결과는 무기징역이었다. 학생들은 왜 이처럼 높은 형량을 내린 것일까? 학생들은 콜럼버스가 스페인 왕실을 앞세워 많은 범죄를 저질렀다고 판단했던 것이다.

사실 콜럼버스만 그랬던 것은 아니다. 16세기 초반 아즈텍 제국을 무너뜨릴 때도 스페인은 안하무인이었다. 정복자들은 스페인어로 "가톨릭을 믿지 않는 원주민의 모든 재산과 권리를 가져가겠다!"고 멋대로 선언했다. 그러고는 바로 전쟁에 돌입했다. 황당한 선전 포고인 셈이다.

당시 유럽 사람들이 진정한 개척자였을까? 혹시 그들이 파괴자이며 약탈자는 아니었을까? 이제 그들을 다시 평가해야 한다.

마키아벨리즘

마키아벨리의 『군주론』이 큰 화제가 되고 있다. 왕이나 공국의 제후들은 이 책을 높이 칭송하고 있다. 정치와 군주에 대해 명확하게 정리해 놓았다는 것이다.

사실 이 책은 정치학의 중요한 고전으로 자리 잡고 있다. 군주가 어떻게 행동해야 하는지에 대한 별 생각이 없던 시절이었으니, 정치 역사에 한 획을 그은 서적임은 분명한 것 같다. 그러나 모든 내용에 동의할 수는 없다. 특히 군주가 권력을 유지하기 위해서 권모술수(權謀術數)를 부려도 상관없다는 대목이 그렇다. 권모술수는 목표를 달성하기 위해 얕은꾀나 수작을 부리는 것을 말한다. 왕은 도덕적이지 않아도 된다는 뜻인데, 이런 지도자 밑에 있는 백성은 얼마나 고통이 클까?

이 권모술수주의를 마키아벨리즘이라고 한다. 정말로 마키아벨리가 이런 군주를 원한 것인지, 만날 수만 있다면 꼭 물어보고 싶다.

전문가 칼럼

절대 왕정 조짐?

이흘수(소설가)

대대로 아시아의 왕이나 황제와 달리 유럽의 왕들은 그렇게 힘이 강하지 않았다. 그런데 유럽의 정치 형태가 서서히 달라지고 있다. 제후들에게 끌려 다니던 왕들이 대대적인 변신을 하고 있는 것이다.

강력한 왕들이 잇달아 등장했다. 전문가들은 "왕의 권력이 절대적인, 이른바 절대 왕정의 조짐이 보이고 있다"고 입을 모으고 있다.

장미 전쟁을 끝내고 새롭게 튜더 왕조의 시대를 연 영국의 헨리 7세 왕이 대표적이다. 그는 귀족의 권력을 제한해 마음대로 죄인을 재판하지 못하게 했다. 정부 관료도 직접 임명했다.

1509년, 헨리 7세의 아들이 왕에 올랐다. 바로 헨리 8세. 그도 아버지와 마찬가지로 귀족들을 확실하게 잡았다. 헨리 8세의 카리스마는 대단했다. 자신의 생각과 다르다면 심지어 로마 교황청과도 맞서 싸울 분위기다. 유럽에서 이처럼 왕의 권력이 강했던 적은 없다. 가장 먼저 영국이 절대 왕정 체제로 들어가는 것일까?

역사 연표

아시아	아프리카	유럽	아메리카
		1500년 포르투갈의 카브랄, 브라질에 도착	
1502년 이란 지역에 사파비 왕조 탄생			
1504년 조선, 갑자사화 발생			
1506년 조선 중종반정으로 연산군 폐위		**1507년** 유럽 지도에 '아메리카' 지명 등장 **1509년** 스페인의 발보아, 파나마에 도착	
1512년 오스만 제국 술탄에 셀림 1세 등극		**1513년** 마키아벨리, 『군주론』 출간 **1517년** 독일의 성직자 마르틴 루터 95개조 반박문, 종교 개혁 신호탄	
1519년 조선, 기묘사화 발생		**1519년** 카를 1세, 스페인 왕과 신성 로마 제국 황제에 오름	
1520년 오스만 제국, 술레이만 대제 등극		**1521년** 스페인의 코르테스, 남미 아즈텍 제국 점령 **1522년** 스페인의 마젤란, 처음으로 지구를 한 바퀴 돌다	**1521년** 아즈텍 제국 멸망
1526년 인도에 무굴 제국 탄생			

- 1500년
- 1510년
- 1520년
- 1530년

통 역사 신문 제32호

1530년 ~ 1560년

 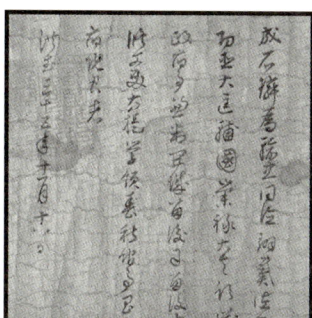  

통 역사 신문

제32호 1530년 ~ 1560년

커피 전문점 오픈!
새로운 맛과 향으로
삶의 품격을 높이십시오.
★불면증에 시달릴 수 있음!

유럽
아메리카
아프리카

중남미 완전 몰락 노예 무역 대성행

스페인, 잉카 정복… 유럽, 삼각 무역으로 떼돈

스페인이 아즈텍 제국에 이어 1533년에 잉카 제국까지 정복했다. 이로써 스페인은 일부 지역을 제외한 중남미 전역을 차지하는 데 성공했다. 그 후 스페인은 정복지 몇 개를 하나씩 묶어 식민지로 만들었다. 한편 포르투갈은 브라질을 차지했다.

중남미를 차지한 유럽 국가들은 이어 노예 무역에 돌입했다. 아프리카에서 흑인을 잡아다 중남미에 노예로 파는 것이다. 이 노예들은 짐승보다 못한 대우를 받았다. 죽을 때까지 강제 노동을 해야 한다.

유럽 상인들은 노예를 중남미에 판 후, 그 돈으로 설탕이나 담배를 샀다. 설탕이나 담배는 유럽에서 불티나게 팔렸다. 이런 무역을 삼각 무역이라 부른다. ▷ 2·3·4·5면에 관련 기사

조선, 마지막 사화

한반도

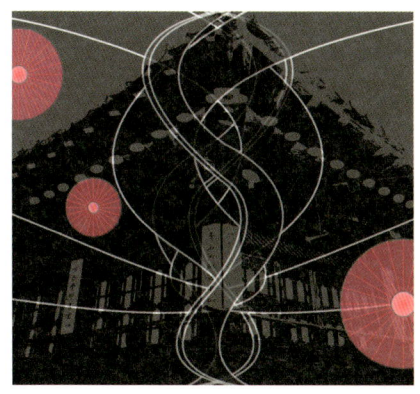

1545년, 조선에서 또 사화가 일어났다. 마지막 사화인 이 사화를 을사사화라 부른다. 을사사화는 왕의 외척들에 의해 발생했다. 약 6~7년간 계속된 사화 끝에 200여 명의 대신들이 목숨을 잃었다.

한편 경상도 순흥면 백운동에 풍기 군수 주세붕이 처음으로 서원을 만들었다. 서원은 사설 교육 기관이다. 조정은 이 서원을 인정하고 소수 서원이란 이름도 하사했다. ▷ 9면에 관련 기사

종교 개혁 본격화

유럽

1535년, 스위스 바젤에서 칼뱅이 종교 개혁의 횃불을 올렸다. 그는 성서 지상주의와 구원 예정설을 주장했다. 나아가 종교 공동체를 만들어 몸소 종교 개혁을 실천했다.

영국에서도 종교 개혁이 이루어졌다. 다만 그 방식이 다소 특이했다. 영국 왕 헨리 8세가 부인 캐서린과 이혼을 원했지만, 이혼을 허용하지 않는 가톨릭 교리에 따라 교황청이 이를 허락하지 않았다. 화가 난 헨리 8세는 교황청과의 관계를 끊고 스스로 영국 국교회를 창시했다. ▷ 6·7·8면에 관련 기사

215

[2] **중남미 몰락과 노예 무역** 특집

제32호 • 1530년 ~ 1560년

스페인, 잉카도 무너뜨리다

유럽
아메리카

피사로, 술수 써서 잉카 왕 처형… 식민 통치 시작

피사로

아즈텍 제국에 이어 남미의 최대 제국 잉카마저 무너졌다. 이번에도 정복자는 스페인 군인. 바로 황금의 제국을 찾던 피사로였다.

1530년대 초반, 피사로의 군대가 잉카 제국에 접근했다. 이 무렵 잉카 제국에서는 왕의 자리를 놓고 형제가 전쟁을 벌이고 있었다. 이 싸움에서 동생이 승리했다. 형을 죽인 동생은 곧 왕에 올랐다. 1532년 11월, 피사로가 잉카의 왕에게 만남을 제의했다. 왕은 순순히 응했다. 속임수였다. 피사로는 즉시 왕을 사로잡고, 금을 내놓으라고 협박했다. 잉카의 부하들이 금을 내놓았다.

얻을 것을 얻었으니 왕이 필요하지 않았다. 1533년 8월, 피사로는 왕을 처형해 버렸다. 정식 왕인 형을 살해한 죄명이었다. 사실 외부 사람인 피사로가 이 죄를 물을 자격은 없었다. 내정 간섭인 셈이다. 어쨌든 왕이 사라졌으니 결과적으로 잉카 제국은 붕괴했다. 다만 수도 쿠스코를 아직 점령하지는 못한 상황이었다. 그러나 쿠스코도 1533년 11월에 무너지고 말았다. 공식적으로 잉카 제국이 멸망한 것이다.

그래도 잉카 제국의 국민들은 주저앉지 않았다. 저항 운동을 시작했다. 스페인이 임명한 허수아비 잉카 왕도 왕의 자리를 집어던졌다. 왕은 계곡으로 들어가 저항 운동을 벌였다. 훗날(1572년), 스페인은 저항 운동의 지도자도 처형했다. 그 후 스페인의 식민 통치가 시작된다.

피사로의 군대에게 죽음을 당한 잉카의 마지막 군주 아타우알파의 장례식을 묘사한 그림

유럽
아시아

포르투갈, 일본 도착

스페인이 중남미를 정복하는 그 무렵, 포르투갈은 아시아로 세력을 뻗쳤다.

첫 번째 목표는 일본이었다. 1543년, 포르투갈 상선이 긴 항해 끝에 일본에 도착했다. 일본의 무로마치 바쿠후는 서양 세력을 크게 반대하지 않았다. 오래지 않아 로마 가톨릭도 전파되었다. 1549년에는 일본 가고시마에 첫 가톨릭교회가 세워졌다.

이어서 1557년에 포르투갈은 중국 대륙 남부의 홍콩과 마카오에도 진출했다. 이곳들은 오늘날 동양의 라스베이거스라 불릴 만큼 화려한 도시로 소문나 있다. 포르투갈은 이때로부터 442년이 더 지난 1999년 12월에야 마카오를 중국에 반환했다.

유럽, 중남미 완전 장악

스페인-포르투갈, 중남미 전체를 정복하다

남아메리카 대륙의 국가들

16세기 중반이 되자 중남미 대륙의 거의 전부가 스페인과 포르투갈의 수중에 떨어졌다. 특히 브라질을 뺀 나머지 대부분을 스페인이 차지했다. 그 과정을 처음부터 다시 짚어 보았다.

① 1496년, 오늘날 도미니카 공화국의 수도인 산토도밍고가 스페인 식민지가 되었다. 이 식민지를 건설한 인물은 콜럼버스. 2차 항해 때였다. 그 후 주변으로 스페인 식민지가 속속 들어섰다. 1509년에는 푸에르토리코가, 1511년에는 쿠바가 스페인 땅이 되었다.

② 1500년, 포르투갈 탐험대가 브라질 해안에 상륙했다. 1549년에는 브라질 북동부 살바도르에 대규모 사탕수수 농장을 만들었다. 원주민을 활용한 플랜테이션 농업이 시작된 것이다.

③ 스페인 정복자들이 1521년에 아즈텍 제국을, 1533년에는 잉카 제국을 정복했다.

④ 1535년, 스페인 왕실은 중미 식민지를 건설하고, 부왕을 파견했다. 부왕은 왕 다음의 지위. 이 중미 식민지에는 멕시코, 엘살바도르, 과테말라, 온두라스, 니카라과, 카리브 해 일대, 미국 남부 일부 지역이 모두 포함돼 있다. 아시아에 있는 필리핀도 중미 식민지에 넣었다.

⑤ 1543년, 스페인은 남미에도 식민지를 건설해 부왕을 파견했다. 페루, 칠레, 아르헨티나, 콜롬비아, 베네수엘라, 에콰도르, 볼리비아, 우루과이가 포함되었다. 이로써 브라질을 뺀 남미 전역이 스페인의 식민지가 되었다.

⑥ 그 후로도 아직 개척되지 않은 지역에 대한 정복 활동이 계속되었다. 개척 지역이 넓어지면서 식민지는 몇 개로 쪼개지게 된다. 아르헨티나의 수도 부에노스아이레스는 1580년에 건설되고, 별도의 식민지로 꾸려진다.

중남미로 실버 러시

1545년, 스페인 남미 식민지에 있는 포토시란 곳에서 처음으로 은광이 발견되었다. 게다가 매장량도 엄청났다. 비록 금은 아니었지만, 은도 큰돈이 된다. 스페인은 만세를 불렀다.

1년 후 이번에는 중미 식민지에서도 은광이 발견되었다. 은광은 한두 곳이 아니었다. 이번에도 스페인은 만세를 불렀다.

유럽, 특히 스페인에서 중남미에 대한 관심이 갑자기 커졌다. 물론 막대한 돈을 벌어다주는 은 때문이다. 유럽의 탐험가와 모험가들이 속속 중남미로 몰리고 있다. 이른바 실버 러시가 시작된 것이다.

[4] 중남미 몰락과 노예 무역 특집

제32호 • 1530년 ~ 1560년

유럽
아프리카
아메리카

"하늘이 무섭지 않소?"

유럽 상인들, 아프리카 흑인 노예 무역 기승

아프리카 흑인들의 비극이 시작되었다. 유럽 상인들이 그들을 붙잡아 멀리 아메리카에서 노예로 팔고 있는 것이다. 바로 노예 무역이다. 사람이 사람을 사고파는, 반인륜적인 장사가 버젓이 벌어지고 있다. 노예 무역에 대해 심층 취재했다.

▽**아프리카 파괴** = 15세기 후반 콩고 강 유역. 콩고 왕국의 왕 은징가는 포르투갈 사람들을 반갑게 맞아들였다. 종교도 가톨릭으로 개종했다. 나아가 이름도 알폰소 1세라는 유럽식으로 바꾸었다.

콩고 왕 알폰소 1세는 포르투갈 사람들이 가져온 총에 흠뻑 빠졌다. 포르투갈 사람들은 총을 주면서 흑인 노예들을 달라고 했다. 포르투갈은 그 노예들을 서아프리카의 상투메 섬으로 데려가 노동을 시켰다.

노예들은 농장에서 설탕을 재배했다. 매년 수천 명의 흑인 노예가 이곳으로 끌려왔다. 상투메 섬에 노예가 넘쳐나자 포르투갈은 새로운 판매처를 구했다. 바로 남미! 대륙을 넘나드는 노예 무역이 본격화한 것이다.

아프리카 족장들은 이제 손을 쓸 수가 없었다. 아프리카가 파괴되기 시작한 것이다.

▽**유럽 노예 무역** = 가장 먼저 노예 무역을 시작한 나라는 포르투갈이었다. 콩고 사례에서 알 수 있듯이 처음에는 흑인 노예들을 남미로 모두 팔아넘기지 않았다. 노예들은 아프리카 일대의 농장에서 죽을 때까지 일을 했다. 그렇지 않으면 유럽, 특히 포르투갈로 끌려갔다.

포르투갈은 아프리카 일대에 먼저 진출했지만, 중남미는 스페인이 먼저 장악했다. 따라서 포르투갈이 노예 무역을 시작하고도 수십 년이 지난 후에야 남미에서 노예 무역이 시작되었다. 그렇다면 포르투갈로 얼마나 많은 아프리카 흑인 노예들이 팔려갔을까? 16세기 중반에는 포르투갈 인구의 10% 정도가 흑인 노예였다고 한다.

탄자니아에 있는 기념물

▽**중남미 노예 무역 시작** = 스페인 정복자들은 잔인했다. 원주민이 죽을 때까지 은광에서 부려먹었고, 말을 듣지 않으면 학살했다. 원주민은 담배, 커피, 사탕수수를 재배하는 농장(아시엔다)에서도 죽어라 일만 했다. 유럽에서 건너온 전염병도 많은 원주민의 목숨을 앗아갔다. 원주민 인구는 점점 줄어들었다.

1510년, 스페인의 라스카사스라는 인물이 아메리카의 첫 선교사가 되었다. 그는 몰락하는 인디언을 안쓰럽게 여겼다. 라스카사스는 "식민지에서도 기독교 정신은 살아 있어야 한다!"고 외쳤다.

그는 아프리카 흑인을 데리고 와 인부로 쓰자고 제안했다. 흑인이 훨씬 건강한 데다 인디언도 살릴 수 있고, 인건비도 줄일 수 있다는 생각이었다. 스페인 정부가 이 제안을 받아들였다. 과거 포르투갈이 시작했던 노예 무역에 스페인이 뛰어들게 되었다.

스페인 정부는 1530년에 중남미 식민지에서 원주민을 노

삼각 무역 '활황'… 유럽 돈방석

노예들의 삶은 인간 이하… "차라리 죽는 게 낫다"

예로 부리지 못하도록 하는 법까지 만들었다. 1570년에는 포르투갈 식민지인 브라질에서도 같은 법이 통과된다. 이제 아프리카 흑인 외에는 인부가 없는 셈이다.

▽**삼각 무역** = 유럽 상선이 아프리카에 정박했다. 처음에는 해안 지대, 나중에는 내륙 지방까지 들어가 흑인들을 닥치는 대로 잡아들였다. 그들에게 족쇄를 채우고 짐짝처럼 배에 내동댕이쳤다. 노예가 다 차면 항해를 시작했다. 목적지는 아메리카였다.

아메리카에서 노예를 팔았다. 그 돈으로 담배와 설탕을 샀다. 아메리카 담배와 설탕은 유럽에서 최고의 인기 상품이었다. 물건을 다 실은 배는 아메리카를 떠났다. 목적지는 유럽이었다.

이처럼 유럽 상인들은 아프리카—중남미—유럽을 오가며 노예 무역을 했다. 물론 막대한 수입이 들어왔다. 이 세 지역을 연결하면 삼각형이 된다. 16세기 중반부터 본격화된 이 무역을 '삼각 무역'이라고 한다.

그 후 영국, 네덜란드, 프랑스도 여기에 뛰어든다. 돈이 되기 때문이다. 영국은 1672년, 삼각 무역을 전담하는 왕립 아프리카 회사도 만든다.

▽**비참한 노예 생활** = 남미의 한 스페인 이주민 가정. 이 집의 가장은 스페인의 귀족 출신이다. 집 안에 있는 집기들은 모두 비싼 것들이다. 귀족은 애완견을 여러 마리 키우고 있었다.

어느 날 노예 한 명이 크게 다쳤다. 그러나 노예의 주인은 그에게 약도 주지 않았다. 바로 그날 그는 애완견에게 비싼 고기를 먹였다. 아프리카 흑인 노예가 개만도 못한 대접을 받고 있는 것이다.

그 노예는 물론 아프리카 흑인. 가슴에는 불로 지진 낙인이 있다. 노예라는 표시. 노예를 운반하는 선박에서 유럽 상인이 찍은 것이다. 그가 탔던 노예 선박에는 100명이 넘는 흑인이 있었다. 그러나 대서양을 건너면서 10%는 목숨을 잃었다.

노예는 "그때 죽는 게 오히려 나았을지도 모른다"고 말했다. 인간 이하의 삶을 언제까지 살아야 하는지 모르겠다며 한숨을 내쉬었다. 평생 광산이나 농장에서 강제 노동을 하다 죽을 운명이라 했다. 이처럼 비참한 삶이 또 있을까?

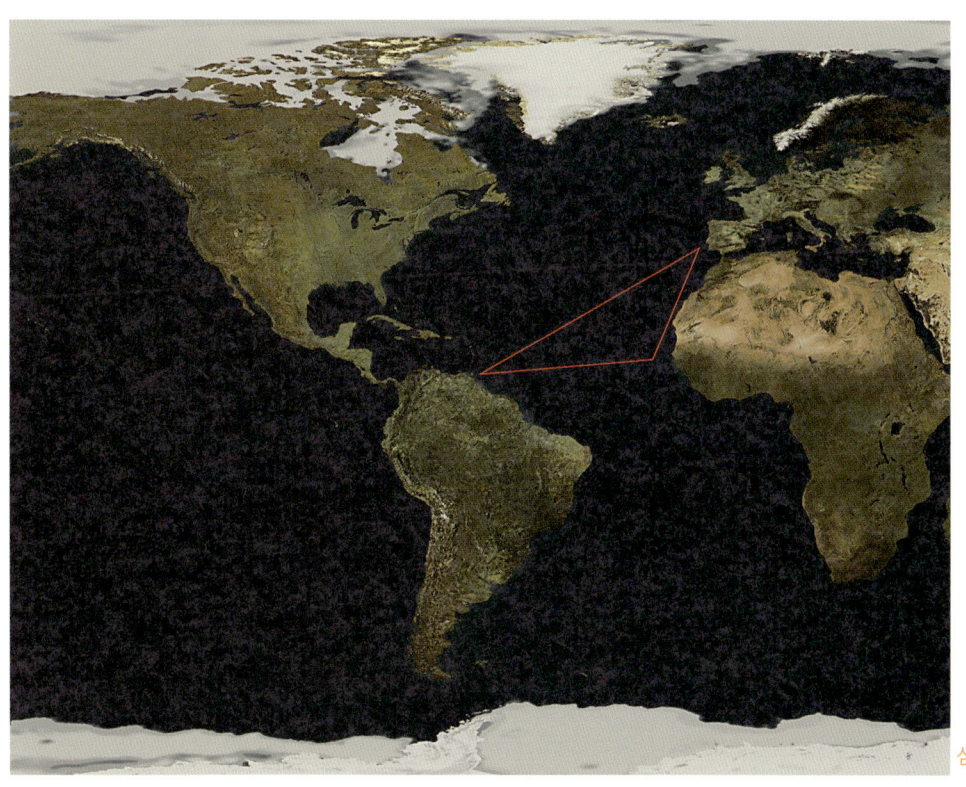

삼각 무역의 경로

칼뱅주의, 개신교 골격 만들다

성서 지상주의-구원 예정설, 기독교계에 일대 파문

칼뱅

1517년, 마르틴 루터가 시작한 종교 개혁이 또 한 번 비약적인 발전을 이루었다. 구교(로마 가톨릭)에 대항해 신교(프로테스탄트)도 점차 구체적인 골격을 갖추고 있다.

종교 개혁의 신호탄을 올린 마르틴 루터는 교회 개혁에 초점을 맞춘 온건파였다. 토머스 뮌처는 사회 개혁까지 노린 급진파였다. 온건파와 급진파의 중간에 해당하는 개혁파가 등장했다. 바로 칼뱅주의다.

칼뱅주의는 프랑스 출신인 장 칼뱅이 만든 신교다. 칼뱅은 기독교 초기 시절로 돌아가야 종교 개혁에 성공할 수 있다고 생각했다. 또 다른 종교 개혁이 시작된 셈이다.

1535년, 프랑스 왕은 신교를 이단으로 규정했다. 칼뱅은 망명을 떠나야 했다. 그가 향한 곳은 스위스의 바젤. 그곳에서 칼뱅은 종교 개혁 운동을 계속했다.

1536년, 칼뱅은 『그리스도교의 강요』를 출간했다. 기독교계가 크게 술렁이기 시작했다. 이 책에서 주장한 이념이 그만큼 파격적이었던 것이다. 어떤 내용을 담았을까?

첫째, 성서 지상주의다. 이 말은 신앙의 옳고 그름을 성서로 판단해야 한다는 뜻이다. 교황청과 가톨릭교회의 설교가 성서에 어긋나면 그것은 옳지 않다는 주장이다. 둘째, 구원 예정설이다. 신의 선택을 받은 사람만 구원된다는 뜻. 교회가 파는 면죄부를 아무리 많이 사도 신의 선택을 받지 않으면 구원될 수 없다는 주장이다.

이 두 가지 이념은 일대 파문을 불러 일으켰다. 칼뱅은 성서를 믿고 열심히 사는 것이 올바른 종교인의 삶이라고 설교했다. 칼뱅은 예배 방법도 바꾸었다. 로마 가톨릭은 주로 미사 형식으로 예배를 보았다. 그러나 칼뱅의 신교는 목사가 설교하는 방식이었다. 오늘날 개신교가 모두 이런 방식을 따른다.

칼뱅은 나아가 스위스 제네바에 신앙 공동체를 만들었다. 여기에서 사는 종교인들은 성서에 충실하며 엄격한 생활을 했다.

훗날 막스 베버라는 학자는 칼뱅주의를 자본주의 정신이라고 했다. 열심히 살아 돈을 번 자본가들은 떳떳하고 정당하다는 것이다. 이런 생각을 담은 책이 『프로테스탄티즘의 윤리와 자본주의 정신』이다.

신교, 유럽 확산

마르틴 루터 시절만 해도 신교는 크게 주목받지 못했다. 그러나 칼뱅주의가 정착된 후 상황이 확 달라졌다. 유럽 전역으로 칼뱅주의가 퍼져 나간 것이다. 칼뱅주의가 완성된 제네바는 종교 개혁의 성지로 받아들여졌다.

프랑스에도 신교 세력이 커지고 있다. 이들은 위그노라고 불렸다. 위그노는 '맹세를 한 사람'이라는 뜻이다.

신교도 여러 파벌로 나뉘었다. 칼뱅주의의 영향을 받아 나중에 잉글랜드에서는 청교도가, 스코틀랜드는 장로교가 성장한다.

"교황이면 다야? 신교로 바꿔 버려!"

영국 왕 헨리 8세, 성공회 창시… 이상한 종교 개혁

헨리 8세

잉글랜드(영국)에서 종교 개혁이 성공했다. 새로이 신교인 성공회(영국 국교회)가 창시되었다. 이 종교는 영국 왕 헨리 8세의 결단으로 만들어졌다. 황당한 상황. 도대체 어떤 연유로 이런 일이 일어난 것일까? 헨리 8세를 직격 인터뷰 했다.

─로마 가톨릭과의 대립 계기는?

"첫 번째 부인과 이혼하려 했는데 교황이 이혼을 허락하지 않았다. 가톨릭에서는 왕족의 이혼이 허용되지 않았기 때문이다. 이게 말이 되나? 난 마르틴 루터를 비판하는 글도 썼다. 교황이 내게 신앙의 옹호자란 칭호를 하사할 정도로 우린 사이가 좋았다. 근데 이혼을 허락하지 않다니!"

─왜 이혼하려 했나?

"첫 부인 캐서린은 스페인을 만든 이사벨 여왕과 페르난도 왕의 딸이다. 대단한 가문의 여성이 아닌가? 그러나 아들을 못 낳았다. 이혼할 사유로 충분하지 않은가? 물론 내가 다른 여자(앤 불린)를 염두에 두고 있었던 건 사실이다. 그러나 교황은 캐서린이 합스부르크 가문 출신이라 눈치를 보는 것 같았다. 난 1530년에 영국 대법원에 이혼 신청을 했고, 이듬해 결국 이혼에 성공했다."

─성공회 창립 과정을 설명해 달라.

"이혼 후에도 교황은 사사건건 간섭했다. 그래서 나는 교황청과 모든 인연을 끊기로 하고, 1534년에 수장령을 발표했다. 이 말은 왕이 영국 교회의 1인자란 뜻이다. 이 종교가 영국 국교회(성공회)다. 난 수도원을 해체하고 교회 재산을 모조리 몰수했다."

─성공회가 구교와 다를 바 없다는 평가가 많다.

"아무래도 내가 모든 걸 지휘했기 때문에 다른 신교와는 많이 다르다. 그래도 영국이 종교 개혁에 성공한 것은 틀림없는 사실이다."

[광고]

왕자를 찾습니다.

집 나간 왕자 에드워드 6세를 애타게 찾고 있습니다.
영국 왕위를 이을 후계자입니다.
크게 사례하겠습니다.

에드워드 6세 헨리 8세의 세 번째 부인이 낳은 유일한 아들. 헨리 8세에 이어 1547년 왕위에 오른다. 에드워드 6세는 마크 트웨인이 1881년에 쓴 소설 『왕자와 거지』의 주인공이다. 왕에 오른 지 6년 만에 사망하는 바람에 제인, 메리 1세, 엘리자베스 1세로 왕위가 이어진다.

[8] 종교 개혁 본격화 특집

제32호 • 1530년 ~ 1560년

구교와 신교, 마침내 충돌!

신성 로마 제국에서 종교 전쟁 시작… 1555년 일단 화해

종교 갈등이 심상찮다. 신교 세력이 점점 커졌기 때문이다. 특히 독일 지역, 그러니까 신성 로마 제국의 영토에서 두 세력의 갈등이 심했다. 긴박한 순간, 그 과정을 취재했다.

1534년, 헨리 8세가 영국 국교회를 만든 해였다. 바로 그해에 교황에 선출된 바오로 3세가 개혁에 돌입했다. 바오로 3세는 가톨릭 스스로 개혁하면 신교 세력이 약해질 것으로 생각했다. 추기경 회의를 통해 개혁 방법을 논의했다. 부패도 제거했다. 그래도 신교의 세력은 점점 커졌다.

합스부르크 제국을 건설한 신성 로마 제국의 카를 5세는 독실한 가톨릭 신도였다. 그러니 신교도들이 자신에게 반발하는 것을 참을 수 없었다. 1540년, 전쟁을 선포했다. 구교와 신교의 갈등이 독일 영토에서 전쟁으로까지 치달은 셈이다.

나름대로 구교와 신교의 싸움을 줄이려는 노력도 많았다. 1545년, 기독교계 인사들이 이탈리아 트리엔트에서 해결 방법을 찾기 위한 회의를 가졌다. 바로 트리엔트 공의회다. 하지만 신교 측에서는 참여하지 않았다. 1563년까지 18년간 지속되었지만 해결책은 찾지 못했다.

결과적으로 트리엔트 공의회는 구교를 돕는 회의가 되어 버렸다. 수도회를 지원하기로 했다. 이때 뜬 수도회가 예수회. 예수회는 엄격하게 교리를 지켰고, 아무리 험한 지역도 두려워하지 않고 찾아가 선교 활동을 펼쳤다. 이탈리아, 스페인, 독일 남부에서 큰 호응을 얻었다.

갈등은 계속되었다. 그러는 와중에 다행히 화해의 장이 마련되었다. 1555년, 카를 5세가 아우크스부르크에서 제국 의회를 열었다. 여기에서 극적인 타협을 보았다. 신성 로마 제국에 속해 있는 제후국들은 구교와 신교 중 하나를 선택할 수 있도록 했다.

이제 독일에서는 종교 갈등이 어느 정도 사그라지는 것 같았다. 그러나 프랑스는 오히려 구교와 신교의 갈등이 더 심해지는 분위기. 마치 폭풍 전야와도 같다.

펠리페 2세 왕 등극

합스부르크 제국을 완성한 카를 5세(카롤루스 1세)가 1556년에 정치에서 손을 뗐다. 그 넓은 영토는 어떻게 되었을까?

카를 5세의 동생이 오스트리아와 신성 로마 제국 황제 자리를 물려받았다. 바로 페르디난트 1세. 합스부르크 제국의 나머지 영토는 모두 아들이 물려받았다. 그 아들이 바로 펠리페 2세.

이로써 합스부르크 제국이 두 개로 쪼개지게 되었다. 물론 신성 로마 제국보다는 스페인의 합스부르크 혈통이 훨씬 강했다. 이 무렵 유럽 최고의 강국이 바로 스페인이었기 때문이다. 펠리페 2세가 유럽 최고의 왕인 셈이다.

페르디난트 1세

또 다시 피비린내… 을사사화!

외척들 싸움 끝에 수백 명 처형… 사화 시대 종결

조선에서 또 사화가 터졌다. 무오사화, 갑자사화, 기묘사화에 이어 네 번째다. 또한 마지막 사화이기도 하다. 앞의 세 사화와 달리 이번에는 외척 대신들의 권력 다툼으로 발생했다.

1544년, 중종의 아들이 12대 왕 인종이 되었다. 인종은 몸이 약했다. 8개월 만에 사망했다. 1545년, 인종의 이복동생이 13대 왕 명종에 올랐다. 을사사화는 인종과 명종이 왕에 오르는 과정에서 시작되었다.

두 왕의 외척은 모두 파평 윤 씨였다. 똑같은 파평 윤 씨였지만 두 집안은 사이가 좋지 않았다. 그래서 파벌도 달랐다. 인종을 밀었던 윤 씨는 대윤, 명종을 밀었던 윤 씨는 소윤이라 불렀다.

처음엔 인종이 왕이 되었으니 당연히 대윤의 힘이 막강했다. 그러나 인종이 곧 세상을 떠나자 판도가 바뀌었다. 명종을 지지한 소윤이 치고 올라간 것이다. 당연히 대윤은 크게 위축될 수밖에 없었다.

소윤은 악랄했다. 명종이 아직 12세 밖에 되지 않아 마음대로 권력을 휘두르는 것도 어렵지 않았다. 결국 소윤은 대윤을 완전히 제거하기로 했다.

명종이 왕에 오른 바로 그해, 소윤은 을사사화를 일으켰다. 약 6~7년이나 계속된 사화. 이 기간 동안 약 200여 명의 대윤에 속하는 대신들이 목숨을 잃었다. 이 사화가 끝나고 난 후 더 이상 사화는 발생하지 않았다. 훈구파와 사림파가 모두 사라졌기 때문이다. 조선은 이윽고 중기 시대로 접어들었다.

서원 만들다

1543년, 조선에 첫 서원이 건립되었다. 바로 주세붕의 백운동 서원이다.

서원은 유림 학자들이 유생을 교육시키고 학문을 연구하며 훌륭한 유학자의 제사를 지내는 곳이다. 풍기 군수인 주세붕이 경상도 순흥면 백운동에 처음으로 만든 서원은 고려의 유학자 안향을 모셨다.

조정과 왕도 이 서원을 공식적으로 인정했다. 조선의 13대 왕 명종은 '소수 서원'이란 이름이 붙은 현판을 주었다. 또 노비와 토지도 주었으며 세금도 면제해 주었다. 유학 공부에 힘쓰라는 뜻이다. 서원은 그 후 급속도로 늘어난다.

소수 서원 ⓒ Jjw

[10] 사회   제32호 • 1530년 ~ 1560년

"예언? 사기? 아리송…"

 유럽

노스트라다무스 예언 놓고 전 세계가 우왕좌왕

"1999년 일곱 번째 달, 하늘에서 공포의 대왕이 내려온다…… 마르스(전쟁의 신)가 크게 세력을 떨치리라."

노스트라다무스의 이 예언 때문에 21세기를 코앞에 둔 전 세계가 한때 우왕좌왕했다. 지구가 멸망할 것이라는 종말론자들이 기승을 떨었다. 그렇다면 결과는? 예언이 틀렸다. 이 때문에 많은 사람들이 "노스트라다무스는 사기꾼"이라고 말한다. 과연 그럴까?

노스트라다무스가 주목을 받기 시작한 것은 1559년. 프랑스 왕 앙리 2세가 사망할 때였다. 그는 신하인 몽고메리 백작과 마상 시합을 벌이다 창끝에 눈이 찔렸고, 10일 만에 사망했다. 바로 이 사건을 노스트라다무스가 4년 전에 정확히 예언했다. 1555년에 출간된 『제세기』란 예언 시집에 담겨 있는 것.

그의 예언은 4행시로 돼 있다. 책에 실린 예언만 약 1,100여 편 정도. 이 가운데 현재까지 전하는 것은 약 960여 편이다. 이 가운데 1999년 7월, 지구의 멸망을 암시한 시도 들어 있었다.

그렇다면 노스트라다무스가 정말로 사기꾼일까? 사실 이를 정확하게 알 수는 없다. 왜냐하면 그의 예언들은 애매모호한 문장들로 가득 차 있기 때문이다. 또한 산문이 아니라 시 형태로 되어 있다. 따라서 해석하는 사람에 따라 내용이 달라질 수 있다. 진짜 사기꾼들이 그의 예언을 악용했을 가능성이 있다는 이야기다.

노스트라다무스

"왜인을 어떡할꼬?"

 한반도

1544년, 경남 통영의 사량진에서 왜구들의 약탈이 다시 시작되었다. 바로 사량진 왜변이다. 삼포왜란(1510년)이 끝난 지 30여 년 만의 혼란이다.

조선 조정은 왜인들을 진압한 후 임신조약을 폐기했다. 왜인들에 대해서도 조선에 출입하지 못하도록 했다. 다시 무역이 묶인 왜인들은 조선 조정에 "통제를 줄여 달라"고 간청했다. 조선은 거절했다. 그러자 1555년(을묘년), 왜구들이 전라남도 해안을 다시 쑥대밭으로 만들었다. 이 사건이 을묘왜변이다.

조선 조정은 또 반란을 진압했다. 왜인들은 이번에도 "통제를 줄여 달라"고 호소했다. 같은 사건이 반복되고 있는 셈이다.

"감자, 못생겼지만 보물"

남미에서 유럽으로 전파… 구황작물로 인기

식량난에 허덕이던 유럽의 여러 국가들이 감자의 진면목을 알아보기 시작했다. 처음에는 별 대수롭지 않게 여겼는데, 알고 보니 매우 요긴하다는 사실을 발견한 것이다. 특히 아일랜드를 비롯해 유럽 북부에서 감자가 큰 환영을 받고 있다. 감자의 역사를 밀착 취재했다.

감자는 원래 남미 페루 지역에서 처음 재배되었다. 더 정확히 말하자면 안데스 산맥의 고산 지대. 바로 잉카 제국이 있던 곳이다. 아즈텍인들이 옥수수를 주식으로 삼았다면 잉카인들의 주식은 바로 감자였다.

잉카 제국이 스페인에게 정복된 후 감자가 스페인으로 전파되었다. 이어 감자는 유럽 전역으로 퍼져 나갔다. 유럽 사람들은 처음에 감자를 좋아하지 않았다. 무엇보다 감자의 생김새가 썩 매력적이지 않았기 때문이다. 심지어 어떤 사람들은 감자를 먹으면 병에 걸린다며 던져 버리기도 했다. 더 심한 경우에는 감자를 악마의 선물이라고 부르기도 했다. 성경에 감자가 등장하지 않는다는 이유에서다.

게다가 처음에 유럽에서는 감자가 잘 자라지도 않았다. 유럽과 남미의 기후가 다르기 때문이다. 품종 개량 작업이 반복되었다. 그 결과 곧 감자의 알이 굵어지고 재배하기도 쉬워졌다. 물론 양도 풍부했다. 서늘한 유럽에서 이보다 좋은 작물이 없다 싶을 정도였다.

결국 유럽인의 주식인 밀보다 더 많이 재배되었다. 당연히 값도 쌌다. 이 때문에 유럽인들에게 감자가 주식이 되었다. 특히 긴급한 사태가 생겼을 때 쉽게 먹을 수 있는 구황 작물로 인기를 끌었다.

유럽인들은 그 후 감자를 식민지인 아시아 국가에도 확산시켰다. 더불어 중국과 일본에도 전파되었다. 한반도에는 19세기 초반에 전해졌다. 물론 한국에서도 훌륭한 구황 작물의 역할을 했다.

차리즘 본격 시작

1533년, 러시아에서 이반 4세가 왕에 올랐다. 그는 강력한 통치를 시행했다. 심지어 신하와 백성들이 공포를 느낄 정도였다. 이 때문에 그를 번개왕(뇌제)이라 부른다.

이반 4세는 공식적으로 차르 호칭을 처음 쓴 왕이다. 이반 3세가 문서에 서명할 때 이 호칭을 썼지만 이반 4세 이후부터는 왕을 부르는 호칭으로 확실히 자리 잡았다.

차르는 황제란 뜻이다. 러시아가 황제 국가라는 의미가 된다. 이 러시아 정치 형태를 차리즘이라 부른다.

러시아 왕가의 상징

오스만 제국, 바다 제왕 등극

프레베자 해전에서 유럽 함대 격파… 지중해 장악

하이레딘 파샤

유럽 가톨릭 연합 함대가 오스만 함대에 속수무책으로 당했다. 오스만 제국은 지중해까지 완전 장악했다. 이 전쟁이 그 유명한 프레베자 해전이다.

16세기 초반 지중해의 강자는 스페인과 베네치아. 아프리카 북부의 이슬람 왕국은 맥을 쓰지 못했다. 그러나 유럽에 대항하는 이도 있었다. 바로 해적들. 이 해적들 가운데 하이레딘 파샤라는 인물이 있었다. 그는 바르바로사(붉은 수염)란 별명을 가지고 있었다.

바로 그가 1533년 오스만 제국에 귀순했다. 술레이만 1세는 그를 해군 제독으로 임명했다. 이어 군사와 무기를 지원했다. 바르바로사는 오스만 해군을 대대적으로 개혁했다.

오스만 해군은 1537년 무렵부터 두각을 나타냈다. 바르바로사는 베네치아 공화국의 여러 섬을 하나씩 정복했다. 그리스 주변의 에게 해와 이오니아 해의 섬 거의 전부가 오스만 제국의 수중에 떨어졌다. 스페인 해안 지대도 이들의 약탈에 어쩔 줄을 몰라 했다.

남부 유럽의 위기. 교황 바오로 3세가 즉시 신성 동맹을 결성했다. 교황청, 스페인, 베네치아가 여기에 참여했다. 신성 로마 제국의 황제 카를 5세도 제노바의 병사와 전투선을 보냈다. 가톨릭 연합 함대가 만들어진 것이다.

1538년 9월, 그리스 북서부 프레베자 앞바다에서 양쪽이 격돌했다. 오스만과 유럽 가톨릭 연합의 혈투가 벌어졌다.

이 해전은 오스만 제국의 대승으로 끝났다. 유럽 가톨릭 연합군을 지휘한 총사령관은 제노바의 도리아 제독. 그는 승리할 확률이 낮다고 판단했는지 자신의 함대를 빼 제노바로 돌아가 버렸다. 그러니 유럽이 이길 수가 없었다.

바르바로사는 더 많은 섬을 정복했다. 마침내 베네치아도 항복했다. 베네치아는 오스만 제국에 막대한 배상금을 물기로 하고 평화 협정을 맺었다.

무굴 제국 어수선

무굴 제국이 창건자인 바부르가 사라지자 어수선해지기 시작했다.

바부르의 아들인 2대 황제 후마윤은 1540년, 다른 민족과의 전투에서 패해 왕위를 빼앗기기도 했다. 그 후 15년간 무굴 제국은 이민족의 통치를 받았다.

1555년, 후마윤은 페르시아의 지원을 받아 델리를 되찾을 수 있었다. 그러나 6개월 만에 사망하고 말았다. 무굴 제국이 언제 제자리를 찾을지 걱정이 커지고 있다.

"악화가 양화를 구축한다!"

그레샴의 법칙… 영국 화폐 개혁 착수

토머스 그레샴

'Bad money drives out good.'
1558년, 영국의 금융가 그레샴이 여왕 엘리자베스에게 보낸 편지에 담긴 내용이다. 이 말을 번역하면 '악화(惡貨)가 양화(良貨)를 구축(驅逐)한다'이다. 구축은 몰아낸다는 뜻. 즉, 나쁜 돈이 좋은 돈을 몰아낸다는 이야기다. 이를 그레샴의 법칙이라고 한다. 그는 왜 여왕에게 이런 편지를 보냈을까?

영국의 물가는 하늘 높은 줄 모르고 치솟고 있었다. 인플레이션도 심했다. 영국 화폐인 파운드화 가치도 추락하고 있었다. 재무장관 그레샴은 이런 문제를 이 문장으로 표현했다. 화폐 개혁을 해야 한다는 주장인 것이다. 그런데 왜 나쁜 돈이 좋은 돈을 몰아내는 것일까? 이유는 간단하다.

화폐에는 은이 들어 있었다. 경제 사정이 나빠지자 영국 정부는 화폐에 들어가는 은의 양을 줄였다. 덕분에 많은 돈을 찍어 낼 수 있었다. 그러나 상품의 수량은 크게 늘지 않았다. 결국 100원을 주고 살 수 있었던 상품이 200원, 300원으로 올랐다. 화폐 가치가 크게 떨어진 것이다.

게다가 사람들은 그 전에 만든 화폐는 집에 모셔두고, 새로 찍은 '나쁜 돈'만 썼다. 그 결과 시장에서는 은이 많이 들어 있는 '좋은 돈'이 점차 사라졌다. 나쁜 돈이 좋은 돈을 몰아낸 것이다. 나쁜 화폐만 남았으니 영국 파운드화에 대한 평가가 좋을 리 없다. 결국 외국에서도 파운드화의 가치가 크게 떨어졌다.

해결 방법은 나쁜 돈을 거두어들이고, 정부가 다시 은을 많이 넣은 '좋은 돈'을 만드는 것이다. 엘리자베스 1세 여왕은 그레샴의 충고를 받아들여 개혁을 추진할 것을 지시했다.

은이 섞여 있는 1480년대의 영국 동전

커피, 오스만에도 전파

16세기 중반, 오스만 제국에서 커피가 큰 인기를 끌고 있다. 이 커피는 아프리카 에티오피아 산. 유럽의 커피가 주로 중남미에서 온 것과는 다른 점이다.

커피를 찾는 사람이 많아지자 커피숍, 즉 카페 사업도 활발해지고 있다. 다양한 향과 맛을 내는 커피가 속속 만들어지고 있다. 커피의 전성시대가 열린 것이다.

커피 열매 ⓒ Vinayaraj

[14] 문화   제32호 • 1530년 ~ 1560년

"태양이 우주의 중심이다!"

코페르니쿠스, 지동설 발표… '충격'

"말도 안 돼. 어떻게 태양이 우주의 중심일 수 있나? 우주의 중심은 지구야, 지구!"

1543년, 유럽에서 출간된 『천체의 회전에 관하여』가 기독교계로부터 커다란 비난에 시달리고 있다. 이 책의 저자는 폴란드의 천문학자 코페르니쿠스. 기독교계가 반발하는 가장 큰 이유는, 이 책이 지구가 아니라 태양이 우주의 중심이라고 주장했기 때문이다.

기독교계에서는 신의 은총을 받은 인간이 사는 지구가 당연히 우주의 중심이라 여겨 왔다. 천문학계에서도 지구가 우주의 중심이며 별과 태양, 달이 모두 지구 둘레를 돈다고 생각했었다. 코페르니쿠스가 바로 이 생각이 틀렸다며 도발한 것이다.

코페르니쿠스는 "태양이 우주의 중심에 있다. 그 태양을 중심으로 수성과 금성, 지구, 화성 등이 돈다. 태양이 아니라 지구가 움직이는 것이다. 지구는 여러 항성 중 하나일 뿐이다"라고 주장했다.

사실 그는 이 연구를 그 전부터 진행해 왔다. 훨씬 과거인 기원전 6세기 무렵에도 이미 태양이 우주의 중심이라고 생각한 과학자들이 있다는 사실도 발견했다. 그는 확신을 가지고 태양이 중심이라는 내용의 논문 「소론」을 이미 1514년에 발표한 바 있다.

훗날(1616년) 교황청은 가톨릭 교리를 해친다며 코페르니쿠스의 책을 금서로 지정한다. 이 책이 금서에서 풀린 시기는 19세기 초반이었다. 지동설이 과학적으로 완전하게 입증된 후에야 빛을 발하게 된 것이다.

그러나 교회로부터 여전히 탄압을 받던 당시에도 많은 학자들이 코페르니쿠스를 높이 평가했다. 특히 칸트는 '코페르니쿠스적 전환'이라는 말을 만들어 내기도 했다. 획기적으로 생각이 바뀌는 현상을 접할 때 이 말을 쓴다.

수학 영재 아카데미 개설

{ 등식을 이해하면 수학은 쉽게 마스터할 수 있습니다.
지금 그 테크닉을 영재 아카데미에서 전수합니다. }

등호(=) 사용 1557년, 영국의 수학자 로버트 레코드가 처음 사용했다. 등호는 그가 쓴 책 『기지(機智)의 숫돌(Whetstone of Witte)』에서 등장했다. 그는 영국에서 코페르니쿠스의 이론을 가장 먼저 받아들인 인물이기도 하다.

[광고]

영국 왕 헨리 8세는 세기의 바람둥이?

헨리 8세가 수시로 결혼과 이혼을 반복해 원성을 사고 있다. 그는 총 6번 결혼을 했다.

첫 번째 부인은 캐서린. 원래 형의 부인이었다. 형이 죽자 형수를 아내로 맞은 것이다. 캐서린은 스페인 공주 출신. 막강한 스페인의 눈밖에 나지 않기 위해 정략 결혼을 한 셈이다.

헨리 8세는 궁녀인 앤 불린과 사랑에 빠졌다. 캐서린과 이혼하고 그녀와 두 번째 결혼을 했다. 그러나 곧 싫증이 났는지 앤 불린이 불륜을 저질렀다며 처형했다. 세 번째 부인은 에드워드 6세를 낳았다. 헨리 8세의 뒤를 이어 왕이 된 인물이다. 그러나 부인은 산후 후유증으로 사망했다.

네 번째 부인과도 곧 이혼했다. 헨리 8세는 네 번째 부인의 궁녀 캐서린 하워드와 다시 사랑에 빠졌다. 다섯 번째 부인이 된 그녀는 스물도 되지 않은 꽃다운 나이였다. 그러나 앤 불린이 그랬던 것처럼 캐서린 하워드도 불륜에 빠졌다. 헨리 8세는 그녀도 처형했다.

이처럼 헨리 8세는 다섯 명의 부인과 모두 사이가 좋지 않았다. 결혼과 이혼, 처형을 반복하는 사이에 늙어 버린 헨리 8세. 그도 이제는 수더분한 여성이 좋았나 보다. 1543년, 헨리 8세는 딸들의 가정 교사인 캐서린 파와 결혼했다. 부부의 금실은 좋았다. 그러던 중 1547년 헨리 8세가 세상을 떠났다. 캐서린 파는 궁을 나와 다른 남성과 재혼했다.

헨리 8세의 마지막 부인인 캐서린 파

명복을 빕니다

토머스 모어

▽**토머스 모어** = 영국의 대법관이자 이상적인 국가를 그린 『유토피아』의 저자로, 1535년에 세상을 떠났다. 그는 영국 왕 헨리 8세와 맞서다 목이 잘리는 참수형에 처해졌다. 그는 독실한 로마가톨릭 신도였다. 헨리 8세가 교황에 맞서 첫 번째 부인 캐서린과 이혼하고 영국 국교회를 세우는 것을 강력히 반대했다. 왕이 앤 불린과의 재혼을 선포하자, 그는 결혼식에 참석하지도 않았다. 이 때문에 그는 감옥에 갇히게 된다. 그래도 자신의 신념을 굽히지 않았다. 결국 헨리 8세는 그를 처형해 버렸다. 영국이 위대한 철학자를 잃은 셈이다.

▽**바부르** = 인도 최후의 왕국인 무굴 제국을 창건한 몽골 후손으로, 1530년에 세상을 떠났다. 바부르는 평생을 정복 전쟁에 매달린 군인이었다. 그러나 동시에 회고록을 직접 쓰기도 한 작가였다.

인간적인 매력도 넘쳤다고 한다. 언젠가 큰 눈이 내려 더 이상 군대가 행군을 못할 지경이 되었다. 모든 병사들이 눈을 치우는 작업에 동원되었다. 바부르는 최고 통수권자이면서도 스스로 병사들과 함께 제설 작업을 했다고 한다. 물론 많은 병사들이 그의 이런 행동에 큰 감동을 받았다.

[16] 엔터테인먼트   제32호 • 1530년 ~ 1560년

통역사 가로세로 퍼즐

☞ 정답은 260페이지에

〈가로 퍼즐〉

1. '악화가 양화를 구축한다'는 말을 남긴 영국의 금융가
2. 왕비와의 이혼 문제로 교황과 대립하다 영국 국교회를 만들었다. ~ 8세
3. 유럽인들 사이에 남미에 있다고 믿었던 황금 제국
4. 고려 상장군으로 무신정변을 일으킨 주역
7. 카를 5세의 아들로 스페인의 왕이 된 인물. ~ 2세
9. 1538년, 오스만 함대가 유럽 연합 함대를 격파한 전쟁
10. 1533년, 잉카 제국을 무너뜨린 스페인 군인
11. 지구 멸망을 예언한 인물. 예언이 사기라는 주장도 있다.
15. 단종의 복위를 시도하다 처형된 6명의 충신

〈세로 퍼즐〉

1. 1536년, 장 칼뱅이 펴낸 책의 이름.『~교의 강요』
5. 고려 시대, 무인들의 의사 결정 기관
6. 헨리 8세의 두 번째 부인 앤 불린이 낳은 딸로, 여왕에 오른다.
8. 조선 건국의 일등 공신. 사대부 나라를 꿈꿨지만 이방원에게 제거됐다.
9. 구교에 저항한다는 뜻으로 붙인 신교의 영어 표기
12. 미켈란젤로가 1504년에 만든 조각 작품. 다윗의 영어 표기다.
13.『프로테스탄티즘의 윤리와 자본주의 정신』을 쓴 학자
14. 1545년, 외척인 윤 씨 가문의 다툼 와중에 발생한 사화

[사설]

히스테리우스 편집장

무릎 꿇고 사과하라

아프리카가 황폐해지고 있다. 대륙 한복판까지 들어간 유럽 상인들은 흑인들을 닥치는 대로 붙잡아 아메리카로 팔고 있다. 바로 노예 무역이다. 어떻게 인간이 인간을 사고 팔 수 있는가? 유럽 상인들은 진정 인간이기를 포기한 것인가?

노예선의 상황도 비참하다. 공기도 잘 통하지 않아 숨쉬기조차 버거운 배 밑 칸. 가슴에 낙인이 찍히고, 양 다리에 족쇄를 찬 흑인들은 차라리 죽고 싶었다. 아메리카로 항해하는 도중 병에 걸려 숨지는 흑인도 많았다. 유럽 상인들은 그들을 대서양 아무 데나 던져 버렸다.

반인륜적인 장사로 유럽 상인들은 거부가 되었다. 그렇게 부자가 되니 마음이 편한가? 두고두고 반성해야 할 것이다. 지금이라도 늦지 않았다. 유럽의 노예 상인들은 아프리카에 진심으로 사과해야 한다.

네 번의 사화를 지켜보며

을사사화가 끝이 났다. 그나마 다행인 것은 이번이 마지막 사화라는 점이다. 이제 더 이상 조선에서 이런 막돼먹은 정치 분쟁이 발생하지 않기를 바란다.

훈구파와 사림파의 대립으로 사화는 시작되었다. 두 파벌의 철학이 다르기 때문에 어느 정도 대립은 피할 수 없다. 그래도 서로 타협하고 양보했다면 피비린내 나는 사화로 이어지지 않을 수도 있었다.

마지막 을사사화는 순전히 외척들의 권력 다툼 때문에 일어났다. 싸움을 벌인 외척은 같은 파평 윤 씨 가문이었다. 소윤이니 대윤이니 하면서 파벌을 만든 것이다. 이 사화에서는 정치적 철학을 거의 찾아볼 수 없다. 순전히 권력을 잡겠다는 욕망에서 비롯되었다는 이야기다. 그랬기에 가장 비열한 사화로 볼 수 있다.

사화가 모두 끝난 지금, 조선은 중기 시대로 접어들고 있다. 훈구파와 사림파의 구분은 더 이상 의미가 없다. 곧 당쟁의 시대로 접어들 것이다. 건설적인 정치 토론 문화가 자리 잡혔으면 하는 바람이다.

전문가 칼럼

과학의 발전

스티븐 쇼킹(물리학자)

'코페르니쿠스적 전환'이라는 말이 있다. 철학자 칸트가 한 말이다. 기존의 인식을 크게 뛰어넘어 전혀 새로운 발전을 이루어낼 때 이 말을 쓴다. 또는 기존의 발상을 완전히 뒤엎을 때도 우리는 이 말을 쓴다.

여기에서 등장하는 코페르니쿠스는 바로 지동설을 주장한 천문학자다. 칸트가 그를 인용한 것은, 그만큼 그의 업적이 뛰어나기 때문이다. 모든 사람들이 지구가 우주의 중심이라고 주장할 때 코페르니쿠스는 과감히 "틀렸다!"를 외쳤다.

지구가 태양 주위를 도는 여러 행성 중 하나일 뿐이라는 그의 확신은 당시만 해도 혁명적인 발상이었다. 여전히 종교의 영향이 강한 유럽에서, 지동설은 자칫 하느님을 배신하는 행위로 비칠 수도 있는 위험한 주장이었다. 그러나 그는 지동설을 끝내 포기하지 않았다. 덕분에 과학은 성큼 발전하게 되었다. 그렇다. 과학과 인간의 사고는 늘 이처럼 포기하지 않고, 겁먹지 않으며, 확신을 갖고 달려들 때 발전하게 되는 것이다.

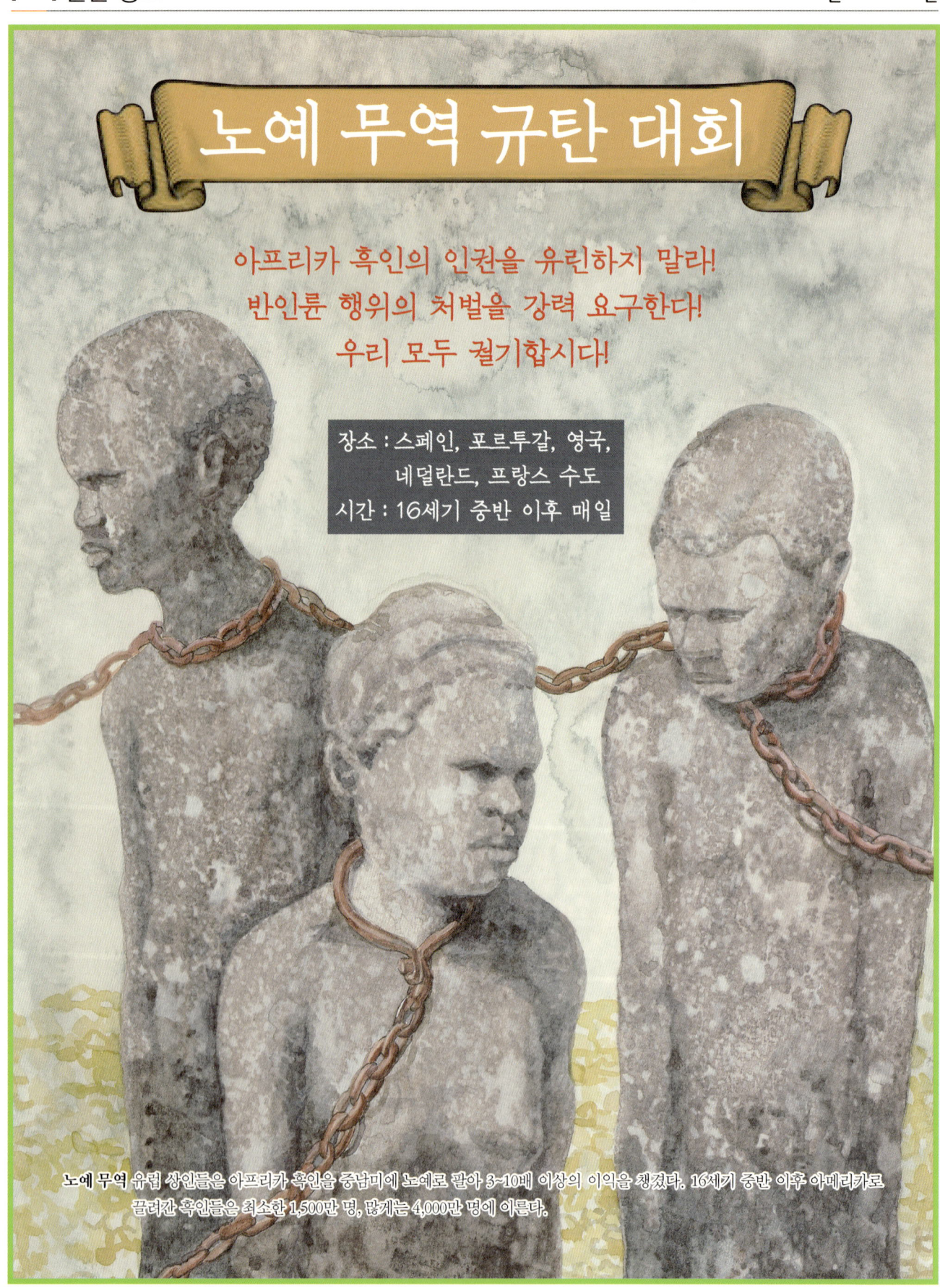

역사 연표

아시아	아프리카	유럽	아메리카
		1533년 스페인 피사로의 군대가 잉카 제국 정복 **1534년** 헨리 8세, 로마 교황청에 반발하며 영국 국교회 창시 **1536년** 칼뱅, 종교 개혁 본격 추진	**1533년** 스페인에 잉카 제국 멸망
1538년 오스만 제국과 가톨릭 연합 함대 간 프레베자 해전 발발	−	**1538년** 가톨릭 연합 함대, 오스만 제국에 프레베자 해전에서 패배	
1543년 일본에 포르투갈 상선 상륙 **1544년** 조선 12대 국왕 인종 등극 **1545년** 조선 13대 국왕 명종 등극 조선, 을사사화 발생	−	**1540년** 구교와 신교의 무력 충돌 발생 **1543년대** 포르투갈 상선, 일본에 도착 폴란드 코페르니쿠스, 지동설 발표 **1545년** 남미 포토시에서 은광 발견되면서 스페인의 실버 러시 시작	−
1555년 조선에서 을묘왜변 발생	−	**1553년** 러시아 황제에 이반 4세 등극 **1555년** 합스부르크의 카를 5세, 제후국들의 종교 자유 인정 **1556년** 카를 5세가 은퇴하면서 신성 로마 제국 황제에 페르디난트 1세 등극 스페인 왕에는 펠리페 2세 등극 **1558년** 영국 왕에 엘리자베스 1세 등극	−

1530년

1540년

1550년

1560년

왜 아메리카 원주민을 인디안(인도 사람)이라고 불렀을까?

크리스토퍼 콜럼버스는 1492년 8월 스페인을 떠나 인도로 향했다. 대서양을 가로지르는 모험이었다. 이미 포르투갈이 아프리카를 돌아 인도로 가고 있는 상황이었다. 콜럼버스는 대서양을 돌아가면 '더 빨리' 인도에 갈 수 있다고 믿었다. 대서양과 태평양 사이에 아메리카 대륙이 있을 거라고는 상상도 하지 못했기 때문이다.

같은 해 10월, 콜럼버스는 오늘날의 서인도 제도에 도착했다. 이어 쿠바와 히스파니올라(오늘날의 아이티, 도미니카)도 발견했다. 그곳에서 처음 원주민을 만났다. 콜럼버스는 자신이 인도에 상륙했다고 믿었다. 그러니 원주민들은 당연히 '인도 사람'이라고 여기고는 '인디언'이라 부른 것이다. 오늘날 인디언들은 자신들을 아메리카 토착민이라고 불러 주길 원한다.

오늘날 왜 중남미에는 전통 원주민이 많이 남아 있지 않을까?

오늘날 중남미 사람들은 대부분 혼혈이다. 백인과 원주민 또는 백인과 흑인, 백인과 라틴인의 혼혈 자손들이다. 아주 오래전부터 중남미에서 살아왔던 전통 원주민은 거의 찾아볼 수 없다. 이는 콜럼버스의 아메리카 발견이 낳은 부작용이다. 유럽 사람이 몰려온 결과인 것이다.

우선 유럽 사람들이 가지고 온 질병이 엄청나게 많은 중남미 사람들을 사망에 이르게 했다. 독감과 홍역, 천연두가 대표적인 질병인데, 이 병에 대한 면역력이 없던 중남미 사람들이 많이 사망했다. 두 번째로는 학살이다. 스페인 정복자들은 원주민에게 금과 은을 가지고 오라며 강제 노동을 시켰다. 이 과정에서 많은 원주민이 목숨을 잃었다. 또한 유럽인들이 중남미 지역을 정복하는 과정에서 많은 전투가 벌어졌는데, 이때도 수많은 원주민이 전사했다.

통 역사 신문 **제33호**

1560년 ~ 1590년

 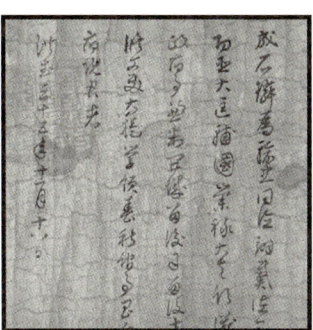  

통 역사 신문

제33호 　　　　　　　　　　　　　　　　　　1560년 ~ 1590년

광부를 모집합니다.
세계를 변화시킬
실버러시에 동참하십시오.
★성과급 지급!

은, 세계 경제를 바꾸다

 유럽

유럽 가격 혁명 유발… 중남미 원주민은 고통

중남미 식민지에서 유럽으로 건너간 은(銀)이 세계 경제를 뒤흔들고 있다.

유럽에서는 은이 넘쳐나면서 상품 소비량이 크게 늘었다. 상품이 곧 부족해졌고, 그 결과 상품의 가격이 폭등했다. 상업의 중요성이 커진 것이다. 이를 상업 혁명, 또는 가격 혁명이라 부른다.

은 광산이 있는 중남미는 그야말로 아수라장으로 바뀌었다. 강제 노동에 시달리다 많은 원주민이 죽었다. 중남미 원주민 인구가 크게 줄어들었다. 그 대신 혼혈 인구가 늘어나고 있다.

은은 아시아 경제도 바꾸고 있다. 특히 중국 명나라는 은 부자가 되었다. 중국의 도자기 등을 유럽에 수출하면서 대금을 은으로 받았기 때문이다.

명나라는 곧 국민의 세금도 은으로 내도록 했다.

전문가들은 은에 의해 시작된 가격 혁명이 머잖아 산업 혁명으로 발전하는 계기가 될 것이라고 진단하고 있다. ▷

2·3·4·5면에 관련 기사

한반도

당쟁의 시대 돌입

사화가 끝난 조선에 새로이 당쟁이 시작되었다. 당쟁은 붕당 정치라고도 불리며, 당파를 만들어 서로 투쟁한다는 뜻이다.

1575년, 처음으로 당파가 만들어졌다. 서울 동쪽에 사는 동인과, 서쪽에 사는 서인이다. 이들은 각각 영남학파와 기호학파 성리학자들. 이 동서 분당을 계기로 본격적으로 유학자들의 당쟁이 이어진다. ▷ 10·14면에 관련 기사

근대 유럽, '출생 진통'

아이를 낳는 고통만큼 유럽이 심한 진통을 하고 있다. 근대 세계로 가기 위한 과정이다.

무적함대를 앞세워 대서양을 누비던 스페인이 추락했다. 절대 왕정 체제를 갖춘 영국이 새로운 강대국으로 부상했다. 영국은 정치가 비교적 안정된 상황. 일찌감치 의회와 협력 관계를 다져 놓았다.

종교 갈등도 좀처럼 수그러들지 않고 있다. 특히 프랑스에서는 신교와 구교의 갈등으로 대학살이 발생하기도 했다. 그러는 동안에도 유럽의 식민지 진출은 계속 이뤄지고 있다. 영국이 가장 먼저 동인도회사를 세워 인도를 공략하기 시작했다. ▷ 6·7·8·9면에 관련 기사

유럽

[2] 은과 세계 경제 특집

제33호 • 1560년 ~ 1590년

유럽, 가격 혁명 돌입하다

중남미 은 대량 유통… 상품 가격 폭등

스페인의 한 항구. 지금 중남미로부터 막 상선이 들어왔다. 배에서 화물이 속속 내려지고 있다. 그중에서도 유독 조심히 다루는 화물이 있다. 바로 은(銀)이 들어 있는 상자다. 이 은 상자는 곧 스페인 세비야로 옮겨졌다.

세비야는 중남미에서 채취한 은이 1차로 모이는 장소다. 바로 이곳에서부터 새로운 역사가 만들어지고 있다. 은이 세계를 바꾸고 있는 것이다.

▽**가격 혁명의 시작** = 스페인에 은이 넘쳐나기 시작했다. 은은 곧 돈. 돈이 많으니 각종 상품을 살 여유도 넉넉해졌다. 특히 귀족이나 부자들의 씀씀이가 커졌다. 상품 소비량이 크게 늘었다. 물건이 없어서 못 팔 상황이 되었다. 그래도 소비량을 맞추기 위해 시장에는 계속 상품이 나왔다. 돈이 많으니, 뭘 못 사겠는가? 결국 마지막 남은 상품까지 바닥이 났다.

이런 상황이 반복되면서 물건이 모자라게 되었다. 상품의 가격이 크게 오르기 시작했다. 어제 100원 하던 사탕이 오늘 200원으로 오르는 식이다. 결국 은의 양이 많아지면서 스페인의 물가가 엄청 뛰어 버린 셈이 되었다.

이렇게 되면 누가 이득을 볼까? 바로 무역상들이다. 그들은 사탕을 50원에 사서 100원에 팔았다. 그런데 상품 가격이 계속 올라가는 게 아닌가? 상인들은 곧 사탕을 200원에 팔았다. 그래도 사탕이 부족하니 불티나게 팔렸다. 상인들은 다시 사탕을 250원으로 올려 팔았다. 상인들의 이익은 50원에서 100원, 다시 150원으로 크게 늘어났다. 이 경제 현상을 상업 혁명 또는 가격 혁명이라고 부른다.

▽**유럽 전역에 가격 혁명** = 상인만 부자가 된 게 아니다. 중남미 식민지를 통째로 가졌으니 스페인 왕실은 더 큰 부자가 되었다. 영국과 프랑스, 신성 로마 제국이 하나도 부럽지 않은 상황.

스페인 왕실의 씀씀이가 커졌다. 왕실은 프랑스, 영국 등에서 고가의 사치품을 마구 사들였다. 그래도 은이 넉넉하니 걱정할 필요가 없었다. 모든 상품의 결제는 은으로 했다. 그 결과 프랑스와 영국에도 은이 많아졌다. 동시에 그 나라에서도 가격 혁명이 똑같이 일어났다.

영국의 실제 상황을 알 수 있는 기록이 있다. 이 기록에 따르면 식료품 가격이 1500년대 초반에서 1550년까지 약 2.9배가 뛰었다. 그러던 것이 1590년대에는 다시 4.4배로 뛰었다.

▽**아시아에도 확대** = 1571년, 스페인이 필리핀을 정복했다. 아시아로도 유럽의 마수가 본격적으로 뻗치기 시작한 것이다.

아시아로 진출한 유럽 상인들은 아시아의 특산품을 마구 사들였다.

대표적인 제품이 중국의 비단과 도자기, 인도의 향료와 면 제품이었다. 이런 상품은 유럽에서 큰 인기를 끌었다. 당연히 비싼 값에 팔려 나갔다. 이때도 무역 대금은 은으로 결제했다. 그 결과 아시아에 은이 쌓이기 시작했다.

이 은은 중남미에서 채취한 것이다.

산업 혁명 전 단계?

상인들 수입 짭짤해… 상사-공장 잇달아 세워

은이 유럽에 가격 혁명을 부르면서 경제를 바꾸더니, 이번에는 아시아까지 확산된 셈이다. 한 기록에 따르면 1500년부터 1650년까지 중남미에서 캔 은은 1만 6,000톤이 넘는다. 이 은의 대부분이 중국과 인도로 흘러들어 갔다고 한다.

▽**더 큰 혁명의 예고편?** = 가격 혁명이 일어나도 종업원 임금은 그대로다. 토지 가격도 그대로다. 그렇다면 상인들만 큰돈을 벌게 됐다는 이야기다. 이들은 벌어들인 돈으로 무얼 했을까? 더 큰 사업을 기획하기 시작했다.

그들은 무역을 담당하는 회사, 즉 상사를 만들었다. 유럽 곳곳에 상사가 세워졌다. 물론 모든 상사가 큰돈을 번 것은 아니다. 그러나 일부 상사들은 엄청난 돈을 벌었다.

상인들은 또 공장을 지었다. 그 공장에서 일할 인부를 많이 고용했다. 물론 아직까지 기계 설비를 가동시켜 대량 생산을 하는 것은 아니다. 모두 손으로 작업하는 수공업 형태다. 하지만 이런 상황은 200여 년 후에 바뀌게 된다. 기계 설비가 들어서고, 상품을 붕어빵 찍어내듯이 만들어 낸다. 바로 산업 혁명이다. 그때에는 이들이 본격적인 산업 자본가로 바뀐다.

인도의 각종 향신료

소비는 우아하게?

식민지가 확대되고 상품과 물자가 넘쳐나면서 유럽 고위층 가정의 소비 패턴이 크게 달라지고 있다. 특히 음식 문화가 크게 달라졌다. 한 유럽 귀족 가정의 점심시간을 잠깐 들여다보자. 이 귀족 가정은 낮 12시경에 점심 식사를 한다. 식사를 끝내면 디저트를 먹고, 차를 마신다. 디저트는 초콜릿 케이크다. 중앙아메리카와 남아메리카에서 수입한 초콜릿 분말과 밀가루로 만들었다. 차는 홍차를 주로 마신다. 홍차는 인도에서 건너왔다. 이 홍차를 마실 때도 남아메리카에서 들여온 설탕을 듬뿍 넣는다. 모두 수입된 원료로 만든 음식들이다. 당연히 가격이 비쌀 수밖에 없다.

귀족 가정의 가장은 식사를 끝낸 뒤에 담배를 입에 문다. 이 담배 또한 아메리카에서 들여온 것이다. 담배의 가격은 얼마나 할까? 일반 평민들로서는 엄두도 낼 수 없을 정도로 비싸다.

유럽 귀족 사회에서는 이런 식의 소비 패턴을 대단히 '우아한' 문화라고 생각하는 듯하다. 그들은 이 모든 것이 중남미와 아시아를 착취한 대가로 얻어낸 것이라는 사실을 모르는 걸까?

[4] 은과 세계 경제 특집

제33호 • 1560년 ~ 1590년

"아메리카는 노다지다!"

 유럽
아메리카

중남미에서 은광 잇달아 발견… 실버러시 가속화

볼리비아의 포토시 은광산

유럽 탐험가들이 속속 중남미로 진출하고 있다. 1545년, 최대 은광인 포토시 광산이 발견된 후부터다. 물론 목적은 은을 채취해 부자가 되려는 것이다. 바로 실버러시다. 포토시 광산을 현장 취재했다.

포토시 광산은 한 구역에만 있는 게 아니었다. 포토시를 비롯해 그 주변 여러 지역에서 은광이 발견된 것이다. 쉽게 말해 그 일대가 모두 광산촌인 셈이다. 인부의 대부분은 아메리카 원주민이었다. 흑인 노예가 수입되었지만, 산골 지역인 이곳까지는 많이 공급되지 못했기 때문이다.

광산의 갱도 안으로 들어가는 인부들의 표정이 모두 지쳐 보였다. 혹시 사고로 갱도가 무너지지는 않을까 걱정을 하는 인부도 있었다. 쉴 틈도 없이 연일 강도 높은 노동에 시달려서 그런지, 일을 시작하기도 전에 어깨가 축 쳐져 있었다.

광산의 갱도에서 막 일을 끝내고 나오는 인부들이 보였다. 온몸이 흙과 먼지로 뒤덮여 있었고 까만 얼굴에는 벌겋게 충혈된 눈동자만이 가끔씩 반짝였다. 그들은 은이 섞인 돌덩이들을 한쪽에 쌓았다. 다른 인부들은 돌덩이에서 은을 분리하는 작업을 하고 있었다. 인근 호수에서 끌어들인 물을 이용했다. 돌을 작게 쪼갠 뒤 그 돌조각에 강한 물줄기를 쏘았다. 이 과정은 여러 번 반복되었고, 오랜 시간이 걸렸다.

이 모든 작업이 끝나자 은 조각들이 모이기 시작했다. 작업 감독관은 그 은들을 모두 수거해 상자에 담았다. 어느덧 하루해가 저물고 있었다. 감독관이 은광에 대해 설명했다.

"포토시 광산은 남미뿐 아니라 세계 최고의 은광이다. 전 세계에 공급된 은의 거의 대부분을 여기서 생산한다. 작은 마을 포토시가 최대 은광 도시로 발전한 것이다."

 아메리카

중남미 혼혈인 급증

중남미 원주민이 크게 줄었다. 콜럼버스가 아메리카에 도착한 1518년, 2,500만 명이던 인구가 1585년에는 190만 명으로 줄었다. 10분의 1도 안 남은 것이다.

그렇지만 중남미 전체 인구는 줄지 않았다. 오히려 약간씩 늘어나는 추세다. 원주민이 줄어드는 대신 혼혈 인종이 늘어났기 때문이다. 유럽 백인과 원주민의 혼혈인 메스티소(메스티조)가 대표적이다. 또 백인과 흑인 사이의 혼혈도 있었는데, 이들은 물라토라 부른다. 메스티소는 주로 중미, 물라토는 남미에 많다.

유럽 백인과 아메리카 원주민 가족을 그린 그림

중국도 은의 시대 도래

은으로 세금을 내는 일조편법 시행

중국에서도 은이 주가를 올리고 있다.

외국 무역 상인들은 중국 상품을 살 때 대금을 은으로 냈다. 명나라 황실은 백성들에게도 은으로 세금을 내도록 했다. 정부 관료에게 주는 월급도 은으로 바뀌고 있다. 그 과정을 살펴보았다.

명나라 후기, 사회는 많이 혼란스러웠다. 세금 제도도 복잡해졌다. 돈 많은 사람은 세금을 덜 내고, 가난한 사람이 더 내는 일도 흔했다. 이를 바로잡기 위해 1560년 무렵부터 실시된 제도가 바로 일조편법이다.

이 법은 땅에 대한 세금(토지세)과 사람에 대한 세금(인두세)을 합쳐 하나의 세금만 내도록 한 것이다. 땅이 많은 사람이 세금을 더 내도록 했다. 단, 모두 은으로 내야 한다. 1570년 이후 중국 전역으로 확대되었다.

이 무렵 중국에는 외국의 무역상들이 많이 들어왔다. 그들은 중국의 제품을 살 때 은으로 결제했다. 물론 멕시코를 비롯한 중남미가 은의 원산지다. 스페인과 포르투갈을 거쳐 유럽 전역으로 퍼졌다가, 상인들을 통해 중국에까지 온 것이다. 중국 황실은 일조편법을 통해 세금도 은으로 거두었다. 그러니 황실은 곧 은 부자가 되었다.

이후로도 명나라에서는 은을 여러 곳에서 활용했다. 일조편법이 확산되면서 모든 것을 은으로 결제하도록 하는 지정은제도 서서히 나타났다. 관료들의 월급도 은으로 주기 시작했다. 중국 경제에서 은이 차지하는 비중이 얼마나 큰지 알 수 있는 대목이다.

중국 개혁 실패

개혁적인 세금 제도인 일조편법 제도를 밀어붙인 인물은 명나라 재상인 장거정이었다. 14대 황제 만력제의 어릴 적 스승이기도 하다.

장거정은 막대한 권력과 경제력을 보유한 지방 향신들을 제압하기 위해 일조편법을 시행했다. 뿐만 아니라 부패한 관료도 골라내 제거했다. 덕분에 국가 재정이 좋아지고, 정치도 안정되는 듯했다.

하지만 장거정의 정치 스타일이 문제가 되었다. 독재자와 흡사했다. 그 때문에 그를 철혈재상(鐵血宰相)이라고 부르기도 한다. 철혈재상은 훗날(19세기) 독일의 총리를 지낸 비스마르크의 별명이기도 하다.

1581년, 장거정이 병으로 쓰러졌다. 바로 다음해 결국 장거정은 사망했다. 더불어 그의 반대파들이 모든 것을 원래대로 돌려놓았다. 개혁이 실패한 것이다.

장거정

[6] 근대 유럽 진통 특집

제33호 • 1560년 ~ 1590년

스페인, 오스만 제국 격파… "천하무적"

유럽
아시아

레판토 해전 대승… 오스만 제국은 내리막

레판토 해전을 묘사한 그림

합스부르크 제국을 완성한 카를 5세(카롤루스 1세)가 1556년에 정치에서 손을 뗐다. 그 넓은 영토는 어떻게 됐을까?

그의 동생이 오스트리아와 신성 로마 제국 황제 자리를 얻었다. 바로 페르디난트 1세다. 나머지 영토는 모두 아들이 물려받았다. 그 아들이 바로 펠리페 2세. 스페인 역사상 가장 강력한 왕이다.

펠리페 2세는 아메리카 식민지를 확실하게 장악했다. 스페인의 각 지방에는 총독을 보냈다. 중앙 정부가 지방까지 꽉 틀어쥔 것이다. 포르투갈까지 차지했다. 포르투갈의 왕은 그의 조카. 조카가 사망하자 왕위를 이어받은 것이다.

이제 펠리페 2세는 명실상부한 유럽의 최고 강자가 되었다. 이슬람의 최고 강자인 오스만 제국과 대결할 수밖에 없는 상황. 더욱이 프레베자 해전에서 패한 후 지중해가 오스만 제국의 바다가 됐으니 그냥 둘 수 없었다.

1571년, 스페인 함대를 주축으로 한 기독교 연합군이 그리스 레판토 앞바다에서 오스만 제국 함대와 격돌했다. 그 유명한 레판토 해전이다. 스페인 함대는 천하무적이었다. 오스만 제국 함대가 박살 났다. 오스만 제국 병사들은 거의 모두 전사했다. 스페인의 대승. 이 전쟁 이후 스페인 함대에는 '무적함대'란 별명이 따라다녔다. 펠리페 2세 시절, 스페인은 이처럼 승승장구했다.

반면 오스만 제국은 내리막길을 걷기 시작했다. 물론 그 후에도 오스만 제국은 지중해 일대와 아프리카 북부의 몇몇 지역을 정복하긴 했다. 그래도 과거의 찬란했던 영광을 완전히 회복하지는 못했다. 지중해 일대의 무역 독점권을 잃었기 때문이다. 그만큼 레판토 해전은 유럽과 오스만 제국의 역사에서 중요한 사건이었던 셈이다.

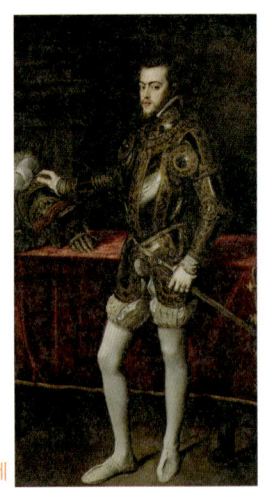

펠리페 2세

유럽

네덜란드 독립 선언

펠리페 2세의 지배를 받는 네덜란드가 독립을 선언했다. 펠리페 2세가 강력한 왕이지만 이를 막지는 못했다.

1568년, 네덜란드의 신교 귀족들이 스페인에 대한 투쟁을 시작했다. 급기야 북부의 7개 주가 독립을 선언했다. 남부 지역은 스페인 통치를 그대로 받아들였다. 북부는 오늘날의 네덜란드, 남부는 벨기에가 된다.

네덜란드 7개 주는 1572년, 독립전쟁에 돌입했다. 9년 후인 1581년에는 네덜란드 연방 공화국을 세웠다. 펠리페 2세와의 싸움에서 승리한 것이다.

그러나 실제로 이 독립전쟁은 1609년까지 계속되었다. 네덜란드가 독립을 공식적으로 승인받은 것은 베스트팔렌 조약(1648년)에 의해서다.

영국, "이젠 우리가 최고 강자"

엘리자베스 여왕, 스페인 무적함대 격파

메리 1세

영국이 예전에 비해 180도 달라졌다. 당시 세계 최고의 강대국인 스페인과도 당당히 맞설 정도다. 영국의 변화를 주도한 인물은 엘리자베스 1세 여왕이다.

그녀는 1558년, 왕위에 올랐다. 평생 영국만을 위해 일하겠다는 뜻으로 결혼도 하지 않았다. 아버지 헨리 8세 왕의 뜻을 따라 영국 국교회를 장려했다.

바로 이전의 왕인 메리 1세 여왕과는 완전 딴판이었다. 그녀는 독실한 가톨릭 신도였다. 게다가 남편은 스페인 왕인 펠리페 2세. 이러니 신교가 설 자리가 없었다. 많은 신교도들이 억울하게 죽었다. 그래서 메리 1세를 '피의 메리'라 부른다.

엘리자베스 1세는 모든 것을 원래대로 돌려놓았다. 다시 영국 국교회가 번성하기 시작했다. 그러자 스페인의 펠리페 2세가 처제인 엘리자베스 1세에게 화가 났다. 펠리페 2세는 영국 국교회를 없애고 가톨릭을 국교로 삼으라고 강요했다. 뿐만 아니라 자신에게 시집올 것을 요구했다. 엘리자베스 1세는 모두 거절했다. 그 대신 스페인과의 대결을 택했다. 영국이 강대국이 되려면 스페인은 꼭 넘어야 할 상대였으니까.

이 무렵 스페인은 아프리카-아메리카-유럽을 잇는 삼각무역으로 큰돈을 벌고 있었다. 엘리자베스 1세는 해적에게 스페인 상선을 공격하도록 했다. 펠리페 2세와 싸우는 네덜란드 독립운동도 지원했다.

펠리페 2세는 머리끝까지 화가 났다. 결국 선전 포고를 하고 말았다. 1588년, 두 나라는 드디어 프랑스 칼레 연안에서 격돌했다. 그 유명한 칼레 해전이다. 결과는 의외였다. 천하 무적의 스페인 무적함대가 박살이 난 것이다. 이 전쟁의 패배로 펠리페 2세와 스페인은 내리막길을 걸어야 했다. 반면 영국이 새로운 강대국으로 급부상했다.

엘리자베스 1세

 ## 동인도 회사 설립

1600년, 영국이 인도 동부에 무역 회사를 세웠다. 바로 그 유명한 동인도 회사다.

영국 여왕 엘리자베스 1세는 동인도 회사에 인도 무역에 대한 독점권을 주었다. 후추를 비롯한 인도 향료가 대표적인 품목. 이밖에도 차와 커피, 사탕 등에 대해서도 동인도 회사는 독점권을 행사했다.

문제는, 인도 정부의 허락을 구하지 않았다는 것이다. 게다가 다른 유럽 국가들도 잇달아 동인도 회사를 세우려는 조짐을 보이고 있다. 그러다 보니 각국의 동인도 회사들 간에 무력 충돌이 터질 가능성이 커지고 있다.

[8] 근대 유럽 진통 특집

제33호 • 1560년 ~ 1590년

프랑스에서는 종교 전쟁 발발

신교-구교 갈등 고조, 위그노 전쟁으로 폭발

성 바르톨로메오 축제일의 대학살을 묘사한 그림

독일과 스위스, 영국……. 모두 한바탕 종교 개혁 열풍이 휩쓸고 간 국가들이다. 여기에 또 하나의 나라가 추가되었다. 바로 프랑스다. 늦게 시작했지만 갈등은 가장 심했다. 대형 내전까지 일어났다.

그 시작은 1559년에 왕이 교체되면서부터였다. 앙리 2세가 세상을 떠나자 열다섯 살의 프랑수아 2세가 왕이 되었다. 왕이 어리니 외삼촌 가문인 가톨릭의 기즈 가문이 권력을 휘두르려 했다. 또 다른 귀족 가문인 부르봉 가문이 반발했다. 신교(위그노)도들도 반발했다.

양쪽은 프랑수아 2세를 자기편으로 끌어들이려고 갖은 애를 썼다. 왕을 끼고 있으면 유리하기 때문이다. 부르봉 가문과 신교 귀족들이 먼저 움직였다. 왕을 빼돌리기로 한 것이다. 그러나 음모가 곧 발각되었다.

이쯤 되니 구교와 신교의 갈등이 최고조에 올랐다. 결국 1562년, 전쟁이 터졌다. 이 내전이 바로 위그노 전쟁이다. 이 전쟁은 1598년까지 36년 동안 계속되었다. 프랑스에서 종교 갈등이 얼마나 심했는지 알 수 있는 대목이다.

최악의 사태는 1572년 8월 성 바르톨로메오 축일 때 터졌다. 축제가 한창 진행되고 있을 때 가톨릭교도들이 위그노들을 습격했다. 2개월간 수천 명의 위그노가 학살되었다. 파리의 센 강은 피바다로 변했다.

정치도 어수선했다. 1559년~1589년의 30년 사이에 프랑수아 2세, 샤를 9세, 앙리 3세가 차례대로 왕에 올랐다. 세 명 모두 형제였다. 정치가 안정되지 않았으니 아들에게 왕위를 넘겨주기도 전에 수명이 다했던 것이다.

1589년, 앙리 4세가 왕에 올랐다. 그는 부르봉 가문 출신이었다. 프랑스에 부르봉 왕조가 시작된 것이다. 더불어 절대 왕정에 한 발짝 다가섰다.

[광고]

성벽 건설 전문가 급구!!

도요토미 히데요시의 천연 요새 건축에
참여할 인부를 급히 모집합니다.
문의는 바쿠후로.

오사카 성 도요토미 히데요시가 1585년에 세운 성. 1583년, 공사를 시작했으며 약 3만 명의 인부가 동원됐다. 천연 요새라 불릴 정도로 강고한 성이었지만, 1615년에 불타 버렸다. 지금 있는 성은 1931년에 복원된 것이다.

절대 왕정 체제 본격 시작

영국–스페인은 정착, 프랑스는 아직 초보 단계

절대 왕정 체제가 유럽에 본격적으로 정착하고 있다. 대표적인 나라가 영국. 스페인도 강력한 왕권을 바탕으로 절대 왕정 체제를 갖추었다. 프랑스에서도 서서히 이 체제가 자리 잡는 분위기다.

절대 왕정이란 왕권이 아주 강한 정치 체제를 말한다. 중세 봉건 시대에는 왕의 권력이 약했다. 그러나 백 년 전쟁 등 여러 사건을 거치면서 왕에 저항하는 귀족과 제후가 많이 몰락했다. 덕분에 왕의 권력이 강해졌다.

이 무렵 왕들은 자신에게 충성하는 신하를 정부 관료로 임명했다. 또한 왕의 명령을 직접 받는 군대(상비군)도 창설했다. 경제를 발전시키기 위해 상업과 무역을 장려했다. 삼각 무역도 그중 하나. 상업을 중요하게 여기는 이런 경제 정책을 중상주의라고 부른다. 물론 무역도 왕(국가)이 독점했다.

다만 아직까지는 일반 시민의 권력이 약했다. 왕과, 왕에 충성하는 귀족들의 권력만 강해진 것이다. 따라서 엄밀한 의미에서는 시민의 권한이 크게 증가한 근대 시민 사회와는 거리가 있다. 결국 절대 왕정은 중세 사회와 근대 시민 사회의 중간쯤에 해당한다고 할 수 있다.

영국의 헨리 8세 왕이 사실상 절대 왕정의 시초다. 그는 귀족은 물론 로마 교황청과도 대결한 인물. 그러나 헨리 8세 이후의 몇몇 왕들은 그렇지 못했다. 엘리자베스 1세 여왕 때 다시 절대 왕정으로 복귀했다. 그녀는 강한 영국, 부유한 영국의 건설에 전력을 기울였다.

스페인의 펠리페 2세 왕도 절대 왕정을 보여 주었다. 그러나 엘리자베스 1세와의 대결에서 패한 후 점점 약해졌다.

프랑스에서는 부르봉 왕조의 첫 왕인 앙리 4세가 절대 왕정의 기초를 닦았다. 그는 종교 전쟁(위그노 전쟁)을 종결시키고, 강력한 왕권을 구축했다.

시민 계급 등장?

절대 왕정이 발달하면서 또 하나의 세력이 형성되었다. 바로 시민 계급이다. 물론 21세기의 시민과는 다르다. 귀족이 아니면서도 부자인 상인들을 말한다. 상인 자본가라고도 한다.

자본가는 노동자를 고용해 상품을 만들도록 하고 임금을 주는 사람을 뜻한다. 훗날의 산업 혁명 이후 등장하는 개념이다. 엄밀하게는 상인 자본가와 다르다. 상인 자본가는 주로 무역이나 장사를 통해 큰돈을 벌었다.

상업 자본가는 귀족이 아니지만 권력은 귀족을 능가하기도 했다. 이들의 활약이 없으면 중상주의가 불가능하기 때문이다. 게다가 왕들도 귀족을 견제하기 위해 이들과 협력 관계를 유지했다.

전문가들은 "산업이 더욱 발달하면 이들이 자본가로 지위가 향상될 것이다"고 전망하고 있다.

조선, 당쟁 본격 시작

1575년, 동서 분당… 치열한 권력 다툼

대통령이 모든 정책을 만들지는 않는다. 조선 시대 왕도 마찬가지였다. 그 일은 신하들의 몫. 서로 다른 파벌이 치열한 논쟁을 한 뒤 정책을 만들어 왕에게 제출한다. 오늘날 여당과 야당이 정치 논쟁을 하듯 말이다.

이를 붕당 정치(朋黨政治) 또는 당쟁(黨爭)이라고 한다. 당을 만들어 서로 투쟁한다는 뜻이다. 16세기 후반 조선에서 당쟁이 본격 시작되었다.

▽1라운드 : 동서 분당 = 어느 당파든 가장 강하게 탐을 낸 벼슬이 바로 이조 전랑이었다. 인사를 담당하는 자리라 영향력이 크기 때문이다. 1575년, 젊은 학자들의 리더인 김효원이 이조 전랑 임기를 끝냈다. 노장파가 이때다 싶어 심충겸을 후보로 추천했다. 그는 노장파 리더인 심의겸의 동생이자 왕후의 동생. 외척인 셈이다. 소장파가 "외척이 전랑 자리에 앉으면 인사가 공정하지 못할 수 있다"며 반발했다.

이 사건을 계기로 대신들은 두 파벌로 나뉘었다. 김효원 파벌은 주로 서울 동쪽에 살아서 동인(東人), 심의겸 파벌은 서쪽에 살아서 서인(西人)이라 불렀다. 바로 동서 분당(東西分黨)이 일어난 것이다.

▽2라운드 : 기축옥사 = 1589년, 지방으로 내려가 살던 정여립이란 인물이 반란을 일으켰다. 엄밀하게 말하면, 반란을 일으키기도 전에 발각이 나고 말았다. 곧 처형되었다. 이 사건이 당파 싸움의 빌미가 되었다. 정여립은 동인 출신. 서인이 이 기회를 노려 동인 탄압에 나선 것이다. 서인의 리더는 정철. 그를 중심으로 서인들이 동인을 제거하기 시작했다. 약 2년에 걸쳐 1,000여 명이 처형되거나 유배를 떠났다. 이 사건을 기축옥사라 부른다. 결과는? 서인 정권이 탄생했다.

10만 양병설 무산

율곡 이이가 왜구들의 침략에 대비해 10만 명의 병사를 양성할 것을 주장했다. 율곡은 이와 함께 전투선도 늘릴 것을 주장했다. 그러나 이 모든 주장이 받아들여지지 않았다. 이 또한 당쟁 때문이다. 이이는 서인에 속한다. 따라서 동인들이 반대한 것이다.

전문가들은 "10만 명의 병사를 양성하는 게 사실 쉽지는 않다. 그렇다고 해도 율곡의 주장을 어느 정도 받아들였으면 나중에 큰 왜란이 일어나도 대비할 수 있는데, 안타깝다"고 말하고 있다.

"신출귀몰(神出鬼沒)!"

조선 중기, 의적 임꺽정 '화제'… 3년 만에 진압

아직 당쟁이 본격화하기 전의 조선. 때는 13대 명종이 통치하던 무렵이다. 황해도와 함경도 일대에서 나는 새도 떨어뜨린다는 의적이 활약했다. 바로 임꺽정. 그의 반란은 불과 3년 만에 끝이 났고, 그 또한 처형되고 말았다. 그러나 민중들은 여전히 그를 그리워했다. 정치와 사회 모두 어수선한 시대였다. 그래서 의적 임꺽정을 더 추앙하고 있는 것은 아닐까? 그 시작부터 다시 짚어 보자.

을묘왜변이 끝나고 4년이 지난 1559년이었다. 양주의 백정 임꺽정이 반란을 일으켰다. 그는 사회에 불만이 많았다. 그러니 부잣집만 골라 도둑질을 했다. 건달이며 백정, 농민들이 그의 밑으로 들어왔다.

임꺽정의 도둑질 행각은 계속되었다. 그러나 허접한 일개 도둑은 아니었다. 훔친 곡식을 가난한 백성에게 나누어 주는 의적이었다. 백성에게 임꺽정은 살아 있는 전설이 되었다. 임꺽정 일행은 곧 황해도와 함경도 일대를 주름잡게 되었다. 많은 농민이 몰려들면서 의적 무리는 더욱 커졌다.

임꺽정은 대도시인 개성으로 쳐들어가기도 했다. 부패한 관리를 처단하고, 관아를 접수했다. 임꺽정을 붙잡으려던 관군 지휘관이 오히려 살해되기도 했다. 1560년 들어 임꺽정은 더 과감해졌다. 수도인 한양까지 영역을 확대한 것이다.

이 한양 진출이 오히려 독이 되었다. 임꺽정의 부인과 부하들이 여럿 사로잡힌 것이다. 게다가 1561년 초부터 관군의 대대적인 소탕 작전이 시작되었다. 관군은 조금이라도 의심이 가면 모두 체포했다. 그러자 농민들도 임꺽정을 원망하기 시작했다. 결국 1562년 정월, 임꺽정은 붙잡혀 처형되었다. 전설이 사라지는 순간이었다.

3대 도둑?

임꺽정이 도둑의 명예 전당에 이름을 올렸다. 조선 후기의 실학자 이익이 자신의 책인 『성호사설』에서 임꺽정을 조선의 3대 도둑으로 정한 것이다. 나머지 2명의 도둑은 홍길동과 장길산이다.

홍길동은 연산군 시절인 15세기 후반에 활약하던 실존 인물이다. 허균은 그의 이야기를 바탕으로 의적 활동을 벌인 『홍길동전』을 썼다. 장길산은 숙종 시절인 17세기 후반에 활동하던 의적이다. 홀연히 사라져 수수께끼의 인물로 남았다.

[12] 국제   제33호 · 1560년 ~ 1590년

일본 센고쿠 시대 끝나다

아시아

도요토미 히데요시 전국 통일… 123년 만의 대업

도요토미 히데요시

1590년, 일본 전국 시대, 즉 센고쿠 시대가 종결되었다. 오닌의 난(1467년)이 터지고, 123년 만의 일이다. 대업을 이룬 인물은 도요토미 히데요시. 긴박했던 일본 통일 과정을 밀착 취재했다.

센고쿠 시대, 천하 통일을 노리는 지방 영주들을 센고쿠 다이묘라 불렀다. 오다 노부나가는 가장 강력했던 센고쿠 다이묘. 도요토미 히데요시는 그의 부하였다. 1567년, 오다 노부나가는 천황이 있는 교토로 진격했다. 경쟁자를 모두 제압했다. 쇼군을 갈아치우더니 1573년에는 아예 추방했다. 이로써 무로마치 바쿠후는 멸망했다. 새 바쿠후만 세우면 상황이 끝난다. 그의 심정을 들어 보았다.

"아직 저항하는 놈들이 있다. 모두 제압해야 뒤탈이 없다. 바쿠후는 그 후에 세우면 된다."

1582년, 그는 도요토미 히데요시를 보내 모리 가문과 싸우도록 했다. 상대는 강했다. 또 다른 부하 아케치 마쓰히데를 지원군으로 보냈다. 그리고 자신은 혼노지란 절에서 하루를 묵었다.

아케치 마쓰히데가 배신했다. 바로 그날 밤 혼노지로 돌아와 오다 노부나가를 습격한 것이다. 호위 병사 몇 명으로 아케치 마쓰히데의 1만 대군을 막을 수는 없다. 오다 노부나가는 절에 불을 지르고 스스로 목숨을 끊었다.

이 소식을 들은 도요토미 히데요시가 즉각 아케치 마쓰히데를 공격해 제압했다. 그는 이어 교토로 진격했다. 이번에도 승리했다. 도요토미 히데요시는 교토에서 가까운 오사카에 성을 지었다. 적을 하나씩 제거했다. 1588년에는 농민으로부터 무기를 몰수했다. 마침내 1590년, 전국의 모든 다이묘들이 도요토미 히데요시에게 충성 맹세를 했다. 센고쿠 시대가 끝났다. 일본이 다시 통일된 것이다.

오사카 성

만주족 "UP"

아시아

만주 지역이 심상찮다. 여기저기 흩어진 만주족이 하나로 통일될 조짐을 보이고 있는 것이다.

만주족은 과거 금나라를 세운 여진족의 후예들이다. 그 중심에는 누르하치란 인물이 있었다. 누르하치는 1583년에 군대를 일으켜 만주족 통일 전쟁을 벌였다. 성공. 그는 만주족을 통일하고, 제도를 정비하기 시작했다. 그들만의 문자인 여진 문자도 만들었다.

명나라는 만주족의 성장을 그다지 신경 쓰지 않는 분위기다. 누르하치가 명나라 관리들에게 뇌물을 바치고 있었던 것이다. 누르하치는 명으로부터 벼슬까지 하사받았다. 명 황실은 그런 누르하치를 두고 위험한 인물이라고는 판단하지 않고 있다. 그러나 전문가들은 "명나라가 잘못 판단하고 있다"고 말한다.

만주족과 퉁구스족

248

1560년 ~ 1590년 • 제33호　　　　　　　　　　　　　　　　　국제•경제 [13]

영국의 '잃어버린 식민지'

미국 노스캐롤라이나에 건설… 수년 후 사라져

월터 롤리

영국이 북미에 첫 식민지를 만들었다. 오늘날의 캐나다 지역이다.

1583년, 엘리자베스 1세 여왕은 탐험가인 험프리 길버트 경을 캐나다 지역으로 보냈다. 길버트는 세인트로렌스 강 일대를 탐험하고, 그곳에 세인트존스라는 식민지를 건설했다. 길버트는 귀국 도중 폭풍을 만나 실종되었다.

이듬해인 1584년, 그의 배다른 형제인 월터 롤리 경이 북미로 원정대를 보냈다. 캐나다보다 더 남쪽, 그러니까 오늘날의 미국 노스캐롤라이나에 상륙했다. 원정대는 미국에 도착하고는 그 땅을 버지니아라고 불렀다. 처녀의 땅이란 뜻이다. 여왕이 독신이기 때문에 그녀를 기려 이런 이름을 붙인 것이다.

롤리는 식민지에서 살 사람들을 모집했다. 150여 명이 도전했다. 1587년, 그들은 버지니아로 향했다. 오늘날의 노스캐롤라이나 로어노크 섬에 도착. 그러나 정착 생활은 쉽지 않았다. 특히 겨울을 버티기가 어려웠다. 롤리는 이듬해 물자를 보급하기로 했다. 그러나 갑작스런 전쟁이 터졌다. 바로 스페인과의 전쟁. 이 전쟁에서 영국이 승리했지만, 그 사이에 북미의 식민지로 지원군을 파견하는 것은 불가능했다. 결국 3년 후에야 지원군이 도착했다.

아무것도 없었다. 마을이 통째로 사라져 버린 것이다. 그 까닭은 오늘날까지도 밝혀지지 않고 있다. 그래서 이곳을 잃어버린 식민지(Lost Colony)라 부른다.

1587년에 미국 노스캐롤라이나에서 처음으로 태어난 영국인 아기인 버지니아 데어의 세례식 장면을 묘사한 그림

[광고]

메르카토르 지도 예약 판매 실시

이보다 더 획기적인 세계 지도는 없다!
수량 부족으로 100명에게만
기회를 드립니다.

메르카토르 세계 지도 1569년 메르카토르가 개발한 세계 지도. 원통 모양의 지구를 평면에 쫙 펼치는 식으로 만들었다. 위도와 경도선을 개발해 지도에 그려 넣은 첫 지도다. 물론 아주 정확하지는 않지만 당시까지 나온 지도 중 가장 정확하다는 평가를 받았다.

[14] 문화   제33호 • 1560년 ~ 1590년

조선 성리학 체계 '탄탄'

이황 영남학파-이이 기호학파, 학문 대결

조선 성리학이 크게 융성하고 있다. 두 유학자의 노력이 컸다. 바로 퇴계 이황과 율곡 이이다. 이 두 인물을 중심으로 학파가 만들어지고, 성리학 이론도 집대성되었다.

▽**영남학파 vs 기호학파** = 영남학파는 영남 지방의 학자들을 말하며 이황이 리더다. 고려에서 조선으로 바뀔 때 이에 반대하는 학자들이 영남 지방에 모여 살면서 영남학파의 싹이 텄다고 할 수 있다. 기호학파는 경기와 충청, 즉 기호 지방의 학자들을 말하며 이이가 리더다. 여러 지방의 학자들이 속해 있어서 영남학파처럼 강하게 뭉치지는 못했다.

▽**동인 vs 서인** = 동서 분당 이후 영남학파의 대부분이 동인이 되었다. 반면 기호학파는 서인에 속했다. 인조반정 후에 기호학파가 대표적 학파가 된 것도 그들이 대부분 서인에 속했기 때문이다.

그러나 모든 기호학파가 서인이 된 것은 아니다. 마찬가지로 모든 영남학파가 동인이 된 것도 아니다.

▽**주리론 vs 주기론** = 성리학은 우주의 질서와 인간의 심성을 연구하는 학문이다. 안을 들여다보면 경험과 현실을 뜻하는 기(氣), 관념과 이치를 뜻하는 이(理)로 구성되어 있다.

영남학파는 이론적인 성격이 강한 '이'를 중요하게 여겼다. 그래서 영남학파의 학문을 주리론이라고 한다. 가장 먼저 주리론을 강조한 인물은 이언적. 이황이 그를 이어받아 주리론을 완성했다. 이황을 이어받은 인물은 유성룡이다.

반면 기호학파는 현실적인 성격이 강한 '기'를 더 중요하게 여겼다. 그들의 학문은 주기론이라고 한다. 주기론의 선구자는 서경덕. 이이가 그를 이어받아 주기론을 완성했다. 이이를 이어받은 인물은 조헌과 김장생이다.

영남-기호학파 계속 이어진다

영남학파와 기호학파는 조선이 끝나는 순간까지 학문적으로 대결한다. 서로 갈등만 벌였다는 이야기가 아니다. 학파의 성격에 따라 나름대로 국가 발전을 위해 노력했지만, 방향이 달랐다는 뜻이다.

조선 후기 실학에도 두 학파가 이어졌다. 영남학파의 후계자는 중농학파, 기호학파의 후계자는 중상학파였다. 18세기 개방을 놓고도 두 학파는 부딪쳤다. 영남학파는 위정척사운동을, 기호학파는 개혁 개방을 주장했다.

해적이냐 영웅이냐… 드레이크 논란

칼레 해전에서 스페인 무적함대를 격침시킨 영국 해군. 그 영국 함대 사령관 프랜시스 드레이크가 해적이 아니었냐는 논란이 일고 있다.

그는 원래 영국과 중남미를 오가며 노예 무역을 했다. 그러던 중 몇 차례 스페인의 공격을 받아 큰 손해를 보았다. 드레이크는 스페인에 복수하기 위해 개인적으로 함대를 조직했다. 1570년부터 서인도 제도의 스페인 식민지를 공격했다. 1572년에는 파나마에 있는 스페인 귀금속 저장고도 약탈했다. 이걸로 끝이 아니었다.

1577년부터는 아예 태평양으로 진출했다. 스페인의 상선을 공격해 보물을 모두 빼앗았다. 스페인 식민지도 계속 공격했다. 드레이크는 항해를 계속해 인도양과 남아프리카 희망봉을 지나 1580년, 영국으로 돌아왔다. 마젤란에 이어 두 번째로 세계 일주에 성공한 것이다.

스페인은 "해적 드레이크를 당장 내놓아라!"고 영국에 요구했다. 그러나 엘리자베스 1세 여왕은 콧방귀를 뀌었다. 오히려 그에게 기사 작위를 내리기까지 했다. 나아가 칼레 해전에서는 그를 영국 함대의 총사령관으로 임명했다. 드레이크는 "나는 영국의 영웅이다. 해적이 아니다"고 말했다.

프랜시스 드레이크 동상

명복을 빕니다

▽**술레이만 대제** = 오스만 제국의 10대 술탄. 1566년, 정복지인 헝가리를 시찰하던 중 사망했다. 그는 무려 46년간 술탄으로 있으면서 오스만 제국을 강력한 제국으로 만들어 놓았다. 그가 있을 때 오스만 제국은 아시아, 아프리카, 유럽의 3개 대륙을 아우르면서 사상 최대의 영토를 기록했다.

그는 정복 군주로만 머물지 않았다. 법과 제도를 정비하는 데도 신경을 써 입법자란 별명을 얻었다. 그가 편찬한 법전만 해도 『군하총회』, 『이집트 법전』, 『술레이만 법전』 등이 있다. 오스만 제국은 술레이만 대제가 사망하고 난 후 쇠약해지기 시작했다.

▽**오승은** = 중국 명나라의 작가로 오늘날까지 널리 읽히는 『서유기』를 창작한 인물이다. 1582년, 사망했다.

『서유기』는 『삼국지연의』, 『수호전』, 『금병매』와 함께 중국의 4대 기서(奇書)로 손꼽힌다. 기서는 내용이 훌륭한 책을 뜻한다. 오승은은 그밖에도 몇 권의 책을 더 냈다. 하지만 『서유기』만큼 대중적인 인기를 끌지는 못했다.

그는 몇 차례 과거 시험에 응시했지만 계속 실패했다. 낮은 벼슬을 하긴 했지만 그것도 7년 정도에 불과했다. 벼슬을 버린 후에는 고향에서 줄곧 책을 쓰는 일에만 전념했다.

[16] 엔터테인먼트

통 역사 가로세로 퍼즐

제33호 • 1560년 ~ 1590년

☞ 정답은 260페이지에

〈가로 퍼즐〉

1. 1583년, 만주족을 통일해 훗날 후금을 세운 인물
3. 성리학 영남학파의 선구자. 주리론을 주장했다.
5. 중남미의 백인과 원주민 혼혈. 메스티소라고도 한다.
6. 1571년, 스페인이 오스만 제국을 누른 해전. ~ 해전
9. 막강한 스페인 해군을 가리키는 용어
13. 영국의 헨리 8세가 만든 종교로, 영국 국교회라고도 한다.
14. 영국 여왕으로, 가톨릭교도를 탄압해 '피의 ~'라는 별명을 얻었다.
16. 영국 잉글랜드의 개신교도를 부르는 용어
17. 잉카에서 기르던 작물로, 유럽으로 전파됐다.

〈세로 퍼즐〉

2. 1589~1792년의 프랑스 왕조. 앙리 4세가 창건했다
4. 명나라 후기의 세금 제도. 세금을 모두 은으로 냈다.
5. 위도와 경도선을 처음 그려 넣은 지도 또는 만든 사람
7. 십만양병설을 주장했고 기호학파의 선구자이다.
8. 아프리카 흑인을 잡아다 다른 대륙에 파는 행위
10. 왕이 절대적인 권력을 갖는 정치 체제
11. 아프리카 에티오피아가 원산지. 차 형태로 먹는다.
12. 프랑스의 의회. 1·2·3 신분 대표가 모였다.
13. 고려 후기에 국내로 전파된 학문. 주자학이 이 분야의 대표적 학문이다.
15. 가톨릭 구교에 반대되는 말. 프로테스탄트

[사설]

통통통 기자

당쟁, 합리적으로 하라

조선에서 당쟁이 본격 시작되었다. 대신들이 몇몇 파벌로 나뉘어 서로 정책 대결을 하는 것이 바로 당쟁이다. 이 파벌을 현대적으로 해석하면 정당과 크게 다르지 않다. 보수 정당은 보수적인 정책을, 진보 정당은 진보적인 정책을 내놓는다. 이 정당 간의 정책 대결이 합리적이라면 정치는 발전하게 마련이다. 마찬가지로 서로가 서로를 견제하며 가장 합리적인 대안을 찾는다면 당쟁을 비판할 이유가 없다.

하지만 실제 모습은 그렇지 않은 것 같다. 자기와 다른 파벌에 대해서는 조금도 인정하려 들지 않았다. 은밀하게 숙청을 꾸미기도 했다. 당쟁이 대신들의 주도권 다툼으로 전락하는 게 아닌가 하는 걱정이 앞선다. 국민은 당쟁으로 인해 정치가 어수선해지고, 그에 따라 이 나라에 불행이 생기지 않기를 바라고 있다. 동인이든 서인이든, 무릇 이 나라의 대신들이라면 국민의 이 마음을 헤아려야 할 것이다. 합리적인 당쟁이 아니면 당장 관둬야 한다.

오스만 제국의 자만

레판토 해전의 결과가 충격적이다. 술레이만 대제가 사망하고 난 후 오스만 제국이 약해진 것은 사실. 하지만 그토록 참패를 당하리라고는 짐작도 하지 못했다. 제국의 내부를 들여다보니 그 이유를 알 수 있었다. 그야말로 엉망이었다.

술탄의 사치는 정말 심했다. 귀족들도 제 잇속만 챙겼다. 국가 재정은 파탄 직전에 이르렀다. 그런데도 오히려 관료와 군인을 늘렸다. 월급을 줄 돈도 없으면서 말이다. 오스만 제국의 술탄들은 "우리가 세계 최고다!"라고 떵떵거렸다. 물론 얼마 전까지는 틀린 말이 아니다. 오스만 제국의 과학 수준은 분명 세계 최고였다. 하지만 유럽은 빠른 속도로 발전하고 있었다. 그런데도 오스만 제국은 자기가 최고라며 자만에 빠져 있는 것이다.

오스만 제국의 패배, 그리고 추락에서 바로 이 점을 배워야 한다. 자만은 늘 실패를 부른다.

전문가 칼럼

은, 약이냐 독이냐

앨빈 토익(미래학자)

중국 도자기가 유럽에서 큰 인기를 얻고 있다. 덕분에 중국 명나라는 국제 무역에서 많은 흑자를 내고 있다. 물론 중국도 수입을 전혀 하지 않는 것은 아니다. 그러나 수입 규모보다 수출 규모가 훨씬 크다.

이미 국제 무역에서 상품 대금은 은으로 결제하는 시대가 되었다. 흑자가 큰 나라일수록 은을 더 많이 확보하게 된다. 중국이 바로 그런 상황이다. 중국은 이런 상황을 반기고 있을까? 아니면 넘쳐나는 은 때문에 골치를 앓고 있을까?

문제는, 유럽 국가들이 그런 중국을 탐탁하지 않게 여기고 있다는 데 있다. 혹시 중국이 전 세계의 은을 싹쓸이하는 게 아닐까 하는 걱정도 하는 듯하다. 그 때문에 유럽 국가들은 중국으로부터 은을 빼앗아 오려고 혈안이 되어 있다.

훗날 영국은 중국으로부터 은을 빼앗으려고 아편을 퍼뜨린다. 아편 전쟁도 일으킨다. 그렇다면 은이 중국에겐 독이 된 것일까?

역사 연표

아시아	아프리카	유럽	아메리카

1560년

1560년
명나라, 일조편법 시행
1566년
오스만 제국의 10대 술탄
술레이만 대제 사망

1568년
네덜란드 7개 주,
스페인으로부터의 독립을 선언

1570년

1571년
필리핀, 스페인에 정복됨
오스만 제국, 스페인에
레판토 해전에서 패배

1571년
스페인, 필리핀 점령
스페인, 오스만과 제국과의
레판토 해전 승리
1572년
네덜란드 7개 주,
스페인으로부터의 독립전쟁 돌입
프랑스에서 바르톨로메오 축일에
학살 사건 발생

1575년
조선에 서인과 동인 당파 형성

1580년

1583년
누르하치, 만주족 통일

1584년
영국의 월터 롤리, 북아메리카 상륙
1588년
영국, 칼레 해전에서 스페인에 승리

1589년
조선, 기축옥사 발생

1589년
프랑스 왕에 앙리 4세 등극

1590년

1590년
도요토미 히데요시가 일본 통일

역사 리뷰

유럽 사회에서 시민 계급이 등장한 배경은 무얼까?

중세 봉건 유럽에서는 왕권이 약했다. 하지만 절대 왕정 체제가 자리 잡으면서 왕권은 강해지고 제후와 귀족의 권력이 약해졌다. 왕은 경제를 발전시키기 위해 상업과 무역을 장려했다. 덕분에 귀족이 아니면서도 부자인 상인들이 속속 등장했는데, 이들이 바로 시민 계급이다. 훗날 산업 혁명 이후 등장하는 자본가와 구분하기 위해 상인 자본가라고도 한다.

물론 오늘날의 시민과는 개념이 다르다. 하지만 상인 자본가는 귀족이 아니다. 강력한 경제력을 무기로 귀족을 넘어서는 권력을 가지기 시작했다. 왕도 이들 시민 계급을 무시하면 중상주의를 이룰 수 없어 협력 관계를 유지해야 했다. 이들 시민 계급이 유럽 근대 세계를 주도했으며 훗날 산업 혁명의 원동력이 되었다.

왕의 힘이 강해지면, 귀족의 힘이 약해지는 이유는?

동서양의 모든 역사를 통틀어 봐도 왕이나 황제의 권력이 강할 때 귀족의 권력도 강했던 적은 거의 없다. 반대로 왕이나 황제가 약하면 십중팔구 귀족이 왕이나 황제를 능가하는 권력을 행사했다. 봉건제도 그 때문에 나타난 제도다. 왕권이 약하니 귀족들과 권력을 나누는 것이다.

하지만 근대로 접어들면서 유럽에서는 중앙 집권제가 본격화했다. 또한 왕들은 그 어느 때보다 강한 권력을 행사했는데, 이를 절대 왕정 체제라고 한다. 절대 왕정 체제를 유지하려면 필수적으로 필요한 것이 군대와 관료제다. 군대는 오로지 왕의 명령만 듣고, 왕이 선발한 관료는 왕에게만 충성한다. 이처럼 제도가 정비되면 왕의 힘은 강해질 수밖에 없다. 반대로 지지 기반이 약해진 귀족들의 힘은 약해질 수밖에 없다.

통역사 가로세로 퍼즐 정답 페이지

30페이지 제23호 퍼즐 정답

	¹쿨			⁹정	복	¹⁰왕	조		¹¹십
	레					안		¹²바	자
²우	르	바	³누	스		석		¹³쌍	군
	몽		트				¹³쌍	기	
⁶카		⁴홍	라	녀					
⁷노	르	만	스		¹⁴건	원	¹⁵중	보	
사			부				서		
굴	⁵앙	코	르	와	트		¹⁶문	치	
⁸욕	살						하		
	¹⁷둠	스	데	이	북		성		

〈가로 퍼즐〉
2. 십자군 전쟁을 일으킨 로마 교황. ~ 2세
4. 발해의 전설적인 여자 무사
5. 크메르 제국의 왕과 힌두교 비슈누 신을 기리는 사원
7. 바이킹 출신이 영국에 설립한 왕조. ~ 왕조
8. 고구려 시대 지방의 장관
9. 요, 금, 몽골 등 중국을 지배한 이민족 왕조를 부르는 말
12. 자선 시장을 가리키는 페르시아어
13. 후주인으로 고려로 귀화했으며 과거 설치를 건의했다.
14. 고려 성종 때 만든 우리나라 최초의 화폐
16. 군인보다 문인에 의한 통치를 선호하는 이념. ~주의
17. 11세기 말 만들어진 유럽 최초의 영국 토지 장부

〈세로 퍼즐〉
1. 십자군 전쟁을 결의한 회의. ~ 공의회
3. 동–서 프랑크 왕국이 지방 언어로 첫 협약을 체결한 곳
6. 1077년, 독일 황제가 카노사에서 교황에게 무릎 꿇고 항복한 사건
10. 송나라 신법 개혁을 주도했지만 실패한 개혁가
11. 이슬람 군대에 맞서기 위해 조직된 기독교 군대
15. 고려 시대의 최고 중앙 정치 기구

54페이지 제24호 퍼즐 정답

¹바	쿠	후			⁴살	라	딘	
투		³금			리			
²마	그	나	카	르	타		⁶아	
추		라		⁵이	이	제	이	
픽		⁷길	드				유	
추							브	
⁸오		¹¹테	¹²무	친		¹⁴잉		
⁹고	선	지	신			카		
타		¹³상	징	고	금	예	문	
¹⁰이	자	겸	변			명		

〈가로 퍼즐〉
1. 일본의 사무라이 정권. 막부라고도 한다.
2. 영국의 왕이 귀족에게 굴복해 서명한 문서. 대헌장
4. 3차 십자군과 맞서 싸웠으며 아이유브 왕조를 세웠다.
5. 중국 한족의 외교 정책. 오랑캐로 오랑캐를 제압한다는 뜻이다.
7. 중세 유럽에서 생산과 상업을 담당하는 일종의 조합
9. 고구려 출신의 당나라 장수로 탈라스 전투에서 활약했다.
10. 고려 시대의 문벌 귀족. 인종을 없애고 왕이 되려 했지만 실패했다.
11. 칭기즈 칸의 본명
13. 고려 때 만들어진 세계 첫 금속활자 인쇄물. 현존하지는 않는다.

〈세로 퍼즐〉
1. 칭기즈 칸의 손자로, 유럽 정벌 때 맹활약했다.
2. 고대 잉카 도시로, 외부에서 잘 보이지 않아 무사히 보존됐다.
3. 여진족이 중국에 세운 정복 왕조
4. 몽골 장수로, 처인성 전투 때 목숨을 잃었다.
6. 살라딘이 세운 왕조. 파티마 왕조를 무너뜨렸다.
8. 몽골 제국의 2대 황제
12. 고려 후기 무신들이 일으킨 난. 무신의 난이라고도 한다.
14. 중남미 3대 문명 중 하나. 안데스 산맥을 따라 발달했다.

76페이지 제25호 퍼즐 정답

〈가로 퍼즐〉
1. 몽골의 사신으로 고려에 왔다가 돌아가던 중 의문의 죽음을 당했다.
3. 신성 로마 제국 황제를 선출하지 못한 시기
5. 십자군 전쟁 때 출범했다. 템플, 튜튼, 요한이 3대 ○○○이다.
8. 기독교 세력이 이 요새를 잃으면서 십자군 전쟁이 공식 끝났다.
9. 아바스 왕조가 수도로 새로 건설한 도시
10. 투르크족의 일파가 소아시아에 1299년 세운 나라. ○○○ 제국
11. 고려 무신 정권이 만든 군대. 최후까지 몽골에 항쟁했다.
12. 영국의 왕 리처드를 가리키는 별명
14. 1122년, 이곳에서 황제와 교황이 타협해 종교 갈등을 해결했다. ○○○ 협약
16. 바투가 세운 나라로, 몽골 제국의 한 부분이다.

〈세로 퍼즐〉
2. 팔만대장경을 이렇게 부르기도 한다.
4. 영국의 귀족 회의로, 훗날 의회의 기원이 됐다.
6. 『신곡』을 쓴 이탈리아 작가. 르네상스의 선구자로 평가받는다.
7. 투르크족 노예와 용병을 가리키는 말. 훗날 왕조를 세운다.
8. 여진 완옌부 족장으로, 금나라를 세웠다.
9. 몽골-유럽 군대를 모두 격파한 맘루크 왕조의 5대 술탄
11. 김부식이 쓴 역사서
13. 동일한 왕가 혈통이 이어지는 것. 고려 ~, 조선 ~
15. 대공위 시대를 끝내고 황제를 배출하기 시작한 가문

98페이지 제26호 퍼즐 정답

〈가로 퍼즐〉
1. 사대부들이 즐겨 부른 고려 가요. 「관동별곡」이 대표적이다.
4. 백 년 전쟁에서 영국이 프랑스 기사 군대를 크게 이긴 전투. ○○○ 전투
7. 아프리카 말리의 왕. 메카 순례 때 엄청난 양의 금을 유통시켰다.
9. 죄 없는 여성을 마녀로 모는 행위
12. 중국 원나라에 다녀온 뒤 『동방견문록』을 쓴 인물
15. 고려-원의 일본 원정 때 불어 닥친 태풍을 일컫는 말

〈세로 퍼즐〉
2. 몽골에 공녀로 갔다가 황후가 된 고려 여성
3. 기사단의 일종. 필리프 4세의 공격으로 1312년 해체했다.
4. 유럽에서 흑사병이 가장 먼저 창궐한 반도
5. 흑사병이 가장 먼저 전파된 이탈리아 지역
6. 일연이 지은 역사서. 야사가 많이 들어 있다.
8. 1336년, 아시카가 다카우지가 세운 바쿠후
10. 14세기 전 세계를 휩쓴 대 유행병
11. 모직물 산업의 중심지. 영어로는 플랜더스
13. 1088년, 이탈리아에 들어선 세계 최초의 대학. ○○○ 대학
14. 몽골 간섭기 고려에 전파된 것으로, 안에 고기를 넣은 음식
16. 길드의 교육 시스템. 철저한 상명하복이 원칙이다.

120페이지 제27호 퍼즐 정답

〈가로 퍼즐〉
1. 1381년, 높은 세금에 반대해 난을 일으킨 영국의 인물
3. 교황청이 설치되었던 프랑스 지역. ○○○ 유수
5. 오스만 제국의 기틀을 구축한 3대 술탄. ○○○ 1세
8. 이성계가 요동 정벌 중 군대를 돌린 지역. ○○ 회군
9. 1358년, 프랑스에서 일어난 농민 반란. ○○○의 난
12. 투르크족 노예 출신이 인도 델리에 세운 왕조
14. 아프리카 서부의 황금 제국. 만사 무사의 나라
16. 고구려 이후 중국과 줄곧 다툼을 벌였던 지역. 중국식 발음은 랴오둥
18. 최충헌의 노비로, 반란을 일으키려다 실패했다.

〈세로 퍼즐〉
2. 고려의 승려로 『삼국유사』를 지었다.
3. 1372년, 멕시코 일대에 들어선 제국. ○○ 제국
4. 몽골의 후손으로, 자신의 이름을 딴 제국을 세웠다.
6. 백 년 전쟁에서 맹활약한 영국의 왕자. 별명은 흑태자다.
7. 고려의 신돈이 개혁을 위해 설치한 특별 기관
8. 종교 개혁가로 성서를 처음 영어로 번역했다. 존 ○○○○
10. 유럽 북부의 경제 공동체. 1356년 첫 회의를 열었다.
11. 고려 후기 개혁을 주도한 왕. 쌍성총관부를 탈환했다.
13. 오스만 제국의 특별 부대. 동유럽의 소년들로 구성됐다.
15. 고려 가요 가운데 평민들이 즐겨 부른 노래
17. 원나라 말기 반란을 일으킨 무리

142페이지 제28호 퍼즐 정답

〈가로 퍼즐〉
2. 이성계의 아들. 반란을 통해 조선 3대 왕, 태종에 오른다.
3. 고려 말기의 충신. 선죽교에서 조선 건국 세력에 의해 살해됐다.
5. 중세 시대 영주들이 소유한 대토지를 가리키는 말
6. 왕의 성(姓)이 바뀌는 혁명. 왕조를 바꾸는 것을 말한다.
8. 이슬람 여행가. 아시아, 아프리카, 유럽을 30년간 탐험했다.
9. 1351년에 발표된 보카치오의 소설. 근대 소설의 효시로 여겨진다.
12. 조선 시대 집현전 학자들이 세자의 교육을 담당하는 것
14. 고려 말에 설치된 화약을 만들고 다루는 기관
17. 1402년 오스만 제국과 티무르 제국이 격돌한 전투. ○○○ 전투

〈세로 퍼즐〉
1. 명나라 정화의 7차에 걸친 항해를 가리키는 말
2. 조선을 건국한 인물. 조선 태조
4. 홍건적 출신으로 명나라를 건설한 인물
6. 흑사병처럼 병균을 옮기는 전염병을 가리키는 말
7. 정화가 1차 항해 때 인도의 이 도시에 도착한 뒤 귀국했다.
10. 피렌체에서 14세기부터 은행업을 시작한 가문
11. 집현전에서 왕과 학사들이 토론하는 것
13. 쓰시마 섬. 세종 때 이곳을 정벌하기도 했다.
15. 세종 시절, 최해산이 발명한 화약 무기
16. 잔 다르크가 프랑스를 승리로 이끈 전투. ~ 전투
18. 종교 개혁가. 이단으로 몰려 화형당했다. 얀 ○○

164페이지 제29호 퍼즐 정답

〈가로 퍼즐〉
2. 1455년, 영국 랭커스터 왕조와 요크 가문 사이에 일어난 내전
5. 세종 시절 발명된 대표적인 해시계
7. 티무르 제국의 4대 술탄. 세계적인 천문대를 만들었다.
8. 백 년 전쟁을 승리로 이끈 프랑스의 영웅. 성녀라 불린다.
10. 조선 시대 지방의 시장. 장문이라고도 한다.
13. 오스만 제국이 콘스탄티노플을 점령한 뒤 새로 붙인 이름
16. 세종 시절 만든 학문 기관. 여기에서 훈민정음을 만들었다.

〈세로 퍼즐〉
1. 영국-프랑스의 전쟁. 백년을 끌어서 이런 이름이 붙었다.
2. 조선 세종대왕 시절의 과학자. 측우기, 해시계 등을 만들었다.
3. 훈민정음을 만든 임금. 우리 역사상 최고의 성군
4. 유럽 교회에서 죄를 감해 준다며 판 문서
6. 활판 인쇄기를 발명하여 대량 인쇄에 성공한 인물
9. 중세 일본의 영주를 가리키는 말
11. 삼국 시대 때부터 조선 때까지 수도에 있던 시장
12. 근대 유럽의 시작을 알린 문화 운동. 재생, 부활이란 뜻이다.
13. 618년, 당나라를 세운 인물. 당 고조
14. 고려 대신들이 틀어박혀 조선 조정에 나가지 않은 데서 유래한 말
15. 1448년에 발명된 것으로, 화차를 업그레이드 한 무기

186페이지 제30호 퍼즐 정답

〈가로 퍼즐〉
2. 기독교의 영토 회복 운동을 마무리한 스페인의 여왕
4. 세조의 집권을 도운 공신들이 중심이 된 파벌
5. 혼란을 바로잡는다는 뜻. 반란에 성공하면 이렇게 불렸다.
6. 포르투갈과 스페인이 남미를 나눠 갖기로 한 조약
8. 아메리카 대륙을 처음 발견한 유럽 탐험가
10. 오스만 제국이 1389년과 1448년에 유럽과 전투를 벌인 곳. ~ 전투
11. 콜럼버스가 첫 항해를 할 때의 선박 이름. ~ 호
13. 세종 시절 확대한 북부 지역 영토. ~ 6진
14. 러시아의 황제를 지칭하는 용어
15. 영국 장미 전쟁을 끝내고 정권을 잡은 왕조. ~ 왕조
17. 조선의 장영실이 이천과 함께 개발한 천문대

〈세로 퍼즐〉
1. 1468년, 훈구파의 음모로 희생된 장수. 민간 신앙에서 그를 많이 섬긴다.
3. 계유정난 이후 정치에 염증을 느껴 지방으로 간 학자들
4. 세종대왕이 반포한 우리 글
7. 아라곤과 카스티야가 합쳐져 탄생한 유럽의 왕국
9. 포르투갈 탐험가로 희망봉을 돌아 인도 캘리컷에 도착했다.
12. 조선 시대 첫 폭군. 왕의 칭호를 받지 못했다.
13. 학자와 대신들이 갈등 끝에 집단으로 화를 입는 사건을 가리키는 말
16. 1485년에 반포된 조선의 헌법

208페이지 제31호 퍼즐 정답

¹델	리	²술	탄		⁹카	¹⁰카	오	¹¹미
		레				를		켈
⁷장		³이	반	3	세		¹²마	젤	란
원		만					키	젤	
		대			¹³발	보	아	로	
⁴무	굴	제	국				벨		
오				¹⁴모	나	리	¹⁵자	
⁵사	파	비	왕	⁶조			치	
화			광	¹⁶향		도	
	⁸흥	청	조	신		시	

〈가로 퍼즐〉
1. 인도에서 5개의 이슬람 왕조가 교체되던 시기. ~ 시대
3. 모스크바 공국의 왕. 처음으로 왕을 차르라 불렀다.
4. 몽골 출신의 바부르가 인도에 세운 제국
5. 1502년 이란에 들어선 시아파 왕조
8. 연산군 때 궁궐을 드나들던 기생. ~망청
9. 초콜릿의 원료. 중미 아즈텍인은 이것을 죽으로 만들어 먹었다.
12. 1519년~1522년 세계를 한 바퀴 항해한 인물
13. 1513년, 동태평양을 처음 발견한 스페인 탐험가
14. 1506년, 레오나르도 다빈치가 그린 걸작. ~의 미소

〈세로 퍼즐〉
2. 오스만 제국의 최고 전성기를 이끈 10대 술탄
4. 1498년 조의제문이 발단이 돼 발생한 사화
6. 도학 정치를 꿈꿨지만 기묘사화에 희생된 유학자
7. 중세 봉건 사회에서 영주가 소유한 대토지
10. 프랑스에서는 샤를, 영국에서는 찰스, 독일에서는 ~.
11. 레오나르도 다빈치, 라파엘로와 함께 르네상스 3대 화가로 불리는 인물
12. 『군주론』의 저자
15. 근대가 되면서 이탈리아를 중심으로 발달한 도시. 자치를 했다.
16. 명나라 시절 경제력을 바탕으로 실력자가 된 지방의 유지

230페이지 제32호 퍼즐 정답

	¹그	레	샴			⁴정	⁵중	부
²헨	리				⁶엘		방	
	스			⁷펠	리	페	⁸정
³엘	도	라	도		자		도
			⁹프	레	베	자	해	전
	¹⁰피	사	로		스		
¹⁴을			테				¹³막
사		¹¹노	스	트	¹²다	무	스
¹⁵사	육	신		탄		비		베
화				트		드		버

〈가로 퍼즐〉
1. '악화가 양화를 구축한다'는 말을 남긴 영국의 금융가
2. 왕비와의 이혼 문제로 교황과 대립하다 영국 국교회를 만들었다. ~ 8세
3. 유럽인들 사이에 남미에 있다고 믿었던 황금 제국
4. 고려 상장군으로 무신정변을 일으킨 주역
7. 카를 5세의 아들로 스페인의 왕이 된 인물. ~ 2세
9. 1538년, 오스만 함대가 유럽 연합 함대를 격파한 전쟁
10. 1533년, 잉카 제국을 무너뜨린 스페인 군인
11. 지구 멸망을 예언한 인물. 예언이 사기라는 주장도 있다.
15. 단종의 복위를 시도하다 처형된 6명의 충신

〈세로 퍼즐〉
1. 1536년, 장 칼뱅이 펴낸 책의 이름. 『~교의 강요』
2. 고려 시대, 무인들의 의사 결정 기관
6. 헨리 8세의 두 번째 부인 앤 불린이 낳은 딸로, 여왕에 오른다.
8. 조선 건국의 일등 공신. 사대부 나라를 꿈꿨지만 이방원에게 제거됐다.
9. 구교에 저항한다는 뜻으로 붙인 신교의 영어 표기
12. 미켈란젤로가 1504년에 만든 조각 작품. 다윗의 영어 표기다.
13. 『프로테스탄티즘의 윤리와 자본주의 정신』을 쓴 학자
14. 1545년, 외척인 윤 씨 가문의 다툼 와중에 발생한 사화

252페이지 제33호 퍼즐 정답

	²부		³이	황		⁴일	
¹누	르	하	치		⁵메	스	티	조
	봉				르		편
		⁷이			카		법
⁸노		이	⁶레	판	토	
예		¹⁰절		르		¹²삼
⁹무	적	함	대	¹¹커		부
역			왕	피		¹³성	공	회
	¹⁵신		정		¹⁴메	리	
¹⁶청	교	도		¹⁷감	자	학	

〈가로 퍼즐〉
1. 1583년, 만주족을 통일해 훗날 후금을 세운 인물
3. 성리학 영남학파의 선구자. 주리론을 주장했다.
5. 중남미의 백인과 원주민 혼혈 인종. 메스티소라고도 한다.
6. 1571년 스페인이 오스만 제국을 누른 해전. ~ 해전
9. 막강한 스페인 해군을 가리키는 용어
13. 영국의 헨리 8세가 만든 종교로, 영국 국회라고도 한다.
14. 영국 여왕으로, 가톨릭교도를 탄압해 '피의 ~'라는 별명을 얻었다.
16. 영국 잉글랜드의 개신교도를 부르는 용어
17. 잉카에서 기르던 작물로, 유럽으로 전파됐다.

〈세로 퍼즐〉
2. 1589~1792년의 프랑스 왕조. 앙리 4세가 창건했다.
4. 명나라 후기의 세금 제도. 세금을 모두 은으로 냈다.
5. 위도와 경도선을 처음 그려 넣은 지도
7. 십만양병설을 주장했고 기호학파의 선구자다.
8. 아프리카 흑인을 잡아다 다른 대륙에 파는 행위
10. 왕이 절대적인 권력을 갖는 정치 체제
11. 아프리카 에티오피아가 원산지, 차 형태로 먹는다.
12. 프랑스의 의회. 1·2·3 신분 대표가 모였다.
13. 고려 후기에 국내로 전파된 학문. 주자학이 이 분야의 대표적 학문이다.
15. 가톨릭 구교에 반대되는 말. 프로테스탄트

일러스트로 보는 역사의 한 장면

인류의 탄생

500만~300만 년 전 지구에 원시 인류가 처음 등장했다. 이 원시 인류를 '남쪽의 원숭이'라는 뜻의 오스트랄로피테쿠스라고 부른다. 이 원시 인류의 화석이 아프리카의 남쪽에서 발견되었기 때문이다. 이때 등장한 인류의 조상은 현대 인류와는 생김새가 많이 달라서 인간보다는 원숭이에 가까웠다.

이후 원시 인류는 아프리카에서 지구 전역으로 퍼져 나갔다. 시간이 흐르면서 생김새도 변하고 지능도 발달했다. 당시에는 지구의 모든 대륙이 하나의 땅덩어리로 붙어 있어서 원시 인류는 걸어서 다른 대륙으로 이동할 수 있었다. ▷ 관련 내용 : 1권 1호, 16~19페이지

원시 인류의 이동 생활

현대의 거의 모든 인류는 한 곳에 오랫동안 머무는 정착 생활을 한다. 하지만 수렵(사냥)과 채집(자연 속의 열매 등을 캐거나 모으는 것)으로 먹을거리를 해결했던 원시 시대의 인류는 먹을 것을 찾아 여기저기 옮겨 다니는 이동 생활을 했다. 한동안 머물던 지역의 사냥감이 줄어들거나 열매와 채소 등이 부족해지면, 보다 먹을거리가 풍성한 곳을 찾아 이동했던 것이다.

인류는 농사를 지으면서 정착 생활을 시작했다. 논밭을 일구고 가축을 기르면서 먹을거리 문제가 해결되자 더 이상 이동 생활을 할 필요가 없어진 것이다. ▷ 관련 내용 : 1권 1호, 21~23페이지

4대 문명의 탄생

오늘날의 이라크를 관통하는 두 강줄기인 유프라테스 강과 티그리스 강 사이에 농경이 발달하면서 여러 지역에 도시가 형성되었다. 이 지역에서 태동한 인류 최초의 문명을 메소포타미아 문명이라고 부른다. 그 뒤를 이어 이집트 나일 강 유역에 피라미드로 유명한 이집트 문명이 탄생했다. 그리고 인도 북부와 파키스탄에 흐르는 인더스 강 지역에서는 인더스 문명이 탄생했고, 중국의 황허에서는 황허 문명(중국 문명)이 태동했다. 이 네 문명을 인류의 '4대 문명'이라고 부른다.

그렇다고 해서 4대 문명이 탄생하던 시기에 이들 네 지역 외의 다른 지역에서 문명이 발달하지 않은 것은 아니었다. 그 규모가 작고 아직 발달 수준이 미약하여 '문명'이라고 말할 수는 없지만, 사람이 사는 지역에서는 저마다 독특한 문화권이 형성되어 있었다. ▷ 관련 내용 : 1권 2호, 52페이지

일러스트로 보는 역사의 한 장면

고대 로마의 공화정과 성산(聖山) 사건

문명이 발달하면서 인류 사회에는 계급이 발생했다. 지도자(왕)가 등장하고 귀족이 출현했으며, 일반 백성은 크게 평민과 노예로 구성되었다. 대부분의 문명권에서는 힘이 강한 지도자가 나머지 백성을 다스리는 일종의 '왕정'이 정치 제도로 자리 잡았다. 고대 로마 역시 왕이 통치하는 정치 형태를 띠었다. 그런데 기원전 501년경 로마에서 왕이 물러나고 귀족과 시민이 정치를 하는 '공화정'이 시작되었다. 고대 로마의 공화정은 이후 480여 년 동안 이어진다.

공화정이 시작되면서 고대 로마에서는 평민들의 지위가 크게 향상되었다. 이러한 현상을 보여 주는 대표적인 사건이 성산 사건이다. 자신들의 정치적 권한이 크지 않은 것에 반발한 로마의 평민들이 성산(聖山, Mons Sarcer)이라는 도시를 따로 건설한 것이다. 이에 화들짝 놀란 로마 귀족들은 그들을 찾아가 설득하기에 이른다. 이후 고대 로마에서는 평민의 지위가 크게 향상되었다. ▷ 관련 내용 : 1권 6호, 137페이지

고대 로마의 왕정 복구와 팍스 로마나

카이사르라는 강력한 지도자가 등장했다가 암살당한 뒤 고대 로마는 정치적 혼란기로 접어든다. 이후 내란을 거쳐 권력을 잡은 옥타비아누스는 기원전 27년에 '존엄한 사람'이라는 뜻의 '아우구스투스' 칭호를 받으며 사실상 황제 자리에 오른다. 하지만 정식으로 '황제' 칭호를 받은 사람은 그 뒤를 이은 티베리우스(하지만 대부분의 역사가들은 아우구스투스를 고대 로마 제국의 1대 황제로 보고 있다)였다. 이로 인해 480여 년 동안 공화 정치를 유지하던 고대 로마는 황제가 통치하는 '제국' 시대가 시작되고 정치 형태는 공화정에서 왕정으로 탈바꿈한다.

기원후 96년에 로마 제국의 12대 황제에 오른 네르바는 황제 자리를 자신의 아들에게 물려주지 않겠다고 선포한다. 네르바를 포함하여 이후에 등장한 네 명의 황제(트라야누스, 하드리아누스, 안토니누스 피우스, 아우렐리우스)는 다섯 명의 현명한 황제를 뜻하는 '오현제'라 불리며 고대 로마 제국의 전성기(팍스 로마나)를 구가한다. 하지만 오현제의 마지막 황제 아우렐리우스에 이르러 로마는 내리막길을 걷기 시작하고, 아우렐리우스가 아들인 코모두스에게 황제 자리를 물려주면서 팍스 로마나 시대도 저문다. ▷ 관련 내용 : 1권 11호, 242페이지

4권에서 만나요~~

ABC# 통 역사 신문 ③
중세와 근대 : 11세기 초부터 16세기까지

초판 1쇄 펴낸 날 2014년 7월 28일
초판 2쇄 펴낸 날 2014년 12월 15일

지은이 김상훈
그린이 조금희·김정진

펴낸이 백종민
주 간 정인회
편 집 최새미나·정아름·김정현·이양훈
디자인 강찬숙·홍상만
마케팅 서동진·김가영·최보배
관 리 장희정·봉미희

펴낸곳 꿈결
등록 2011년 12월 1일 (제318-2011-000145호)
주소 서울시 영등포구 당산로 50길 3 꿈을담는빌딩 6F
대표 전화 1544-6533
팩스 02) 749-4151
홈페이지 www.ggumtl.co.kr
블로그 blog.naver.com/ggumgyeol
이메일 ggumgyeol@naver.com
트위터 twitter.com/ggumgyeol
페이스북 facebook.com/ggumgyeol
에듀 카페 cafe.naver.com/ggumgyeoledu

ⓒ 김상훈·조금희·김정진, 2014

ISBN 978-89-98400-15-6 04900
　　　978-89-98400-12-5 세트

이 도서의 국립중앙도서관 출판예정도서목록(CIP)은 서지정보유통지원시스템 홈페이지(http://seoji.nl.go.kr)와
국가자료공동목록시스템(http://www.nl.go.kr/kolisnet)에서 이용하실 수 있습니다.(CIP제어번호: CIP2014020006)

이 책은 저작권법에 따라 보호받는 저작물이므로, 저작자와 출판사 양측의 허락 없이는
일부 혹은 전체를 인용하거나 옮겨 실을 수 없습니다.

■ 책값은 뒤표지에 있습니다.
■ 꿈결은 ㈜꿈을담는틀의 자매회사입니다.